Religiöse Kompetenz als Teil öffentlicher Bildung

Religiöse Kompetenz als Teil öffentlicher Bildung

Versuch einer empirisch, bildungstheoretisch und religionspädagogisch ausgewiesenen Konstruktion religiöser Dimensionen und Anspruchsniveaus

Herausgegeben von
Dietrich Benner, Rolf Schieder, Henning Schluß und
Joachim Willems

gemeinsam mit
Roumiana Nikolova, Thomas Weiß, Shamsi Dehghani und
Joanna Scharrel

Ferdinand Schöningh

Paderborn · München · Wien · Zürich

Umschlagabbildung:
Alexandre Abi-Ackel, *Abstrato geometrico I 1*

Bibliografische Information der Deutschen Nationalbibliothek

Die Deutsche Nationalbibliothek verzeichnet diese Publikation in der Deutschen Nationalbibliografie; detaillierte bibliografische Daten sind im Internet über http://dnb.d-nb.de abrufbar.

Alle Rechte vorbehalten. Dieses Werk sowie einzelne Teile desselben sind urheberrechtlich geschützt. Jede Verwertung in anderen als den gesetzlich zugelassenen Fällen ist ohne vorherige schriftliche Zustimmung des Verlags nicht zulässig.

© 2011 Ferdinand Schöningh, Paderborn
(Verlag Ferdinand Schöningh GmbH & Co. KG, Jühenplatz 1, D-33098 Paderborn)

Internet: www.schoeningh.de

Einbandgestaltung: Evelyn Ziegler, München
Printed in Germany
Herstellung: Ferdinand Schöningh GmbH & Co. KG, Paderborn

ISBN 978-3-506-77077-6

INHALT

EINLEITUNG 7

I. DER BERLINER ANSATZ ZUR KONSTRUKTION UND ERHEBUNG
RELIGIÖSER KOMPETENZNIVEAUS IM BEREICH DES ÖFFENTLICHEN
BILDUNGSSYSTEMS 13

    1. Begründungshorizonte des Ansatzes 13
    2. Das Kompetenzverständnis des Ansatzes und seine
       Bezüge zu anderen Modellierungen religiöser Kompetenz 19
    3. Unterschiede zwischen didaktischen Aufgaben und
       Testaufgaben sowie Zusammenhänge zwischen curricularen 27
       Vorgaben und der Ergebung religiöser Kompetenz
    4. Inhaltsbereiche zur Erfassung der drei Dimensionen
       religiöser Kompetenz 31
    5. Hinweise zur empirischen Ausrichtung und zu den
       Ergebnissen des Projekts 39
    6. Ausblick auf das nicht bewilligte Projekt KERK-
       Abiturstufe 41

II. ZUR ENTWICKLUNG DES TESTINSTRUMENTS 43

    1. Allgemeine Kriterien der Aufgabenentwicklung 43
    2. Testaufgaben zur Erhebung religionskundlicher
       Grundkenntnisse 49
    3. Testaufgaben zur Erhebung religiöser Deutungs-
       Kompetenz 55
    4. Testaufgaben zur Erhebung religiöser Partizipations-
       Kompetenz 62
    5. Offene Fragen – weiterführende Überlegungen 71

III. PILOTIERUNG UND VALIDIERUNGSSTUDIEN. VORGEHEN
UND BEFUNDE 75

    1. Pretests und erste Pilotierungsstudien in Berlin und
       Brandenburg 76
    2. Dritte Pilotierungsstudie 80
    3. Hauptuntersuchung in Berlin und Brandenburg 92

IV. SYSTEMATISCHER ERTRAG UND WEITERGERFÜHRENDE FRAGEN 125

1. Die Entwicklung von Niveaustufen religiöser Kompetenz 125
2. Interreligiöse Kompetenz und interreligiöse Kenntnisse 135
3. KERK und die Diskussion über eine bildungs- und kompetenztheoretisch fundierte Religionspädagogik 140
4. Weiterhin zu klärende Beziehungen zwischen Wissens- und Kompetenzorientierung 146
5. Religionspolitische und religionspädagogische Konsequenzen 151
6. Ausblick auf die Sekundarstufe II 157

V ANHANG – BEISPIELE FÜR TESTAUFGABEN 165

1. Aufgaben zur Erfassung religionskundlicher Grundkenntnisse 165
2. Aufgaben zur Erfassung religiöser Deutungskompetenz 170
3. Aufgaben zur Erfassung religiöser Partizipationskompetenz 175

LITERATURVERZEICHNIS 179

EINLEITUNG

Der Band stellt Ansatz und Ergebnisse zweier aufeinander aufbauender, inzwischen abgeschlossener DFG-Projekte zur Konstruktion und Erhebung religiöser Kompetenz sowie die Konzeption eines nicht genehmigten Anschlussprojektes vor. Es sind dies die Projekte RU-Bi-Qua (Bildungsstandards und Qualitätssicherung im Religionsunterricht am Beispiel des Evangelischen Religionsunterrichts), KERK-Sekundarstufe (Konstruktion und Erhebung von Religiösen Kompetenzniveaus am Beispiel des evangelischen Religionsunterrichts) und KERK-Abiturstufe. Die drei Vorhaben verfolgten das Ziel, bildungstheoretische und schultheoretische Aspekte der Begründungsproblematik des öffentlichen Religionsunterrichts mit religionspädagogischen und theologischen Reflexionen zur öffentlichen Funktion von Religion in einer auch empirisch ausgewiesenen Grundlagenforschung zusammenzuführen und mit dieser einen Beitrag zur Konzeptualisierung, Evaluation und – indirekt zumindest – auch zur Qualitätssicherung von Religionsunterricht an allgemeinbildenden Schulen zu leisten.

Die Konzeption für RU-Bi-Qua wurde von Dietrich Benner, Rolf Schieder, Henning Schluß und Joachim Willems in den Jahren 2003 und 2004 entwickelt. In der Endphase der Antragsvorbereitung sowie zu Beginn der Arbeit holten die Antragsteller den Rat von Jürgen Baumert, Rainer Lehmann, Hans Merkens und Olaf Köller ein. J. Baumert erkannte von Anfang an den innovativen Charakter des Vorhabens und gab wichtige Hinweise, die später für die Arbeit an der Kalibrierung von Items bedeutsam wurden. R. Lehmann gab den vom DFG-Fachausschuss zwar nicht immer geteilten, für die Arbeit aber höchst relevanten Rat, die theoretische Arbeit an der Konzeption eng mit der inhaltlichen Arbeit an Testaufgaben und deren Erprobung in Pretests zu verbinden. Hans Merkens gab Interpretationshilfen bei der Auslegung des zunächst nur eingeschränkten Bewilligungsbescheids für RU-Bi-Qua und stützte das Anliegen, die grundlagentheoretischen Absichten des Vorhabens in Abstimmung mit den empirischen Teilen zu realisieren. Olaf Köller steuerte aus seinen Erfahrungen am IQB (Institut für Qualitätsentwicklung im Bildungswesen) zu Beginn der Arbeit hilfreiche Überlegungen zur Sicherung der Anschlussfähigkeit von didaktischen Aufgaben und Testaufgaben bei, die in die Zusammenarbeit mit Lehrern und Schulen Eingang fanden.

Der in Dezember 2004 bei der DFG eingereichte Antrag für RU-Bi-Qua fand nur eine eingeschränkte Zustimmung der DFG-Gutachter und des beschließenden Fachausschusses. Die Laufzeit des Projekts wurde von 24 auf 18 Monate gekürzt, der für die Kooperation mit Schulen beantragte Betrag nicht bewilligt. Der Bescheid vom 16.09.2005 empfahl, erst einmal die theoretische

Konzeption zu schärfen und die Umsetzung der im Projektantrag beschriebenen grundlagentheoretischen Verknüpfung von Bildungstheorie, Religionspädagogik und Empirie auf einen späteren Zeitpunkt zu verschieben. Ferner erteilten die Gutachter den Rat, von der Entwicklung von Bildungsstandards für den Religionsunterricht abzusehen, ein Hinweis, der sich in der Sache selbst als weiterführend und für die weitere Arbeit als sehr nützlich erweisen sollte. Auch wenn die eingeschränkt positive Entscheidung des Gutachterausschusses eine wohlwollende Unterstützung des Vorhabens anzeigte, drängte sich doch die Frage auf, ob mit der exklusiven Bewilligung der grundlagentheoretischen Teile des Projekts ein Empirieverbot verbunden war. Als auf Nachfrage deutlich wurde, dass sich die vom Ausschuss erhobenen Einwände nicht gegen die Konzeption als solche richteten, sondern mit Zweifeln eines Gutachtens an der Realisierbarkeit des Projekts zusammenhingen, wurde die von der DFG empfohlene Engführung des Themas auf Fragen der begrifflichen Bestimmung religiöser Kompetenz vorgenommen und die Fragestellung auf die Entwicklung eines Instruments zur empirischen Erhebung und Beschreibung religiöser Kompetenz von Fünfzehnjährigen konzentriert. Fragen der Qualitätssicherung und der Entwicklung von Bildungsstandards blieben zwar weiterhin im Horizont des Projekts, waren nun jedoch eher von nachrangiger Bedeutung. Sie wurden in die Kooperation mit Partnern, insbesondere der EKBO (Evangelische Kirche Berlin-Brandenburg-schlesische Oberlausitz), verlagert, deren Lehrplanentwicklung Mitglieder des Projekts begleiteten.

Anders als im Bewilligungsschreiben empfohlen, hielt das Team jedoch an der im Antrag beschriebenen Verbindung zwischen der grundlagentheoretischen Modellierung religiöser Kompetenz und der Konstruktion und Pretestung von Testaufgaben fest. Die bei der DFG hierfür beantragten, aber nicht bereit gestellten Mittel konnten bei der Barbara Schadeberg-Stiftung eingeworben werden, die in der ersten Projektphase die Zusammenarbeit mit Lehrern und Schulen finanzierte. Dadurch konnte das Projekt trotz des eingeschränkten Bewilligungsbescheids der DFG die im Antrag beschriebene Konzeption doch noch umsetzen und deren inhaltliche Konkretisierung mit der Entwicklung und Erprobung von Testaufgaben vorantreiben. Die bei der DFG beantragten und bewilligten beiden halben BAT II a (Ost)-Stellen wurden mit der Erziehungswissenschaftlerin und empirischen Bildungsforscherin Roumiana Nikolova und dem promovierten Philosophen und Lehrer für evangelischen Religionsunterricht Thomas Weiß besetzt. Als Studentische Hilfskräfte konnten aus der Erziehungswissenschaft Sabine Krause und aus der Theologie Tanja Pilger gewonnen werden, deren Nachfolgerinnen Shamsi Dehghani und Joanna Scharrel wurden. Das aus den vier Antragstellern, einem Mitarbeiter und drei Mitarbeiterinnen bestehende Team entwickelte im Bewilligungszeitraum von 18 Monaten ca. 130 Aufgaben zur Erhebung und Erfassung religiöser Kenntnisse und religiöser Deutungskompetenz. Nach Pretests und einer ersten und zweiten Pilotierung erwiesen sich davon 103 Aufgaben als tauglich. Der eingeschlagene Weg fand die Anerkennung und Zustimmung des für das

Projekt zuständigen Mitglieds im DFG-Fachausschuss. In einem in der Zeitschrift für Pädagogik veröffentlichten Kommentar zur ersten öffentlichen Vorstellung der Projektkonzeption heißt es: „Das ... Projekt greift aktuelle Fragen der Bildungsforschung in einem – im Vergleich zum ‚Mainstream' der Diskussion und Forschung zu Bildungsstandards – eher ungewöhnlichen fachlichen Kontext auf ... und legt nun am Ende der ersten Phase grundlagenforschungsorientierte Ergebnisse vor, die nicht nur hohen forschungsmethodischen Ansprüchen gerecht werden, sondern auch theoretische und praktische Implikationen beanspruchen können." (Leutner 2008, S. 192)

Damit waren die Zweifel an der Realisierbarkeit der Konzeption, die im Bewilligungsverfahren eine Rolle gespielt hatten, zumindest vorübergehend ausgeräumt. Am Ende des Bewilligungszeitraums legten wir einen ausführlichen Bericht über die in RU-Bi-Qua geleistete Arbeit vor, der auch die zum Einsatz gebrachten Testhefte enthielt, und reichten einen Fortsetzungsantrag für das Anschlussprojekt KERK ein. Die Namensänderung zeigt die Engführung und Konzentration der Ausgangskonzeption an. Nachdem in RU-Bi-Qua vor allem Aufgaben zu Erfassung religiöser Kenntnisse und Deutungskompetenz entwickelt worden waren, sollten in KERK zusätzlich Aufgaben zur Erhebung religiöser Partizipationskompetenz erarbeitet und das gesamte Instrumentarium in einer Hauptuntersuchung inhaltlich und teststatistisch validiert werden. Der für KERK eingereichte Antrag fand die uneingeschränkte Zustimmung der Gutachter und des zuständigen Fachausschusses. Die erbetenen Mittel wurden im beantragten Umfang bewilligt, so dass in der zweiten Projektphase keine zusätzlichen Mittel für empirische Forschung eingeworben werden mussten.

In der zweiten Forschungsphase erhielt die Arbeit im Projekt KERK zusätzliche Impulse, als Roumiana Nikolova im Mai 2009 die Stelle einer wissenschaftliche Mitarbeiterin am Hamburger Landesinstitut für Lehrerbildung und Schulentwicklung antrat und ihre Projektstelle in eine freie Mitarbeiterinnenstelle umgewandelt wurde. Teile der in den Projekten RU-Bi-Qua und KERK entwickelten Testaufgaben konnten nun auch an Hamburger Schulen eingesetzt werden. Dort fanden sie Eingang in die Längsschnittstudie KESS, aus der im weiteren Verlauf zusätzliche empirische Daten gewonnen werden, die es erlauben, Querverbindungen zwischen der in KERK untersuchten religiösen Kompetenz und Kompetenzen aus anderen Lernbereichen, z. B. der allgemeinen Lesekompetenz, herzustellen.

Nach Abschluss von KERK legte das Team erst einen Zwischenbericht, dann einen Abschlussbericht vor und arbeitete auf deren Grundlage einen Antrag für ein Projekt KERK-Abiturstufe aus, in dem der Ansatz auf die Sekundarstufe II ausgeweitet werden und ein um fachtheologische und wissenschaftspropädeutische Fragestellungen erweitertes Instrument zur Erfassung religiöser Kompetenz in der gymnasialen Oberstufe entwickelt werden sollte. Die DFG lehnte diesen Antrag in der eingereichten sowie in einer überarbeiteten Fassung ab. Aus den Ablehnungsschreiben ging hervor, dass ein Gutachter das Vorhaben uneingeschränkt als ein innovatives Vorhaben befürwortete, das mit der Ausweitung der Konzeption auf die Abiturstufe neue bildungstheoretische mit wissenschaftspropädeutischen Fragestellungen verbinde, die auch für andere Fächer und Lernbereiche relevant seien. Ein anderer und womöglich ein dritter Gutachter stellten zwar ebenfalls fest, die Projektziele seien bedeutsam und erreichbar, plädierten dann jedoch dafür, die Projektmitglieder sollten erst einmal die Arbeit aus RU-Bi-Qua und KERK-Sekundarstufe I umfassend publizieren. Das geschieht nun in diesem Band auf der Grundlage zahlreicher aus der Projektarbeit hervorgegangener Publikationen sowie weitergehender Auswertungen, die neben den im Projekt erhobenen und verarbeiteten Pilotierungs- und Validierungsdaten aus RU-Bi-Qua vor allem die Ergebnisse der auf Berlin und Brandenburg konzentrierten Hauptuntersuchung von KERK einbeziehen.

Wir bedauern, dass es nun nicht mehr zu der geplanten Ausweitung des Projekts auf die Abiturstufe kommen kann. Das eingespielte Team hat sich inzwischen aufgelöst, nachdem Projektmitarbeiter ihre Karrieren in anderen Funktionen und z. T. an anderen Orten erfolgreich fortsetzen konnten. Bildungstheoretische, religionspädagogische, theologische und empirische Fragestellungen auch für die Sekundarstufe II in anspruchsvollen, fachwissenschaftlich und wissenschaftspropädeutisch erweiterten Modellen zu kombinieren, wird nun eine Aufgabe sein, die die früheren Projektmitglieder separat und hoffentlich auch andere weiterverfolgen werden. Ihre Bearbeitung dürfte weit über die Religionspädagogik hinaus auch für Fachdidaktiken anderer Fächer von Bedeutung sein.

Der hier vorgelegte Band stellt im Kapitel I die Konzeption und deren grundlagentheoretischen Ansatz, im Kapitel II die Entwicklung des Testinstruments und im Kapitel III die empirischen Befunde aus der Validierung und Normierung des Instruments vor. Kapitel IV arbeitet den systematischen Ertrag des Vorhabens heraus und gibt einen Ausblick auf weiterführende Fragestellungen, die sich sowohl auf Kooperationen zwischen Grundlagenforschung und Fachdidaktiken im Sinne der ursprünglich weiter gefassten Konzeption des Vorhabens als auch auf die Ausweitung des Ansatzes auf die Abiturstufe beziehen. Der Band schließt mit einem Anhang, in dem Testaufgaben präsentiert werden, die in einzelnen Kapiteln als Beispiele herangezogen wurden.

Die Teile des Bandes wurden im gesamten Team beraten. Für das auf die Einleitung folgende Kapitel I zu Ansatz und Konzeption des Vorhabens sind die vier Antragsteller Dietrich Benner und Henning Schluß sowie Rolf Schieder und Joachim Willems gemeinsam verantwortlich. Das Kapitel II über die Arbeit an der Entwicklung des Testinstruments wurde von Thomas Weiß in Rücksprache mit Shamsi Dehghani und Joanna Scharrel verfasst, die wie die anderen am Projekt Beteiligten an der Aufgabenentwicklung mitgewirkt haben. Für die Beschreibung der empirischen Arbeit und die Präsentation der Ergebnisse im Kapitel III trägt Roumiana Nikolova die Verantwortung. Im Kapitel IV wurden die Abschnitte 1 und 3 von Joachim Willems, die Abschnitte 2 und 6 von Henning Schluß, der Abschnitt 4 von Dietrich Benner und der Abschnitt 5 von Rolf Schieder verfasst.

Wir danken der DFG und ihren Gutachtern für die Prüfung und kritische Kommentierung der Vorhaben RU-Bi-Qua und KERK und die Förderung beider Vorhaben in einem Zeitraum von insgesamt dreieinhalb Jahren. Wir danken der Barbara Schadeberg-Stiftung für die Finanzierung der Zusammenarbeit mit den Schulen im ersten Projektabschnitt. Wir danken der katholischen Schule „Bernhardinum" Fürstenwalde dafür, dass an ihr die notwendigen Pretestungen in der Phase der Aufgabenentwicklung schnell und unkompliziert durchgeführt werden konnten.

Der Prüfung unserer Anträge im DFG-Begutachtungs- und Entscheidungsverfahren kam zugute, dass an ihr sowohl systematische Erziehungswissenschaftler als auch empirische Bildungsforscher beteiligt waren. Die Ablehnung des Erweiterungsantrags für die Sekundarstufe II und die Abiturstufe führen wir weniger auf Mängel in der Antragstellung als vielmehr auf Verständigungsprobleme zwischen den Gutachtern und dem zuständigen Fachausschuss zurück. Offenbar gelingt es bei der Abstimmung zwischen theoretischer und empirischer Erziehungswissenschaft noch nicht in dem erforderlichen Maße, Monita aus der einen Sicht mit Stärken aus der anderen Sicht so zu korrelieren, dass dies der Förderung anspruchsvoller Projekte auch längerfristig zugute kommt. Die insbesondere mündlich immer wieder übermittelte Feststellung, unsere Anträge seien theoretisch gut begründet, empirisch aber (so) nicht durchführbar, hat sich im Projektverlauf als zumindest teilweise irrig erwiesen. Wir bedauern ausdrücklich, dass es nicht gelang, für die in den vorgestellten Vorhaben geleistete Arbeit an einer innovativen Verknüpfung theoretischer und empirischer Fragestellungen die volle Unterstützung des zuständigen Fachausschusses der DFG zu erhalten.

Es bleibt zu hoffen, dass es in der Erziehungswissenschaft nicht zu Grabenkämpfen zwischen theoretischer und empirischer Erziehungswissenschaft und zu einer Verfestigung in sich abgeschlossener Zitierkartelle kommt. Dies würde Anliegen wie denen des hier vorgestellten Projekts verfolgten, das sich weitgehend in wissenschaftlichem Neuland bewegte, am Ende nur schaden.

Berlin im Juli 2011

Dietrich Benner   Rolf Schieder   Henning Schluß   Joachim Willems

Religiöse Kompetenz als
Teil öffentlicher Bildung

Benner/Schieder/Schluß/Willems (Hg.)

Paderborn 2011

I. DER BERLINER ANSATZ ZUR KONSTRUKTION UND ERHEBUNG RELIGIÖSER KOMPETENZNIVEAUS IM BEREICH DES ÖFFENTLICHEN BILDUNGSSYSTEMS

1. Begründungshorizonte des Ansatzes

Der Ansatz, der im Folgenden vorgestellt wird, ist in verschiedenen Phasen entstanden. Die erste begann im August 2003 als Dietrich Benner, Rolf Schieder, Henning Schluß und Joachim Willems sich zum ersten Mal trafen, um Umrisse für ein gemeinsames Forschungsvorhaben zu skizzieren, das neu entwickelte Ansätze der empirischen Bildungsforschung unter bildungs- und schultheoretischen sowie religionspädagogischen und theologischen Fragestellungen für eine umfassende Orientierung, Legitimation und Evaluation des öffentlichen Religionsunterrichts nutzen sollte.

Die Genannten brachten unterschiedliche Vorerfahrungen und Fragestellungen in das zu entwickelnde Vorhaben ein. Dietrich Benner hatte sich in verschiedenen Aufsätzen sowie in seiner Allgemeinen Pädagogik unter systematischen Fragestellungen zur Bedeutung der Religion als eines zentralen Bereichs öffentlicher Bildung geäußert. Er war in den Jahren 1999-2001 als Mitglied des PISA-Beirates zu der Überzeugung gelangt, dass sich die empirischen Defizite im Bereich der systematischen erziehungswissenschaftlichen Forschung mit den Mitteln der Bildungsforschung ein Stück weit abbauen ließen, sofern es gelänge, für Projekte wie TIMSS und PISA eine bildungstheoretische Rahmung auszuarbeiten (vgl. Benner 2002a). Ohne eine solche Rahmung drohe die Gefahr, dass die Aufgaben öffentlicher Erziehung und Unterweisung durch empirische Bildungsforschung nur verkürzt erfasst werden, so dass beispielsweise Sprach- und Schriftsprachkompetenz auf Lesekompetenz reduziert würden und bildungstheoretisch unverzichtbare Fähigkeiten wie die zur freien Rede, zum literarischen Textverstehen und zu eigener Textproduktion im Curriculum der Schulen künftig unterrepräsentiert blieben.

Rolf Schieder war mehrfach dafür eingetreten, die Funktion des Religionsunterrichts nicht nur aus der Sicht der Kirchen und Religionen zu definieren, sondern stärker auch die in zivilreligiösen Konzepten diskutierte öffentliche Funktion von Religion zu berücksichtigen. Er brachte auf diese Weise den von Joachim Matthes (Matthes 1992) unterbreiteten Vorschlag, Religion als einen „diskursiven Tatbestand" zu fassen, konstruktiv in die öffentliche Debatte über Religion und Religionsunterricht ein. Zugleich wandte er sich kritisch gegen Versuche, den Religionsunterricht pauschal dem Kreis sogenannter weicher Fächer zuzuordnen, deren Leistungen angeblich empirisch nicht beschreibbar und kontrollierbar seien. Und er wirkte an Beratungen im Comenius-Institut über Bildungsstandards für den evangelischen Religionsunterricht mit und brachte in diese die für RU-Bi-Qua entwickelte Konzeption ein.

Henning Schluß arbeitete am DFG-Projekt „Bildungstheorie und Unterricht" im Rahmen einer an der Humboldt-Universität und der Freien Universität eingerichteten Forschergruppe „Bildung und Schule im Transformationsprozess von SBZ, DDR und neuen Ländern" mit und beteiligte sich intensiv an der Diskussion über die Einführung des brandenburgischen Unterrichtsfaches „Lebensgestaltung – Ethik – Religionskunde", das religiöse Themen außerhalb des konfessionellen Religionsunterrichtes in einem neuen Schulfach verankert (vgl. Schluß 2003). Als Erziehungswissenschaftler und Theologe arbeitete er ferner an der Entwicklung kompetenzorientierter Curricula für den evangelischen Religionsunterricht in Berlin und Brandenburg mit und beteiligte sich später auch an der Ausarbeitung von Richtlinien für das Fach Religion in der gymnasialen Oberstufe und beschäftigte sich in seiner Habilitationsschrift mit Fragen religiöser Bildung im öffentlichen Interesse (Schluß 2010a).

Joachim Willems untersuchte in seiner erziehungswissenschaftlichen Dissertation (vgl. Willems 2006) Konzepte und Probleme religiöser Bildung an russischen Schulen. In die DFG-Projekte brachte er Konzepte aus der empirischen Religionsforschung sowie Erfahrungen aus der quantitativen und qualitativen Sozialforschung ein, die für die Entwicklung des Instruments zur Erhebung religiöser Kompetenzen grundlegend waren (vgl. Willems 2005).

Die Antragsteller planten das Projekt also im Ausgang von unterschiedlichen allgemein-pädagogischen (erziehungs-, bildungs- und schultheoretischen), religionspädagogischen und theologischen Problemstellungen und Konzepten. Untereinander waren diese jedoch von Anfang an durch ein Verständnis des Religiösen verbunden, das Religion als einen "diskursiven Tatbestand" (Matthes 1992) interpretiert und religiöse Bildung als die Fähigkeit bestimmt, verschiedene Erscheinungsformen von Religion wahrzunehmen, zu erkennen und mit ihnen deutend und partizipatorisch umzugehen.

Aus der Tradition allgemeiner Pädagogik sind systematische Justierungen von Erziehung, Bildung und Religion bekannt, die der öffentlichen Erziehung und Unterweisung an Schulen die Bildungsaufgabe zuweisen, die nachwachsende Generation dazu zu befähigen, ein individuelles Leben zu wählen und „dem öffentlichen Leben anzugehören" (Hegel 1811, S. 273). Auf Herbart geht eine bildungs- und schultheoretische Konzeption zurück, der zufolge schulischer Unterricht und öffentliche Erziehung nicht in einer unmittelbaren Einheit von Leben und Lernen stattfinden, sondern auf eine künstliche Ergänzung von Erfahrung und Umgang zielen, durch die alltägliche Welterfahrung um szientifische und ästhetische Erfahrungen und Denkformen und zwischenmenschlicher Umgang um gesellschaftliche und religiöse Betrachtungsweisen erweitert wird. Was unter einer partizipatorischen Auslegung von Herbarts doppelter Interessen-Trias von Erfahrung, Wissenschaft und Kunst sowie

Umgang, Politik und Religion zu verstehen ist, definierte Schleiermacher in seinen Pädagogik-Vorlesungen, wenn er der öffentlichen Erziehung die Aufgabe zuwies, die Jugend darauf vorzubereiten, in die großen „sittlichen Lebensgemeinschaften" einzutreten. Diese differenzierte er in (1) Staat, Recht und Politik, (2) freie Geselligkeit und Moral, (3) Wissen und Wissenschaft sowie (4) Kirche und Religion aus (Schleiermacher 1826, S. 28ff., S. 105ff., S. 116ff.). In dieser Differenzierung werden Religion und religiöse Bildung nicht mehr als ein alle Bildungshorizonte überwölbender Zentralbereich gefasst, dem die anderen Bereiche unterzuordnen sind, sondern als ein unverzichtbarer Horizont einer öffentlicher Bildung verstanden, die sich auf ausdifferenzierte Lebensformen und Gesellschaftsbereiche mit unterschiedlichen kategorialen Strukturen und Deutungsmustern bezieht, welche gegeneinander keinerlei Vorrang für sich beanspruchen können.

In der Anthropologie, Allgemeinen Pädagogik und Systemtheorie des 20. Jahrhundert wurden hieran anschließbare Vorstellungen entwickelt, die das Religiöse als eine besondere koexistentiale Form menschlichen Daseins interpretieren (vgl. Fink 1979, S. 98-215), in einer nicht-hierarchischen Ausdifferenzierung menschlicher Praxisbereiche verorten (vgl. Benner 1987; 2010) sowie als Teilsystem einer funktional ausdifferenzierten Gesellschaft beschreiben (vgl. Luhmann 1977; 2000). Dem Erziehungssystem weisen diese Auslegungen eine besondere Bedeutung mit Blick auf die Beziehungen unter den Koexistentialien, die Aufgaben einer nicht-hierarchisch konzipierten allgemeinen Bildung und die Kommunikation zwischen den gesellschaftlichen Teilsystemen zu. Diese Bedeutung zeigt sich mit Blick auf Religion heute daran, dass das Religiöse in modernen Gesellschaften zu jenen Sachverhalten gehört, deren Tradierung nicht mehr unmittelbar in den Horizonten von Erfahrung und Umgang gelingt, sondern auf eine Vermittlung in Schulen angewiesen ist, die sich als eine „künstliche" Vermittlung beschreiben lässt. Funktion und Aufgabe öffentlicher Schulen ist es, die nachwachsenden Generationen in Wissens-, Urteils- und Partizipationsformen einzuführen, die durch Erfahrung, Umgang und Sozialisation allein nicht erworben werden können und deren Aneignung daher auf künstliche Formen des Lehrens und Lernens angewiesen ist. Zu dem, was künstlich tradiert werden muss, gehören heute nicht nur wie schon in früheren Zeiten die Schriftsprache und die Anfangsgründe der Wissenschaften sowie Fremdsprachen und Geschichte, sondern auch die Religionen selbst, von denen einst in Europa wesentliche Impulse zur Gründung von Schulen ausgingen und die heute ihrerseits auf schulische Formen der Vermittlung und Tradierung angewiesen sind. Die Gründe, warum das so ist, können sehr verschieden sein und darin liegen, dass die Selbsterhaltung einer Religion in den Innenbezirken der Religionsgemeinschaften allein nicht mehr gelingt oder den Religionsgemeinschaften allein zwecks Vermeidung eines religiösen Fundamentalismus mit Blick auf die öffentliche Funktion von Religion nicht überlassen werden kann. In beiden Fällen ist Bildung auf Religion und

Religion auf öffentliche Bildung angewiesen, ohne dass eine Seite die andere aus eigener Kraft normieren könnte.

Wie bei der anthropologischen, handlungs- und systemtheoretischen Justierung der Projekte RU-Bi-Qua und KERK wurde auch bei ihrer theologischen und religionspädagogischen Orientierung nicht auf ein einziges Konzept des Religiösen zurückgegriffen, dessen Wahl zwangsläufig andere ausgeschlossen hätte. Vielmehr wurde eine theologische und religionspädagogische Konzeptualisierung gewählt, die unterschiedliche Begriffe von Religion berücksichtigt und verschiedene theologische und religionspädagogische Auslegungen zulässt sowie umfasst. So wurde nach einer Ausrichtung gesucht, die an unterschiedliche Fassungen des Religiösen anschlussfähig ist, so z. B. an Gustav Menschings Definition von Religion als „erlebnishafter Begegnung mit heiliger Wirklichkeit" und „antwortendes Handeln des vom Heiligen existentiell bestimmten Menschen" (Mensching 1961, Sp. 961 ff.) oder an Schleiermachers Begriff der Religion, der von einem Verweisungszusammenhang von Freiheit und Abhängigkeit ausgeht und diesem eine schlechterdings konstitutive Voraussetzung für das Dasein und die Selbstreflexion des Menschen zuerkennt. Nach Schleiermacher ist der Mensch nicht frei oder abhängig, sondern in gewissem Sinne stets frei und abhängig zugleich. Als ein zur Freiheit bestimmtes Wesen steht er in einer „schlechthinnige Abhängigkeit" (vgl. Schleiermacher 1960 § 4 S. 23 ff.), die in der allgemein ethischen Tatsache begründet ist, dass er seine eigene Existenz und die Gegebenheit der Welt nicht sich selbst verdankt. Eine Form, mit dieser Abhängigkeit umzugehen, stellen nach Schleiermacher die Religionen dar, die diese in ihrer Vielheit interpretieren und reflektieren. Einem Religionsverständnis, das Religion mit Schleiermacher als Praxis des Menschen deutet, stehen andere Theologien wie z. B. die von Karl Barth kritisch gegenüber. Nach Barth ist Religion eine bloß menschliche Praxis. Auch wenn sie sich auf die Reflexion des Gefühls schlechthinniger Abhängigkeit gründe, habe sie nicht das Geringste mit Gott zu tun. Von hierher lehnt Barth Religion als einen „Unglauben" ab, in dem der Mensch von sich aus zu Gott kommen zu können meint, statt umgekehrt Gott zum Menschen kommen zu lassen. Ein solcher Unglaube verfehlt nach Barth das „Wort Gottes", das Jesus Christus ist (vgl. Barth 1922). Die theologische Religionskritik findet in diesem Konzept eine Spitze, die von Dietrich Bonhoeffer aufgenommen wurde, der nach Möglichkeiten einer nichtreligiösen Interpretation biblischer Begriffe suchte. Nach Bonhoeffer müssen die biblischen Begriffe, damit sie in einer religionslos gewordenen Welt überhaupt noch verstanden werden können, erst einmal von ihrem religiösen Ballast befreit werden. Bonhoeffer bedauert die Religionslosigkeit der Welt nicht, sondern erkennt in ihr eine Chance dafür, dass der zu rationaler Argumentation mündig gewordene Mensch sich von Vorstellungen befreien kann, die Gott auf eine Welterklärungshypothese reduzieren und damit zu einem Lückenbüßer für etwas machen, das sich durch menschliche Wissenschaft (noch) nicht erklären lässt. Eine in diesem Sinne theologisch inspirierte Religionskritik zielt darauf, Gott nicht länger immer weiter an den Rand des Lebens zu schieben und als Platzhalter künftiger wissenschaftlicher Erkenntnisse misszuverstehen, sondern seine Offenbarung mitten im Leben wahrzunehmen, d.h. Gott als den anzuerkennen, der sich selbst so zur Sprache bringt, wie er dies in Jesus Christus getan hat (vgl. Bonhoeffer 1982, S. 58; siehe dazu auch Schluß 2008).

Die hier exemplarisch angesprochenen Auslegungen des Religiösen zeigen eine Bandbreite möglicher Theologien an, die im öffentlichen Religionsunterricht thematisiert werden können, ohne dass dieser die zwischen ihnen bestehenden Spannungen und Widersprüche versöhnen müsste oder könnte. Zu den theologischen Aufgaben eines öffentlichen Unterrichts gehört darum nicht, den Streit über den richtigen Glauben und die wahre Theologie abschließend zu klären, sondern Zugänge zu einem differenzierten Verständnis der Vielheit religiöser Deutungen und Praktiken zu eröffnen und Religion als ein Feld zu erschließen, das nicht nur unterschiedliche Auslegungen zulässt, sondern auch deren Kritik umfasst (vgl. Schieder 2002b, Feige 1992, Foucault 1973).

Die Erscheinungsformen, Modi und Relationen religiöser Praxis werden nicht allein durch die kulturelle Tradition, die Sozialformen religiösen Handelns und das Selbstverständnis religiöser Akteure, sondern wesentlich auch durch die gesellschaftlichen Diskurse über Religion bestimmt. Da Religion immer auch ein kulturelles Konzept darstellt (vgl. Luhmann 2000), gilt es zu fragen, welche Merkmale und Momente des Religionsdiskurses für den Religionsunterricht an öffentlichen Schulen von Bedeutung sind (vgl. hierzu Rothgangel 2002). Aus der diskursiven Fassung des Religionsbegriffs folgt, dass Religion in unterschiedlichen Zusammenhängen jeweils anders zur Geltung kommt (vgl. Jakobs 2002). Eine diskursive Bestimmung der Inhalte des Religionsunterrichts wird deshalb an spezifische Ausprägungen des Religiösen im Diskursraum Schule anknüpfen (vgl. Koerrenz 2003) und die Input- und Outputorientierung von Religionsunterricht in ein ausgewogenes Verhältnis zueinander zu setzen suchen.

Religion kommt in der Schule anders als im Leben der Gemeinde nicht vorrangig in unmittelbar performativer, sondern vor allem in reflexiver Gestalt vor, nämlich als künstliche Anbahnung und Erweiterung elementarer religiöser Erfahrungen (vgl. Dressler 2008), als Religionskunde und als Theologie (vgl. Schieder 2002a; Willems 2009; Benner 2010). Sie wird auch in dem von Jürgen Baumert entwickelten „Grundbildungskonzept" als ein eigener Bereich genannt. Dieses unterscheidet zwischen „kognitiver, moralisch-evaluativer, ästhetisch-expressiver und religiös-konstitutiver Rationalität" (Baumert/Stanat/Demmrich 2001, S. 21) und spricht damit Bereiche einer grundlegenden Bildung an, die weit über PISA hinausgehen. Sie lassen sich mit den Mitteln der empirischen Bildungsforschung bearbeiten, sofern diese Anschluss an bildungstheoretische und bereichsspezifische Forschungsansätze gewinnt und Konzepte verfolgt, welche die im allgemeinen Schulsystem zu vermittelnden Kompetenzen als domänenspezifisch (fach- und bereichsspezifisch) sowie altersspezifisch auszuweisende Profile beschreiben und erfassen (vgl. Klieme et al. 2003, S. 19ff und S. 55ff).

Bei einer domänenspezifischen Auslegung des Kompetenzbegriffs auf religionsdidaktische und religionspädagogische Fragen ist zu berücksichtigen, dass „Problemlösekompetenz", wie in anderen Bereichen auch, stärker als „Problembearbeitungskompetenz" zu definieren ist. Denn anders als bei mathematischen, naturwissenschaftlichen und sprachwissenschaftlichen Sachverhalten wird es für ästhetische, literarische, ethische, politische und religiöse, aber auch für technische und ökonomische Probleme nur im Ausnahmefall Problemlösungen geben, die sich im Rahmen öffentlichen Unterrichts vermitteln und einüben sowie anschließend kompetenzorientiert evaluieren lassen. Mit dem Begriff „Problembearbeitung" lässt sich eine Aufgabenstellung beschreiben, die auf alle Lernbereiche öffentlicher Erziehung und Unterweisung appliziert und für alle Altersgruppen konkretisiert werden kann. Ein prinzipiell spannungsreiches Problem des Evangelischen Religionsunterrichts liegt dabei in seiner konfessionellen Grundlegung in der Rechtfertigungslehre und ihrer Aussage, dass Menschen nicht durch Leistung Gott recht werden, sondern die Gerechtigkeit vor Gott ein Geschenk ist. Der fachspezifische Kompetenzgedanke aber muss eben diese Erkenntnis als Leistung erkennbar machen (vgl. Schluß 2011).

Für den Religionsunterricht haben Bernhard Dressler (2010), Thomas Klie und Silke Leonhard (2008) weitere mögliche Spannungen u. a. in Studien zum performativen Religionsunterricht, aber auch Hanna Roose (2006) in ihrer Kritik an performativen Konzepten deutlich gemacht, indem sie religiöse Erfahrungen als eine unverzichtbare Grundlage für die Entwicklung religiöser Kompetenz ausweisen, die nicht aus dem Religionsunterricht ausgeklammert werden kann. Die genannten haben zugleich gezeigt, dass fehlende religiöse Erfahrungen nicht einfach übersprungen werden können, sondern auf dem Umweg über Erkundungen künstlich kompensiert werden müssen. Entsprechende Erfahrungen, an die Unterricht anknüpfen kann, finden sich nach Andreas Feige und Carsten Gennerich (2008) nicht nur in den Innenbezirken von Glaubensgemeinschaften, sondern auch in alltäglichen Kontexten gesellschaftlicher Kommunikation und Interaktion. Das bedeutet nicht, dass die Inhalte religiöser Bildung und Kompetenz beliebig wären. So haben Friedrich Schweitzer (2007), Karl-Ernst Nipkow (2005), Werner H. Ritter (2007), Bernhard Dressler (2007) und Gabriele Obst (2010) in ihren Kritiken an rein formal operierenden outputorientierten Konzepten gezeigt, dass die Inhaltsdimension religiöser Kompetenz nicht zuletzt in einer Reflexion der normativen und messtechnischen Grenzen empirischer Erhebungsmethoden explizit thematisiert werden muss. Und Fritz Oser, Anton Bucher u. a. haben in ihren Studien zur „Entwicklung des religiösen Urteils" Modelle entwickelt, welche die religiöse Urteilskompetenz als eine zentrale Teilkompetenz religiöser Kompetenz ausweisen (vgl. Di Loreto/Oser 1996). Lothar Kuld (2003) u. a. haben zudem die über den Horizont von Urteilskompetenz hinausreichende Bedeutung einer religiösen Partizipationskompetenz unterstrichen, die sich auf konfessionelle wie interreligiöse Handlungskontexte, aber auch auf die Bedeutung von Religion in gesellschaftlichen und kulturellen Kontexten bezieht.

Aus allen genannten Richtungen sind wichtige Anregungen in die Konzeption von RU-Bi-Qua und KERK eingegangen. Diese sucht die Erfahrungsbasis religiöser Bildung und Kompetenz in einem Fragebogen gesondert zu erheben. Religionskundliche Kenntnisse testet sie als Bedingung religiöser Kompetenz. Darüber hinaus interpretiert sie religiöse Urteilskompetenz als Deutungskompetenz und unterscheidet diese von religiöser Partizipationskompetenz als einer zweiten religiösen Teilkompetenz.

2. Das Kompetenzverständnis des Ansatzes und seine Bezüge zu anderen Modellierungen religiöser Kompetenz

Das Kompetenzverständnis von RU-Bi-Qua und KERK zielt nicht auf die Ablösung einer traditionellen Kenntnisorientierung von Lehr-Lernprozessen im Bildungssystem durch eine neuartige Kompetenzorientierung, wie sie z. Z. von aktuellen Programmatiken in Wissenschaft und Politik angestrebt wird. Es ist vielmehr Vorstellungen von einer Erweiterung von Welterfahrung und zwischenmenschlichem Umgang verpflichtet, die seit Beginn der Diskussion über die Einrichtung öffentlicher Schulen bei Aristoteles als grundlegend für den Bildungsauftrag jeder öffentlichen und gemeinsamen Erziehung angesehen werden und die sich in der Moderne u. a. in den Schulplänen Wilhelm von Humboldts, in der Konzeption einer doppelqualifizierenden Bildung bei Herwig Blankertz sowie – in verkürzter Form – in dem von Saul B. Robinsohn entwickelten Ansatz einer künftige Bewährungssituationen schulischer Bildung einbeziehenden Curriculumforschung finden (vgl. Benner 2009).

Die traditionelle Kenntnisorientierung von Unterricht kann schon allein deshalb nicht einfach verabschiedet werden, weil sich die Wissensformen in den zurückliegenden 150 Jahren beträchtlich ausgeweitet haben und weil der Reichtum ihrer elementaren Gehalte nicht problemlos in eine Kompetenzorientierung überführt werden kann. Statt die Orientierung an Wissen und Kenntnissen ablösen zu können, erweist sich eine anspruchsvoll definierte Kompetenzorientierung vielmehr ihrerseits ebenso von der Aneignung und Vermittlung ausdifferenzierter Wissensformen abhängig, wie diese ihre bildende Kraft nicht allein aus sich zu schöpfen vermögen, sondern auf pragmatisch zu definierende Anwendungs- und Bewährungskontexte auszulegen sind (vgl. Benner 2011). Schon Herbart unterschied zwischen insgesamt sechs Interessenbereichen und grenzte lebensweltliche von szientifischen und historischen Wissensformen ab, berücksichtigte aber noch nicht ideologiekritische, voraussetzungskritische und anwendungsbezogene Formen eines reflektierenden Wissens, die in der zweiten Hälfte des 19. und im Verlauf des 20. Jahrhunderts von Karl Marx und Friedrich Nietzsche, in der transzendentalkritischen Pädagogik sowie in handlungstheoretischen und systemtheoretischen Ansätzen entwickelt worden sind. Mit Bezug auf die Vielheit der genannten Wissensformen lässt sich Religionsunterricht heute als ein Teil öffentlicher Bildung ausweisen, der in lebensweltliche, szientische, historisch-hermeneutische, ideologiekritische, voraussetzungskritische und pragmatische Wissensformen einführt und religiöses Deuten und Partizipieren auf die Vielzahl der Religionen und deren Beziehungen zu den Praxisfeldern von Arbeit, Sitte, Bildung, Kunst und Politik zurückbezieht (vgl. Benner 2008).

Unter Vermeidung des Duals von Kenntnis- oder Kompetenzorientierung unterscheidet die von den Teams von RU-Bi-Qua und KERK entwickelte Berliner Konzeption zur Erfassung religiöser Kompetenz, die inzwischen unter dem Namen „Berliner Modell" diskutiert wird, zwischen drei Kompetenzdimensionen: erstens dem Bereich religionskundlicher Kenntnisse, die traditionell häufig lebensweltlich in Familie, Gemeinde und Gesellschaft erworben und durch schulische Erziehung und Unterweisung erweitert und reflektiert werden – unter den Bedingungen einer fortschreitenden Religions- bzw. Konfessionslosigkeit ist diese Aufgabe zunehmend zu einer solchen schulischer Erziehung und Unterweisung geworden (vgl. Schluß 2009); zweitens dem Kompetenzbereich religiöser Deutungen und Interpretationen, deren Entwicklung auf Unterricht im Bezug auf Religion angewiesen ist, sowie drittens dem Bereich einer religiösen Partizipationskompetenz, die in säkularen Gesellschaften nicht mehr allein oder vorrangig durch das Leben in einer Gemeinde bestimmt wird, sondern mit Blick auf individuelle und öffentliche Funktionen von Religion auf eine künstliche Tradierung durch schulischen Unterricht angewiesen ist. Alle drei Bereiche werden im Berliner Kompetenzmodell so definiert, dass sie nicht nur auf die Bezugsreligion des Religionsunterrichts, sondern auch auf andere Konfessionen bzw. Religionen sowie auf religiöse Phänomene und Sachverhalte in außerreligiösen Feldern und im öffentlichen Raum ausgelegt werden.

Die traditionelle Bezeichnung „eigene Religion", die auf die Herkunftsreligion der Schülerinnen und Schüler abhebt, wird im Berliner Modell bewusst vermieden. Der Grund hierfür liegt zum einen in der Tatsache, dass viele Schülerinnen und Schüler, die in Berlin und Brandenburg am konfessionellen Religionsunterricht teilnehmen, konfessionslos sind. Die Konfessionalität des Faches wird daher primär über die Bezugskonfession des Unterrichtsfaches und seiner Lehrerinnen und Lehrer definiert (vgl. Nipkow 2005 Bd. 2, S. 267f.). Theologisch knüpft die Wahl des Begriffs Bezugsreligion zugleich an die Rechtfertigungslehre an, der zufolge der Glaube keine dem Einzelnen zurechenbare Leistung ist (vgl. EKD 2010b, S. 39). Bildungstheoretisch soll durch sie anerkannt werden, dass es nicht Ziel eines öffentlichen Unterrichtsfaches sein kann, die Schülerinnen und Schüler zum Eintritt in eine bestimmte politische Partei oder zur Annahme eines bestimmten Glaubens zu bewegen, sondern ihnen Grundkenntnisse im jeweiligen Fach sowie die Fähigkeit zu vermitteln, sich interpretierend und deutend sowie partizipierend und handelnd mit den jeweils domänenspezifischen Inhalten und Themen auseinanderzusetzen (vgl. Benner/Fischer/Gatzemann et al. 1998; siehe für den Religionsunterricht insbesondere Willems 2007).

Die Bedeutung dieser Basisorientierung öffentlicher Erziehung und Unterweisung lässt sich nicht nur an den Begriffen Bezugsreligion/Konfession des Unterrichts aufzeigen, sondern war schon im traditionellen Wissenskanon angelegt, der immer die Schriftreligionen des Judentums, des Christentums und des Islams umfasste. Er muss heute um außereuropäische sowie neue Religionen erweitert werden. Ziel der im Berliner Modell vorgenommenen thematischen Ausdifferenzierung von Religion in „Bezugsreligion", „andere Religionen" sowie „Religion in außerreligiösen Handlungsfeldern und -bereichen" ist es, die Verständigungs- und Diskursfähigkeit von Schülerinnen und Schülern so breit zu fassen, dass sie sowohl konfessionelle als auch überkonfessionelle und interreligiöse Aspekte und darüber hinaus auch solche der öffentlichen Funktion von Religion erfasst.

Die öffentliche Seite von Religion wird in KERK zweifach definiert. Sie bezieht sich zum einen auf die Frage, inwieweit Schülerinnen und Schüler in der Lage sind, in die säkulare Gesellschaft diffundierte, ursprünglich religiöse Phänomene zu dekodieren und über solche Sachverhalte mit anderen zu kommunizieren. Hierzu gehört z. B. die Fähigkeit, religiöse Symbole in der Werbung zu identifizieren und hinsichtlich ihrer Funktionen zu interpretieren. Die öffentliche Seite von Religion kann sich zum anderen auch auf Phänomene und Konzepte in Kultur und Gesellschaft beziehen, die ursprünglich zwar keinem religionsbezogenem Kontext entstammen, heute jedoch religiöse oder quasireligiöse Funktionen übernehmen. So können Rituale großer Sportereignisse wie beispielsweise ein Fußballturnier quasireligiöse Funktionen übernehmen und vermittelt über diese eine gemeinschaftsstiftende Kraft entfalten. Schließlich gibt es Transformationen von Phänomenen und Sachverhalten des ersten in solche des zweitens Typus, in denen beispielsweise religiöse Aussagen über die Gottesebenbildlichkeit des Menschen (Gen. 1, 27) in die Rede über die Würde des Menschen überführt werden, wie dies im Artikel 1 des GG der Bundesrepublik Deutschland der Fall ist. Die Bezüge zwischen religiösen und moralisch-rechtlichen Thematisierungen der Menschenwürde sind vielfältig: Einerseits kann zur Begründung der Menschenwürde historisch, rechts- und religionsphilosophisch auf die biblische Tradition rekurriert werden. Andererseits ist ein säkulares Verständnis von Menschenwürde in rechtlicher und politischer Hinsicht nicht deckungsgleich mit dem theologischen Konzept der Gottebenbildlichkeit. So lässt sich erklären, dass Christen in der Geschichte sowohl für als auch gegen auf der Überzeugung der unbedingten Würde aller Menschen gründende Menschenrechte eintreten konnten.

Zusammenfassend lässt sich festhalten, dass das Berliner Modell religiöser Kompetenz zwischen religionskundlichen Kenntnissen und den Teilkompetenzen religiöse Deutungs- und religiöse Partizipationskompetenz als drei grundlegenden Dimensionen religiöser Kompetenz unterscheidet und diese auf die Bezugsreligion von Unterricht, auf andere Religionen/Konfessionen sowie auf religiöse Phänomene und Sachverhalte in der Gesellschaft auslegt. Mit dieser Struktur weist das Berliner Modell sowohl Anschlussmöglichkeiten an andere zur Zeit diskutierte Modellierungen religiöser Kompetenz als auch Spezifika diesen gegenüber auf. Im Folgenden soll dies mit Blick auf den Bildungsplan von Baden-Württemberg aus dem Jahre 2004, den Berliner Rahmenplan von 2007, die vom Rat der Evangelischen Kirche in Deutschland 2006 verabschiedeten EPA für das Abitur in evangelischer Religionslehre, das vom Comenius-Institut 2006 vorgelegte Modell religiöser Kompetenz sowie einen Ende 2010 in einer EKD-Publikation vorgestellten „Orientierungsrahmen" mit dem Titel „Kompetenzen und Standards für den Evangelischen Religionsunterricht in der Sekundarstufe I" kurz angedeutet werden.

Der „Baden-Württembergische Bildungsplan" (siehe ebd.) war der erste Gesamtplan, der die neue Kompetenzorientierung auf der Ebene der Lehrpläne umzusetzen versuchte. Er setzt sich aus Plänen für die Grundschule, die Werkrealschule, die Realschule, das Gymnasium und die Sonderschule zusammen, definiert fachspezifische Kompetenzen nach der aus den 1970er Jahren stammenden globalen Unterscheidung zwischen Sach-, Methoden-, Selbst- und Sozialkompetenz und kombiniert diese mit einem Modell, das hermeneutische, ethische, kommunikative und ästhetische Kompetenzen voneinander abgrenzt. Auch wenn die Reformziele des Plans zum Teil nachvollziehbar sind, ist an diesem doch problematisch, dass er Kompetenz nach zwei unterschiedlichen Modellen definiert und mit Differenzierungen arbeitet, die weder in noch zwischen den Modellen trennscharf abgrenzbar sind. Weder ist eine Sachkompetenz denkbar, die nicht methodisch ausgewiesen ist, noch eine Methodenkompetenz, die keine Sachbezüge aufweist, ebenso wenig eine Selbstkompetenz, die ohne Sozialkompetenz auskommt, oder eine Sozialkompetenz, die nicht über Selbstkompetenz vermittelt wäre (zur frühen Kritik der Abgrenzung von Methoden, Sach-, Selbst- und Sozialkompetenzen siehe die Hinweise auf Zusammenhänge zwischen wissenschaftlicher Gegenstandskonstitution und Selbstdisziplinierung in Litt 1959, S. 107ff.). Und wie sich die Vierzahl dieser Kompetenzen noch einmal mit der Quadriga hermeneutischer, ethischer, kommunikativer und ästhetischer Kompetenzen kombinieren lassen soll, wird in den Fachplänen allenfalls postulatorisch angedeutet, nicht aber sachlich ausgeführt. So drängt sich der Verdacht auf, dass der neue baden-württembergische Bildungsplan ein Entwurf ist, der das bildungstheoretische Vokabular älterer Pläne gegen ein kompetenztheoretisches Vokabular austauscht, ohne die Stimmigkeit und Erreichbarkeit der Ziele zu überprüfen. Es reicht nicht, durch Lehrpläne als Input einzugeben, was als Output von Lehr-Lernprozessen herauskommen soll. Besonders problematisch erweist sich ein solches Vorgehen, wenn es zu einer Normierung personaler und sozialer Lebensformen führt, die mit staatlichen Eingriffen in die Wahl der eigenen Lebensform einhergehen, welche den Bildungsauftrag des öffentlichen Schulsystems überschreiten (vgl. mit Blick auf das Thüringer Kompetenzmodell kritisch hierzu Wermke 2006, S. 150f.) Trotz dieser Mängel gibt es auch Anschlussmöglichkeiten zwischen dem Bildungsplan von Baden-Württemberg und dem Berliner Kompetenzmodell, das Mängel wie die genannten durch seine bildungs- und schultheoretisch ausgewiesene Unterscheidung zwischen Grundkenntnissen, Urteils- bzw. Deutungskompetenz sowie Handlungs- bzw. Partizipationskompetenz und deren fachspezifische Auslegung zu vermeiden und zu bekämpfen sucht. Die Anschlussmöglichkeiten beziehen sich jedoch weniger auf die inhaltlich beliebige Verwendung vermeintlich separierbarer methodischer, sachlicher, personaler und sozialer Teilkompetenzen und deren normative Füllung als vielmehr auf die im Bildungsplan angesprochene Unterscheidung hermeneutischer, ethischer, kommunikativer und ästhetischer Teilkompetenzen. Von diesen weisen die erste und vierte mit Blick auf die Aufgaben und Möglichkeiten eines öffentlichen Religionsunterrichts besondere Affinitäten zur religiösen Deutungskompetenz und die zweite und dritte fachspezifische Bezüge zu einer religiös auszulegenden Partizipationskompetenz auf.

Anders ist der Rahmenlehrplan für den Ev. Religionsunterricht in Berlin und Brandenburg aufgebaut, der aufgrund der Sonderstellung des Religionsunterrichts in beiden Bundesländern allein von der Evangelischen Landeskirche (EKBO) verantwortet wird (vgl. Häusler 2009; Borck/Schluß 2009). Der 2007 nach einer Erprobungsphase in Kraft gesetzte Rahmenlehrplan für die Klassen 1-10 orientiert sich bereits an dem in den Projekten RU-Bi-Qua und KERK entwickelten „Berliner Kompetenzmodell" und macht sich dessen fachspezifisch definierten Begriff religiöser Kompetenz zu eigen. Wie dieses unterscheidet er zwischen religiöser Deutungs- und religiöser Handlungskompetenz (vgl. EKBO 2007, S. 10-11) und legt diese „auf die Bezugsreligion, andere Religionen und außerreligiöse Bereiche in Kultur und Gesellschaft" aus (ebd. S. 10). Religiöse Deutungs- und Partizipationskompetenz werden im Rahmenlehrplan für Berlin und Brandenburg durch die Elemente „Wahrnehmen" und „Kenntnisse" sowie durch „hermeneutische Fähigkeiten" und die Fähigkeit zur „Stellungnahme zu religiösen Handlungsmöglichkeiten" definiert (ebd. S. 12) sowie didaktisch zu fünf Leitfragen in Beziehung gesetzt (ebd., S. 23), an denen sich die Umsetzung des Plans ausrichten soll. Sie lauten „nach Jesus Christus fragen", „nach dem Menschen fragen", „nach Gott fragen", nach der „Gestalt des Glaubens" und den „Zeichen des Religiösen fragen" sowie „nach verantwortlichem Handeln fragen" (ebd. S. 24). Mit Blick auf die besondere Situation des Religionsunterrichts, der in beiden Bundesländern als freiwilliges Angebot in alleiniger Verantwortung der Kirchen erteilt wird, die ihrerseits kein flächendeckendes Angebot gewährleisten können, versteht sich der Rahmenlehrplan in weiten Teilen als eine Orientierungshilfe, die nur weniges in der Form von Bildungsstandards verbindlich macht (ebd. S. 21f.). Neben den als Regelstandards jeweils für eine Doppeljahrgangsstufe definierten Bildungsstandards (ebd., S. 27) gibt der Rahmenlehrplan in einer eigenen Spalte inhaltliche „Anregungen" mit Impulscharakter für die Gestaltung des evangelischen Religionsunterrichts. Ferner formuliert er für die fünf Leitfragen spezielle „Anforderungen für den Unterrichtsprozess". Sie haben nicht die Verbindlichkeit von Standards und sollen eine Pluralität der Unterrichtsformen sicherstellen (ebd. S. 22). Eine domänenspezifische Besonderheit stellen die Standards zum „diakonischen Lernen" dar, die übergreifend für die Jahrgangsstufen 1-6 sowie 7-10 gesetzt werden. Sie wollen partizipationsbezogene diakonischer Projekte fördern, in denen religiöse Praxis in der Bezugsreligion des Unterrichts Verbindungen mit gesellschaftlichen Aufgaben eingeht. Vergleicht man den Bildungsplan von Baden-Württemberg mit jenem von Berlin und Brandenburg, so kann man sagen, dass die in ersterem verankerten Globalkompetenzen wie Methodenkompetenz, Sachkompetenz, Personalkompetenz und Sozialkompetenz in letzterem als durch Unterricht zu fördernde und zu stärkende Fähigkeiten vorkommen, ohne allerdings in der Form von Standards für verbindlich erklärt zu werden (vgl. ebd. S. 13-17).

Hinzuweisen ist hier auch darauf, dass in Berlin und Brandenburg derzeit ein „Kerncurriculum für den Evangelischen Religionsunterricht in der Qualifikationsphase" erprobt wird. Die mit der Ausarbeitung des Curriculum beauftragte Gruppe konnte sowohl auf das Berliner Kompetenzmodell als auch auf einen von der Evangelischen Kirche in Deutschland erarbeiteten Entwurf eines Kerncurriculum für den Evangelischen Religionsunterricht in der gymnasialen Oberstufe zurückgreifen (vgl. EKD 2010a). Dies ist insofern von besonderem Interesse, als das Kerncurriculum der EKBO zwar auf die Erreichung der Einheitlichen Prüfungsanforderungen (EPA) zielt, die nach einem im Folgenden erläuterten fachspezifischen Kompetenzmodell aufgebaut sind, gleichzeitig aber die Kompetenzdimensionen des Berliner Modells auf die Abiturstufe auslegt. Das Brandenburgische Bildungsministerium erhob gegen die Verknüpfung beider Modelle keine Einwände und stimmte der Erprobung des Kerncurriculum für die Abiturstufe zu (vgl. EKBO 2009, S. 5).

In einem analogen Sinne lässt sich eine Anschlussfähigkeit des Berliner Kompetenzmodells mit Blick auf die „Einheitlichen Prüfungsanforderungen" (EPA) feststellen, die der Rat der Evangelischen Kirche in Deutschland für das Abitur im Fach Evangelische Religionslehre verabschiedet hat (siehe KMK 2006). Das von einer von Vertretern der Länder und der Landeskirchen paritätisch zusammengesetzten Kommission erarbeitete Kerncurriculum will einen „Orientierungsrahmen" bereitstellen, der fachspezifische Kompetenzen beschreibt und „Anregungen und Hilfen" für die „Lehrplangestaltung ... bietet" (EKD 2010a, S. 14). Vergleicht man den Orientierungsrahmen mit dem Berliner Modell, so fällt zunächst auf, dass ersterer mit einer weitaus größeren Anzahl von Teilkompetenzen als das Berliner Modell argumentiert, wenn er religiöse Kompetenz (1.) als Wahrnehmungs- und Darstellungsfähigkeit, (2.) als Deutungsfähigkeit, (3.) als Urteilsfähigkeit, (4.) als Dialogfähigkeit und (5.) als Gestaltungsfähigkeit definiert und diese noch einmal auf (A) „religiös bedeutsame Erfahrungen und Fragen der Schülerinnen und Schüler", (B) „plural religiöse Lebensentwürfe und Weltdeutungen", (C) „religiös geprägte Ausdrucksformen in der Gegenwartskultur" und (D) „religiös-ethische Herausforderungen in Kultur, Wissenschaft, Politik und Wirtschaft" als spezifische Bezugsfelder oder Gegenstandsbereiche religiöser Kompetenz auslegt (siehe EKD 2010a, S. 14f. und S. 19ff.). Die Ausdifferenzierung in Teilkompetenzen und Gegenstandsfeldern kann unter didaktischen Gesichtspunkten durchaus überzeugen, unter bildungs- und kompetenztheoretischen Fragestellungen muss allerdings bezweifelt werden, ob sich alle angesprochenen Fähigkeiten gehaltvoll voneinander abgrenzen und als Teilkompetenzen religiöser Kompetenz empirisch ausweisen lassen. Nimmt man auch hier einen Vergleich mit der Unterscheidung von Dimensionen und Teilkompetenzen vor, so zeigt sich, dass sich die Differenzierungen des Problemrahmens wiederum plausibel denjenigen des Berliner Modells zuordnen lassen. Letzteres konzentriert sich auf empirisch voneinander abgrenzbare und evaluierbare Teilkompetenzen, definiert religiöse Deutungskompetenz im Sinne der Teilkompetenzen (1), (2) und (3), religiöse Partizipationskompetenz im Sinne der Teilkompetenzen (4) und (5) und fasst die Gegenstandsbereiche religiöser Kompetenz und Bildung mit Blick auf die Bezugsreligion, auf andere Religionen sowie Religion in Gesellschaft und Kultur so, dass diese wiederum auf alle Dimensionen religiöser Kompetenz ausgelegt werden können.

Noch größer ist die Anzahl von Teilkompetenzen in einem von einer Expertengruppe am Comenius-Institut entwickelten Modell (vgl. Fischer/Elsenbast 2006; Elsenbast/Fischer 2007), das zunächst zwischen fünf „Dimensionen der Erschließung von Religion", nämlich (1.) Perzeption (Wahrnehmen und Beschreiben), (2.) Kognition (Verstehen und Deuten), (3.) Performanz (Gestalten und Handeln), (4.) Interaktion (Kommunizieren und Urteilen) und (5.) Partizipation (Teilhaben und Entscheiden), unterscheidet und diese dann noch einmal nach vier Gegenstandsbereichen ((A) subjektive Religion der Schüler/innen, (B) Bezugsreligion des Religionsunterrichts, (C) andere Religionen und Weltanschauungen sowie (D) Religion als gesellschaftliches und kulturelles Phänomen) ausdifferenziert. Die erhöhte Anzahl von Teilkompetenzen kommt in diesem Modell dadurch zustande, dass die subjektive Religion – anders als im Berliner Modell – als ein standardisierbarer und evaluierbarer Sachverhalt gedeutet und die aus dem Berliner Modell stammenden Inhaltsbereiche (B bis D) nicht in Form eines Rasters quer zu den religiösen Teilkompetenzen angeordnet, sondern so mit diesen kombiniert werden, dass schließlich ein Tableau von insgesamt zwölf Komponenten oder religiösen Teilkompetenzen entsteht. Dieses reicht von (a) subjektiven Glaubensüberzeugungen, (b) religiösen Deutungsoptionen für Widerfahrnisse des Lebens und (c) dem Einsatz religiöser Argumente in konkreten Entscheidungssituationen über (d) Grundformen religiöser Sprache, (e) theologische Leitmotive und Schlüsselszenen des evangelischen Christentums, (f) Grundformen religiöser Praxis und (g) lebensfeindliche Formen von Religion bis zu den Kompetenzen, (h) sich mit anderen Überzeugungen begründet auseinandersetzen und mit anderen Religionen respektvoll kommunizieren und kooperieren zu können, (i) Zweifel und Kritik an Religion artikulieren und auf ihre Berechtigung hin prüfen zu können. Es mündet schließlich in die Fähigkeiten ein, (j) religiöse Hintergründe gesellschaftlicher Traditionen und Strukturen zu erkennen und darzustellen, (k) religiöse Grundideen (z.B. Menschenwürde, Nächstenliebe, Gerechtigkeit) zu erläutern und als Grundwerte in gesellschaftlichen Konflikten zur Geltung zu bringen sowie (l) religiöse Motive und Elemente in der Kultur (z.B. Literatur, Bilder, Musik, Werbung, Filme, Sport) zu identifizieren, ideologiekritisch zu reflektieren und in ihrer Bedeutung zu verstehen.

Berücksichtigt man, dass „subjektive Religion" zwar zu den unverzichtbaren religiösen und daher auch im Unterricht zu thematisierenden, nicht aber zu den standardisierbaren und im Dual richtig/falsch evaluierbaren Wirklichkeitsbereichen zu rechnen ist, so lassen sich die verbleibenden 11 Komponenten des Modells des Comenius-Instituts problemlos nach den Unterscheidungen des Berliner Modells ordnen. Allerdings ist auch hier wiederum darauf hinzuweisen, dass die Systematisierung des Berliner Modells nicht primär didaktischen Gesichtspunkten folgt, die im Vordergrund des Modells des Comenius-Instituts stehen, sondern stärker kompetenztheoretischen und evaluativen Problemstellungen verpflichtet ist. Von den im Modell des Comenius-Instituts unterschiedenen fünf Dimensionen der Erschließung von Religion beschreiben die beiden ersten vorrangig Sachverhalte religiösen Deutens, die drei anderen solche religiöser Partizipation. Die Gegenstandsbereiche A-D stimmen weitgehend mit der vom Berliner Modell übernommenen Unterscheidung zwischen Bezugsreligion, anderen Religionen und Religion in Gesellschaft und Kultur überein. Und von den im Modell des Comenius-Instituts aufgelisteten Kompetenzen a – l weisen einige besondere Affinitäten zur Dimension religiöser Grundkenntnisse (d, e, f), andere zu Perspektiven religiöser Deutungen (b, g, i, j, l) und wieder andere zu Aspekten religiöser Partizipation im Berliner Modell auf (a, c, h, k). Von daher ist es kein Zufall, dass Aspekte aus dem vom Comenius-Institut entwickelten Modell immer wieder bei der Konstruktion, Pretestung und Optimierung von Aufgaben eine wichtige Rolle gespielt haben, legen diese doch viel konkreter und lebensnäher aus, was unter religiöser Kompetenz zu verstehen ist, derweil im Berliner Modell Probleme einer stärkeren bildungstheoretischen Systematisierung und empirischen Validierung der Modellannahmen bis hin zur Unterscheidung von Niveaustufen bzw. Anforderungsniveaus im Vordergrund stehen.

Anschlussfähig erweist sich das Berliner Modell auch an ein erst kürzlich erschienenes Papier, das inhaltlich eng an die EPA aus dem Jahre 2006 (vgl. KMK 2006) anschließt und „Kompetenzen und Standards für den Evangelischen Religionsunterricht in der Sekundarstufe I" in der Form von acht Kompetenzen definiert (siehe EKD 2010c). Diese beziehen sich

(1.) auf die Fähigkeit, den eigenen Glauben und die eigenen Erfahrungen wahrzunehmen und zum Ausdruck zu bringen sowie vor dem Hintergrund christlicher und anderer religiöser Deutungen zu reflektieren,

(2.) auf ein angemessenes Verständnis der Grundformen biblischer Überlieferung und religiöser Sprache,

(3.) auf die Kenntnis individueller und kirchlicher Formen der Praxis von Religion und die Fähigkeit, an diesen zu partizipieren,

(4.) auf die Fähigkeit, über das evangelische Verständnis des Christentums Auskunft zu geben,

(5.) auf eine Wahrnehmung ethischer Entscheidungssituationen im individuellen und gesellschaftlichen Leben, welche die christliche Grundlegung von Werten und Normen versteht und in Handlungen übersetzt,

(6.) auf die Auseinandersetzung mit anderen religiösen Glaubensweisen und nicht-religiösen Weltanschauungen sowie die Fähigkeit, mit Kritik an Religion umzugehen und die Berechtigung von Glauben aufzeigen zu können,

(7.) schließlich auf die Fähigkeit, mit Angehörigen anderer Religionen sowie mit Menschen mit anderen Weltanschauungen respektvoll kommunizieren und kooperieren zu können und

(8.) darauf, religiöse Motive und Elemente in der Kultur identifizieren, kritisch reflektieren sowie ihre Herkunft und Bedeutung erklären zu können.

Die Anschlussfähigkeit der vorgestellten Modelle an das Berliner Modell ergibt sich aus dessen Unterscheidung zwischen religiösen Grundkenntnissen und den Kompetenzprofilen reflektierender religiöser Deutungen sowie nichtfundamentalistischer Formen religiöser Partizipation. Die über sie verlaufende Anschlussfähigkeit ist keine absolute, sondern eine z. T. deutlich eingeschränkte. Die Grenzen der Anschlussfähigkeit ergeben sich daraus, dass das Berliner Modell auf postulatorische Denkformen weitgehend zu verzichten und bildungstheoretische mit schultheoretischen, religionspädagogischen und theologischen Problemstellungen auf empirisch gehaltvolle Weise zu verbinden sucht.

3. Unterschiede zwischen didaktischen Aufgaben und Testaufgaben sowie Zusammenhänge zwischen curricularen Vorgaben und der Erhebung religiöser Kompetenz

Wie bereits angedeutet wurde, unterscheidet die Berliner Konzeption zur Erfassung und Erhebung religiöser Kompetenz zwischen didaktischen Aufgaben und Testaufgaben. Diese Unterscheidung soll nun etwas genauer beschrieben werden, da sie nicht nur für das Verständnis des Berliner Modells, sondern auch für seine Arbeitsweise und die Beurteilung der theoretischen und praktischen Relevanz seiner Ergebnisse von Bedeutung ist.

Didaktische Aufgaben beziehen sich auf einzelne Unterrichtsstunden oder ganze Unterrichtsreihen. Ihre Funktion ist es, durch ihre Frage- und Zeigestruktur bei den Schülerinnen und Schülern neue Erfahrungen zu ermöglichen sowie unterrichtliche Lehr-Lernprozesse in Gang zu bringen, die sich in längeren Zeitintervallen sowie in Wechselwirkungen zwischen didaktischen Impulsen und Darbietungen, der individuellen und gemeinsamen Arbeit an der jeweiligen Sache und Veränderungen in den Strukturen des Wissens, Urteilens und Partizipierens der Heranwachsenden vollziehen. Didaktische Aufgaben weisen dem Lehrer und den Lernenden unterschiedliche Operationen zu. Lehrer sollen den Unterricht durch Fragen und Irritationen führen, die Anforderungen der von den Schülerinnen und Schülern zu bearbeitenden Aufgaben nach unterschiedlichen Schwierigkeitsgraden und methodischen Ansprüchen sowie mit Blick auf die bereitzustellenden Medien differenzieren und individualisieren, das Lehrerhandeln am Lernerfolg der Schülerinnen und Schüler kontrollieren und beides, das Lehren und das Lernen, Fehleranalysen unterziehen, die zwischen Fehlern von Lehrern und solchen von Schülern unterscheiden und Hinweise auf Ursachen geben, die zu diesen Fehlern geführt haben, sowie auf diese Weise anzeigen, woran didaktisch weiter zu arbeiten ist. Schüler sollen sich durch didaktische Fragen und Aufgaben irritieren lassen, Probleme erkennen, die sie ohne entsprechende Hinweise nicht bearbeiten, durch entsprechende Aufforderungen aber nicht schon beantworten können. Ziel ist es, auf diese Weise die Vorerfahrungen der Lernenden so zu erweitern, dass Lernende sich neue Inhalte und Horizonte des Wissens aneignen, mit diesen interpretierend umgehen und die im Unterricht gewonnenen Einsichten auch in außerunterrichtlichen Kontexten nutzen und auf die Probe stellen können. Testaufgaben sollen dagegen in eng bemessener Zeit ermitteln, ob etwas so gelernt wurde, dass es zur Bearbeitung von Fragen, zur Untersuchung von Problemen und zur Abstimmung von Entscheidungen herangezogen werden kann. Aufgrund dieser Struktur sind die Testaufgaben, wie sie in KERK entwickelt wurden, nicht für einen Einsatz als didaktische Aufgaben geeignet. Sie wollen nicht das Lernen anregen, sondern ermitteln, was gelernt worden ist. Zwar lassen die Testergebnisse keine unmittelbaren Schlüsse auf die Qualität der Vorerfahrungen der Lernenden und die Strukturen zurückliegender Lehr-Lernprozesse zu, sie erlauben jedoch Aussagen darüber, auf welchen didaktisch wie evaluativ bedeutsamen Anforderungsniveaus Schülerinnen und Schüler sich in ihrem Wissen, in ihren Interpretationen und in ihren partizipationsbezogenen Äußerungen bewegen.

Domänenspezifische Modelle zur Erfassung von Kompetenzen können trotz der eingeschränkten Bedeutung, die ihnen zuerkannt werden kann, hilfreich sein, um individuelle Entwicklungen bei einzelnen Schülern zu beobachten und zu erfassen, die Leistungsfähigkeit von Bildungssystemen, aber auch Wirkungen von Reformen zu beurteilen, Aufgabenstellungen für die Weiterentwicklung von Schulbüchern sowie die Veränderungen von Unterrichtsstrukturen und Formen des Schullebens zu ermitteln und unter Erhebung zusätzlicher Daten außerschulische Bedingungen von Schulerfolg zu klären. Wichtig aber bleibt, dass es keinerlei Deduktionszusammenhänge gibt, die lineare Ableitungen in welche Richtung auch immer erlaubten. Die Anschlussfähigkeit zwischen didaktischen Aufgaben und Testaufgaben lässt sich nicht deduktiv von einer Seite her legitimieren. Sie muss vielmehr dadurch gesichert werden, dass veränderte didaktische Konzepte zu Anpassungen und Veränderungen der einzusetzenden Testaufgaben Anlass geben und die Auswertung von Testergebnissen Hinweise vermittelt, in welchen Bereichen verstärkt an didaktischen Innovationen, neuen Schulbüchern und Medien sowie veränderten Formen des Schullebens zu arbeiten ist. Aber selbst solche Hinweise lassen sich nicht unmittelbar aus den Testergebnissen und den auf ihrer Grundlage entwickelnden Modellen ableiten, sondern verlangen nach einer Berücksichtigung von Kontextvariablen, die von den Tests selbst nicht erfasst, sondern nur durch zusätzliche Erhebungen zu klären sind. Schulleistungsmessungen stellen so gesehen nur Indikatoren zur Verfügung, die pädagogisch oder bildungspolitisch, z. B. als Basis- oder Kontextindikatoren, genutzt werden können (vgl. Baumert/Stanat/Demmrich 2001, S. 16).

Die angestrebte Anschlussfähigkeit von Testaufgaben und didaktischen Aufgaben ist keine lineare, sondern über eine künstliche Performativität didaktischer Aufgaben vermittelt, die sich mit Blick auf die unterschiedenen Dimensionen religiöser Kompetenz in solche religionskundlicher Kenntisse, religiöser Deutungen und religiöser Partizipationshandlungen ausdifferenzieren lässt. Ihre an schulische Lehr-Lernprozesse zurückgebundene Performativität kann deshalb eine künstliche genannt werden, weil sie nicht im Vollzug des Glaubens entsteht, sondern über unterrichtliche Erweiterungen von Erfahrung und Umgang sowie Übergänge vom Unterricht in eine Glaubenspraxis vermittelt ist, die wie die Übergänge von der politischen Bildung in die politische Praxis außerhalb des Handlungsfeldes Schule zu verorten sind.

Trotz der Ausrichtung des Berliner Modells an Aufgaben öffentlicher Erziehung und Unterweisung stellt die Reflexion normativer Implikationen des gewählten Modells eine besondere Herausforderung an die Arbeit im Projekt dar, durch welche dieses mit anderen Projekten der empirischen Bildungsforschung verbunden ist. So haben Kritiker von PISA gegen Vorhaben der empirischen Bildungsforschung immer wieder eingewandt, diese hielten sich nicht an die Vorgaben der geltenden Curricula, wirkten aber faktisch durch ihre Bestimmung von Kompetenz normativ, ohne hierzu durch Lehrpläne oder Richtlinien berechtigt zu sein. Vorwürfe wie diese müssen zwar ernst genommen, zugleich aber auf ihre Reichweite hin geprüft werden. Was Kritiker von PISA mit Vorwürfen, wie den genannten, gegen PISA anführen, wird zum Teil weder den Intentionen noch den Leistungen der empirischen Bildungsforschung gerecht. So haben beispielsweise Mitglieder des PISA-Konsortiums schon früh darauf hingewiesen, „dass die PISA-Tests mit ... der Konzentration auf die Erfassung von Basiskompetenzen ein didaktisches und bildungstheoretisches Konzept mit sich führen, das normativ ist". Sie haben ferner in diesem Zusammenhang ausdrücklich betont, die Einsicht in die implizite Normativität müsse bei der „Darstellung und Interpretation der Ergebnisse" der Tests stets bewusst gehalten werden, damit auf diese Weise die „Freiheit" gesichert werden könne, das Konzept „nicht oder nur eingeschränkt zu akzeptieren" (Baumert/Stanat/Demmrich 2001, S. 19). Um die normativen Implikationen als solche diskutabel zu halten, reicht es jedoch nicht aus, die in die Konstruktion von Testaufgaben eingehenden Prämissen bildungstheoretisch zu reflektieren und kenntlich zu machen; vielmehr kommt es darauf an, dass auch die Ergebnisse der Auswertung von Tests einer bildungstheoretischen Analyse und Kritik zu unterziehen. Denn wo immer unter Berufung auf Ergebnisse der empirischen Bildungsforschung ohne angemessene Reflexion der impliziten normativen Prämissen Standards gesetzt werden, da droht diese Freiheit eingeschränkt zu werden oder sogar verloren zu gehen.

Wenn auch in viel begrenzterem Umfang stellen sich damit ähnliche Probleme, wie sie mit Blick auf PISA diskutiert werden, auch für die Projekte RU-Bi-Qua und KERK. Ihre bildungstheoretischen, religionspädagogischen und theologischen Prämissen wurden bei der Vorstellung des Berliner Modells auch deshalb so ausführlich diskutiert, weil sie in die Konstruktion der Testaufgaben eingehen und bei der Diskussion der Ergebnisse erneut thematisiert und womöglich problematisiert werden müssen. Hinzukommt, dass RU-Bi-Qua und KERK ihre Beschreibung religiöser Kompetenz schon allein deshalb nicht mit den in Berlin und Brandenburg geltenden Lehrplänen abstimmen konnten, weil diese zu Beginn der Arbeit noch nicht an fachspezifischen Kompetenzen ausgerichtet waren. Statt also die eigenen Kompetenzbeschreibungen geltenden Vorgaben entlehnen zu können, flossen vielmehr umgekehrt konzeptionelle Überlegungen sowie Zwischenergebnisse aus den Projekten RU-Bi-Qua und KERK in parallel verlaufende Kooperationen und vermittelt über diese in die curriculare Entwicklungsarbeit beispielsweise der EKBO (Evangelische Kirche Berlin-Brandenburg-schlesische Oberlausitz) ein. Anliegen diesbezüglicher Kooperationen der Projekte war es nicht, aus der Konzeption oder aus Ergebnissen der Projekte Bildungsstandards abzuleiten, sondern den Lehrplanmachern bildungstheoretisch und religionspädagogisch argumentierende Orientierungen sowie empirisch belastbare Indikatoren für eine vertiefte Diskussion darüber an die Hand zu geben, was denn überhaupt sinnvollerweise standardisiert werden kann und soll. In den angesprochenen Kooperationen wurde erreicht, dass die Standards nicht mehr gleichsam vom grünen Tisch aus festgelegt, sondern unter Einbeziehung grundlagentheoretischer Überlegungen sowie mit Blick auf Kenntnisse und Kompetenzen gesetzt wurden, die mit dem korrelieren, was Schülerinnen und Schüler tatsächlich leisten können. Der inzwischen verabschiedete Rahmenlehrplan Evangelische Religion für die Klassen 1-10 in Berlin und Brandenburg lehnt sich inzwischen nicht nur an die bildungs- und kompetenztheoretische Ausrichtung des Berliner Modells an, sondern nimmt seine kompetenzorientierten Standardisierungen so vor, dass diese prinzipiell für weitergehende Reflexionen offen und künftigen empirischen Erhebungen zugänglich sind (vgl. EKBO 2007; Schluß 2009). Die vorläufige Fassung des Kerncurriculums für den Religionsunterricht der Sekundarstufe II in Berlin und Brandenburg (vgl. EKBO 2009 berücksichtigt zudem Vorstellungen für eine Ausweitung des Berliner Modells auf die Abiturstufe, die in dem von der DFG inzwischen abgelehnten Antrag für ein Projekt KERK-Abiturstufe ausgearbeitet wurden.

4. Inhaltsbereiche zur Erfassung der drei Dimensionen religiöser Kompetenz

Wie bereits angedeutet unterscheidet das Berliner Modell religiöser Kompetenz zwischen religionskundlichen Kenntnissen, religiöser Deutungs- und religiöser Partizipationskompetenz sowie diesen vorgelagerten religiösen Erfahrungen und Erfahrungen mit Religionsbezug.

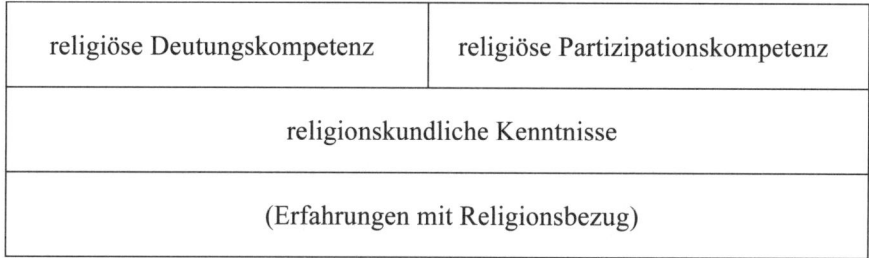

religiöse Deutungskompetenz	religiöse Partizipationskompetenz
religionskundliche Kenntnisse	
(Erfahrungen mit Religionsbezug)	

Abb. 1: Die Teilkompetenzen religiöser Kompetenz

In allen Bereichen stellen Erfahrungen eine grundlegende Voraussetzung für die Vermittlung und den Erwerb von Kompetenzen dar, denn die Ausbildung von spezifischen Fähigkeiten ohne Erfahrungsbasis im jeweiligen Bereich ist schlechterdings nicht möglich oder vorstellbar. Es ist daher naheliegend, domänenspezifische Erfahrungen bei der Evaluation und Modellierung von Kompetenzen ebenfalls zu erheben, um Kompetenzen und Erfahrungen korrelieren zu können. Hierbei muss allerdings berücksichtigt werden, dass Erfahrungen, anders als Kenntnisse, Deutungen und partizipatorische Handlungen nicht ohne weiteres bewertet werden können. Für die Erhebung und Modellierung von Kompetenzen stellt die Abgrenzung richtiger von falschen Antworten dagegen eine notwendige Voraussetzung dar. Für den Bereich der Erfahrungen ist diese Unterscheidung zwar nicht gänzlich unsinnig, wohl aber unzulässig. Denn Erziehung und Unterricht müssen an schon erworbene Erfahrungen anschließen, ohne den einzelnen oder der Gesellschaft vorschreiben zu können, welche Erfahrungen richtig und welche falsch sind (vgl. Benner/Krause et al. 2007, S. 144; Schluß 2009). So ist es für die Bewertung einer Leistung im Sportunterricht beispielsweise unerheblich, ob die Schülerin oder

der Schüler zuvor gute oder schlechte Erfahrungen mit einer bestimmten Sportart gemacht hat, auch wenn negative Erfahrungen sich eher abträglich, gute eher förderlich auf die Lernmotivation auswirken. In einem durchaus analogen Sinne sind auch Erfahrungen mit Religion eine notwendige Voraussetzung für die Entwicklung von fachspezifischer Kompetenz im Religionsunterricht, ohne dass sie als solche einer unmittelbaren Bewertung zugeführt werden könnten oder dürften. Sie wurden daher nicht in speziellen Tests evaluiert, sondern in einem die Tests begleitenden Fragebogen erhoben, der auch soziale Hintergründe erfasste, ohne diese als richtig und falsch zu bewerten. Dieser Fragebogen erlaubte es, die von den Schülerinnen und Schülern außerschulisch erworbenen Erfahrungen mit Religion zu den in den Tests gezeigten Leistungen in Beziehung zu setzen und zu fragen, welche Bedeutung außerschulische Erfahrungen mit Religion und gelebtem Glauben auf die gezeigten Leistungen bei der Kompetenzerhebung haben.

In den Tests wurden alle drei Teilkompetenzen für die evangelische Religion als Bezugsreligion des Unterrichts, mit Blick auf andere Konfessionen/Religionen sowie auf Religion in Kultur und Gesellschaft erhoben. Die Elementarität religionskundlicher Kenntnisse zeigte sich u. a. daran, dass sie eine unverzichtbare Voraussetzung dafür sind, dass Heranwachsende die Verwendung religiöser Symbole und Erzählungen z. B. in der Werbung oder in Fotomontagen bemerken und erkennen können. Das folgende Beispiel stellt eine Beziehung zwischen Name und Symbol einer bekannten Handy- und Rechnerfirma und der jüdisch-christlichen Erzählung vom Paradies her. Ohne religionskundliche Kenntnisse ist eine religiöse Deutungsmuster einbeziehende, sachangemessene Auseinandersetzung mit Objektivationen wie den abgebildeten nicht möglich. Die Vermittlung von religionskundlichen Kenntnissen, die es dann in weiteren Schritten erlauben, religiöse Applikationen als Zeichen der eigenen Zeit zu interpretieren und an Diskursen über diese zu partizipieren, gehört darum zu den elementaren Aufgaben eines jeden Erfahrung und Umgang künstlich erweiternden öffentlichen Religionsunterrichts.

Abb. 2: Mac mit Adam & Eva, copyrighted to Michael Xuereb

Religionskundliche Kenntnisse lassen sich nicht in Grundkenntnisse für Deuten und Partizipieren ausdifferenzieren. Sie sind stets auf beide Teilkompetenzen bezogen oder zumindest beziehbar und können diesen in zeitlicher Hinsicht insofern vorgeordnet werden, als sie empirische und kognitive Voraussetzungen sowohl für das Deuten als auch für die Möglichkeit zur Partizipation bereitstellt. Die PISA-Erhebungen verzichten darauf, Grundkenntnisse als eigene relevante Dimension zu erheben, und begründen dies damit, mit der Ermittlung fachspezifischer Kompetenzen würden implizit immer auch Kenntnisse mit erfasst. Von daher wäre es möglich gewesen, auch in KERK auf eine gesonderte Erhebung religionskundlicher Kenntnisse zu verzichten. Wir haben uns dennoch dafür entschieden, die Erhebung schulisch erworbener Kenntnisse mit der Erhebung von Deutungs- und Partizipationskompetenzen zu verbinden. Der Grund hierfür war, dass religiöse Kenntnisse, religiöse Deutungs- und religiöse Partizipationskompetenz nicht unabhängig voneinander existieren, sondern auf allen Anforderungsniveaus, die sich für sie unterscheiden lassen, miteinander interagieren. Ihre Abgrenzung geschieht nicht in der Absicht, voneinander unabhängige Bereiche zu definieren, sondern religiöse Teilkompetenzen zu beschreiben, für deren Erfassung unterschiedliche Typen von Aufgaben erforderlich sind. Auch die Aufgaben stehen nicht isoliert und unvermittelt nebeneinander. Zwar gibt es Testaufgaben, die sich weitgehend auf die Erfassung von religionskundlichen Kenntnissen spezialisieren, nicht aber Deutungs- und Partizipationsaufgaben, die ohne religionskundliche Kenntnisse auskommen. In einem durchaus vergleichbaren Sinne kann man sagen, dass es Deutungsaufgaben gibt, die von den Probanden keine partizipatorischen Entscheidungen verlangen, nicht aber Partizipationsaufgaben, in denen Deutungsaspekte keinerlei Rolle spielten.

Inhaltlich war für die spezielle Erhebung religionsbezogener Kenntnisse folgende Vermutung entscheidend. Während PISA z.B. im Bereich der Lesekompetenz davon ausgehen kann, dass eine hohe Lesekompetenz mit entsprechenden Kenntnissen im Bereich der Muttersprache korreliert und dass umgekehrt im Falle geringer Lesekompetenz davon ausgegangen werden kann, dass auch die Kenntnisse im Bereich der Muttersprache gering sind, sind solche Annahmen im Bereich religiöser Kompetenz als der im Religionsunterricht zu fördernden fachspezifischen Kompetenz nicht ohne weiteres legitim. Hier sind vielmehr Fälle denkbar, in denen Kenntnisse in religionsbezogenen Bereichen vorhanden sind, ohne dass diese im Sinne einer ausgeprägten Deutungs- oder Partizipationskompetenz fruchtbar gemacht werden können. Dies mag z.B. da der Fall sein, wo Heranwachsende lebensweltlich in besonders enge Formen religiöser Praxis eingeführt wurden. Kinder, die unter sektenähnlichen Bedingungen aufwachsen, können zwar erhebliche Kenntnisse über biblische Texte besitzen, ohne jedoch in gleichem Maße über die Fähigkeit zur kritischen Deutung dieser Texte zu verfügen. Ebenso sind Fälle theoretisch denkbar, in denen zwar eine ausgeprägte allgemeine Deutungsfähigkeit vorliegt, diese sich jedoch nur in geringem Maße auf religiös konnotierte Gegenstände und Sachverhalte erstreckt, wenn für diese nur wenige Kenntnisse vorliegen. Um solche und andere Korrelationen in den Beziehungen zwischen religionskundlichen Kenntnissen und religiöser Deutungs- und Partizipationskompetenz abbilden zu können, ist eine gesonderte Erhebung eben dieser Kenntnisse notwendig. Nur so kann überprüft werden, ob der in PISA partiell unterstellte Zusammenhang von Kenntnissen und Kompetenzen auch für den Bereich religiöser Kompetenz gegeben ist oder ob hier differenziertere Bezüge nachweisbar sind.

Vergleichbares lässt sich auch für die beiden anderen Teilkompetenzen religiöser Kompetenz sagen. Die im schulischen Religionsunterricht zu erwerbende religiöse Deutungskompetenz bezieht sich auf religiöse Objekte und Inhalte (religiöse Texte, Darstellungen religiöser Motive, religiöse Bauwerke, Symbole, Rituale, Institutionen, Lehren etc.), die der Bezugsreligion des Unterrichts sowie anderen Konfessionen und Religionen entstammen oder sich in Deutungskontexten religiöser Sachverhalte und Phänomene in anderen kulturellen Bereichen wie z.B. der Kunst oder der Politik finden. Deutungskompetenz geht über bloße religionskundliche Kenntnisse insofern hinaus, als sie sich nicht darin erschöpft, bestimmte Objektivationen zu erkennen und dem religiösen Bereich zuzuordnen, sondern die Fähigkeit meint, solche Objektivationen in ihren religiösen und theologischen Gehalten zu verstehen und diese auch aus der Sicht anderer Deutungsfelder zu interpretieren.

Am Beispiel eines Blattes aus der Köthener Historienbibel, die in der anhaltinischen Landesbibliothek zu Dessau aufbewahrt wird, lässt sich das Gemeinte verdeutlichen. Der unter dem Bild stehende Text (wie Adam allem gefogilde namen gaph yn deme paradisse unde gethuden) verweist auf 1. Mose 2,18-20. Dort ist nacheinander davon die Rede, dass es (1) nicht gut sei, dass der Mensch alleine lebe, dass Gott (2) „alle die Tiere auf dem Felde und alle die Vögel unter dem Himmel" machte, dass er (3) sie „zu dem Menschen" brachte, damit dieser „sähe, wie er sie nennte", dass der Mensch (4) „einem jeden Vieh und Vogel ... seinen Namen gab" und dass (5) Gott daraufhin den Menschen in Mann und Frau ausdifferenzierte, indem er aus der Rippe des Menschen einen zweiten Menschen schuf. Was der Text in eine zweckgeleitete Folge bringt, zeigt das abgebildete Blatt nicht als Sukzession, sondern – das Bilderverbot ernst nehmend und die Geschichte ohne den die Welt erschaffenden Gott darstellend – als ein in sich zusammenhängendes Ereignis. Auch wenn im Untertext nur von Adam die Rede ist, erfolgt die Namensgebung im Bild nicht durch den zuerst erschaffenen Menschen. Vielmehr nehmen Adam und Eva die Namensgebung durch ihre auf die Welt zeigende linke (Adam) und rechte Hand (Eva) gemeinsam vor, wobei Adams Blick hinab (auf die Welt) und Evas Blick hinauf (zu den Vögeln des Himmels oder zum Schöpfergott?) gerichtet ist.

KOMPETENZNIVEAUS IM BEREICH DES ÖFFENTLICHEN BILDUNGSSYSTEMS 35

Abb. 3: „Köthener Historienbibel" aus der Anhaltischen Landesbücherei Dessau

Eine Deutung des Bildes könnte so von den Zeigegesten und der Richtung der Blicke der beiden Akteure ausgehen, der Sukzession der einzelnen Sätze bei 1. Mose 2 die Gleichzeitigkeit ihrer Darstellung in der Köthener Historienbibel gegenüberstellen, womöglich Bezüge zur analogia-entis-Lehre und zur sprachphilosophischen Gleichursprünglichkeit der weltvermittelnden und der intersubjektiven Funktion von Sprache herstellen, zwischen der Erschaffung des abstrakten, für sich seienden Menschen und der Erschaffung des Menschen als Mann und Frau unterscheiden, den an den abstrakten Menschen ergehenden Auftrag der Namensgebung zu der zwischen Adam und Eva sich vollziehenden Benennung der Welt in Beziehung setzen sowie theologische und religiöse Deutungen von Text und Bild von evolutionstheoretischen Betrachtungsweisen unterscheiden. Eine Interpretation des Bildes kann darüber hinaus Anlass geben, sich textkritisch mit den beiden Schöpfungserzählungen im Buch Genesis auseinanderzusetzen. So kann in der Interpretation des Bildes erkannt werden, dass es nicht 1. Mose 1,1-2,4a illustriert, da dort die Reihenfolge der Schöpfung genau umgekehrt vorgestellt wird. Erst werden die Tiere, dann der Mensch geschaffen. In dieser Tradition ist der Mensch zwar als Bild Gottes aus der Schöpfung herausgehoben, deren eigentliches Telos aber ist das Ruhen Gottes am 7. Tag. Anders in der illustrierten Erzählung, in der der Mensch im Zentrum steht. Er wird in dieser Erzählung der Zeit nach nicht nur vor den Tieren, sondern sogar vor den Pflanzen geschaffen.

Für die hier nur beispielhaft umrissenen Dimensionen der Deutungskompetenz gilt, was zuvor zur Unterscheidung zwischen didaktischen Aufgaben und Testaufgaben ausgeführt wurde, dass diese in ihren Modellierungen zwar anschlussfähig aneinander sein sollen, gleichwohl voneinander zu unterscheiden sind. Das hier vorgestellte Beispiel zur Erläuterung dessen, was das Berliner Modell unter Deutungskompetenz versteht, zielt auf ein elaboriertes Niveau, das keineswegs von allen Schülerinnen und Schülern des Religionsunterrichts erreicht werden wird. Testaufgaben müssen deshalb so konstruiert sein, dass mit ihnen alle Niveaus erhoben werden können. Hierfür sind leichte und anspruchsvolle Aufgaben erforderlich. Didaktische Aufgaben sollen dagegen die Entwicklung des Kompetenzniveaus fördern. Bei der Konstruktion von Aufgaben ist es uns nicht gelungen, aus der für didaktische Prozesse äußerst anregenden Bildinterpretation eine Testaufgabe zu entwickeln, die mit der erforderlichen Eindeutigkeit, was die Abgrenzung richtiger von falschen Antworten betrifft, alle Niveaustufen berücksichtigte. Im Unterschied zu didaktischen Aufgaben, die gerade im Deutungsbereich Spielräume für mannigfaltige Deutungen eröffnen sollen, sind Testaufgaben auf eine strikte Unterscheidung richtiger von falschen Antworten angewiesen. Das gilt besonders dann, wenn man geschlossene Testverfahren verwendet (vgl. dazu ausführlich Kap. II und III). Die didaktische Betrachtungsweise wird sich auf Aspekte der Konzeptualisierung einer einzelnen Unterrichtsstunde oder einer aus mehreren Stunden bestehenden Unterrichtseinheit konzentrieren und Fragen und Antworten in Lehrer- und Schüleraktivitäten unterscheiden, die es im Unterricht nach- und nebeneinander zu bearbeiten gilt. Demgegenüber muss eine testorientierte Betrachtungsweise die Aufgaben so konstruieren, dass sie in festgelegten Zeiträumen von Testpersonen bearbeitbar sind und ihre Antworten Auskunft über die von ihnen erreichten Fähigkeitsniveaus religiöser Kompetenz geben.

Vergleichbares gilt auch für die religiöse Partizipationsfähigkeit. Schulischer Religionsunterricht soll nicht nur Kenntnisse vermitteln und eine an diese anschließende Deutungskompetenz fördern, sondern darüber hinaus Heranwachsende auch dazu befähigen, unter Einbeziehung religiöser Aspekte am gesellschaftlichen und öffentlichen Leben teilzunehmen. Die im Religionsunterricht zu erwerbende Partizipationskompetenz weist dabei insofern über unterrichtliche Lehr-Lern-Prozesse hinaus, als sie sich nicht allein auf Kenntnisse und auch nicht vorrangig auf Deutungen und Interpretationen, sondern auf Interaktionen und Entscheidungen bezieht. Diese bewegen sich zwar dort, wo sie an praktische Vollzüge des Glaubens im Rahmen einer positiven Religion rückgebunden sind und Handlungen wie die Taufe eines Kindes oder die Schließung einer Ehe oder Beerdigung eines Toten betreffen, außerhalb des Horizonts öffentlicher religiöser Erziehung und Unterweisung. Gleichwohl gehören altersadäquate Formen der Partizipation an solchen Handlungen zum Horizont einer religionsunterrichtlich zu fördernden Kompetenz, die sich nicht nur auf deutende, sondern auch auf partizipatorische Akte bezieht. Es versteht sich, dass diese partizipative Teilkompetenz nicht nur auf die Bezugsreligion des Unterrichts bezogen ist, sondern sich auch auf die Begegnung mit anderen Religionen und Konfessionen erstreckt, wie auch auf den Bereich der Gesellschaft und Kultur.

Grundkenntnisse, Deutungs- und Partizipationskompetenz sind spezifische Dimensionen von Kompetenz, die in mannigfaltigen Beziehungen zueinander stehen. Partizipation setzt Grundkenntnis und die Fähigkeit zur Deutung ebenso voraus wie die Deutungen an Grundkenntnisse anschließen und partizipatorische Aspekte enthalten, die auf die Fähigkeit verweisen, handelnd mit dem jeweiligen Thema oder Objekt umgehen zu können. Wer beispielsweise an einem islamischen Gebet als Gast teilnimmt, braucht neben Kenntnissen von Ablauf und Bedeutung des Gebets im Islam auch ein Gespür dafür, in welcher Form er an ihm partizipieren kann und möchte. Und die Teilnahme an Praktiken einer anderen Religion kann umgekehrt wieder das erfahrungs- und religionskundliche Wissen erweitern und zu einer Vertiefung religiöser Deutungen Anlass geben. Das eingangs vorgestellte Schema bringt die genannten Beziehungen zum Ausdruck, indem es zwischen Kenntnisaufgaben, Deutungsaufgaben und Partizipationsaufgaben als drei Aufgabentypen zur Erfassung religiöser Kompetenz unterscheidet und auf Beziehungen zwischen diesen hinweist.

Erst im Zusammenhang mit der Auswertung des Tests lässt sich klären, ob sich die im Schema unterschiedenen und in den Tests erhobenen religiösen Grundkenntnisse sowie die religiöse Deutungs- und Partizipationskompetenz am besten durch eine übergreifende Skala oder durch zwei bzw. drei Skalen beschreiben lassen. Die hierfür erforderlichen Prozeduren im Entwicklungs- und Forschungsprozess werden an anderer Stelle genauer beschrieben. Ohne den Ausführungen in diesen Abschnitten vorzugreifen, kann jedoch schon hier festgestellt werden, dass die bildungstheoretische und didaktische Unterscheidung zwischen den beiden Teilkompetenzen und den ihnen zugrundeliegenden Kenntnissen und damit drei Aufgabentypen unabhängig vom Ausgang der Dimensionalitätsprüfung sinnvoll ist. An ihr ist auch dann festzuhalten, wenn sich am Ende eine ein- oder zweidimensionale Kompetenzstruktur als die empirisch aussagekräftiger erweisen sollte. Die drei Aufgabentypen verweisen nämlich auf unterschiedliche methodische, thematische und institutionelle Problemstellungen, die in die Thematiken der Aufgaben eingehen, bei der Konstruktion zu berücksichtigen und für die Erörterung didaktischer Anschlussfragen bedeutsam sind. Diese dreifache Unterscheidung bildet den Bereich dessen ab, was im Rahmen einer fachspezifischen Kompetenzerhebung eines Unterrichtsfaches Religion erfasst werden muss. So verweist die Erhebung der Partizipationskompetenz darauf, dass es beim unterrichtlichen Lernen nicht nur um innerunterrichtliche Bezüge gehen kann, sondern dass dieses einen wesentlichen Teil seiner Bedeutung erst über eine Bewährung in lebenspraktischen Kontexten gewinnt. Das In-Beziehung-Setzen des Gelernten zur eigenen Person, das in anderen religionspädagogischen Kompetenzmodellen als eigene Teilkompetenz beschrieben wird (vgl. Obst 2009), hat in der Partizipationskompetenz einen über Einstellungsfragen hinausgehenden, legitimen Ort.

Der Begriff „Partizipationskompetenz" gab bei den Diskussionen des Berliner Modells immer wieder Anlass zu Missverständnissen. Während ein religionspädagogisches Konzept wie das der „Evangelischen Unterweisung" nach 1945 das Zentrum der Partizipationskompetenz in der Teilnahme der Heranwachsenden am innerkirchlichen Leben verortete, moniert ein sich überwiegend kirchenkritisch verstehender Teil der Religionspädagogik, dass ein auf Partizipation angelegter schulischer Religionsunterricht dazu missbraucht werden könne, Schülerinnen und Schüler zur Teilnahme an kirchlichen Veranstaltungen zu motivieren. Ein so ausgerichteter Unterricht falle hinter neuere schulpädagogische Begründung des Religionsunterrichts zurück und trage nolens volens zu einer Fokussierung des Religionsunterrichts auf religiöse Vollzüge und damit zu einer Schwächung seines reflexiven und kritischen Potentials bei.

Es wäre in der Tat ein Missverständnis, zu verkennen, dass religiöse Partizipationskompetenz ebenso viel Reflexivität voraussetzt wie religiöse Deutungskompetenz. Soll es sich bei der religiösen Partizipationskompetenz um mehr als eine bloße „Anwendung" eines anderweitig erworbenen Reflexionsvermögens handeln, muss sie als eine Kompetenz sui generis ausgewiesen werden, die sich von der durch Sozialisation erworbenen Fähigkeit, in religiösen Kontexten, Organisationen und Institutionen zu kommunizieren, durchaus unterscheidet. Religiöse Partizipationskompetenz wird im Berliner Modell als eine Kompetenz verstanden, die an religiöse Deutungskompetenz zurückgebunden ist, über diese jedoch zugleich hinausgeht. Es ist ja durchaus möglich, Texte, Bilder und Medien unter Berücksichtigung elementarer hermeneutischer Regeln sachlich stimmig zu deuten, ohne dass der Deutungsprozess selbst eine partizipatorische Qualität gewinnt. So kann man als Deutender ein unbeteiligter Zuschauer bleiben, ohne von der Sache, die man deutend sich aneignet, als Person ergriffen zu werden. Der Begriff der „Partizipationskompetenz" will dagegen darauf aufmerksam machen, dass religiöse Kommunikation eine Dimension besitzt, die sich sowohl subjektiv als auch gesellschaftlich auslegen lässt. Von ihrer subjektiven Seite kann mit dem Phänomenologen Hermann Schmitz gesagt werden, dass Gott „eine Figur immer nur in der Perspektive einer Person" darstellt, „für die die Autorität eines Gefühls ... unbedingten Ernst hat, und diese Ergriffenheit ist eine für den Betreffenden subjektive Tatsache". Von ihrer gesellschaftlichen Seite, lässt sich, wie Schmitz mit Verweis auf Luther weiter ausführt, zugleich sagen, dass Gott stets „'mein' oder ‚dein Gott'" ist, „was aber nicht bedeutet, dass jeder seinen privaten Hausgott haben könnte und ein Gott nichts als dieses sei. Vielmehr geht die Tragweite der für mich subjektiven Tatsache, dass etwas mein Gott ist, weit über mich und mein Privatleben hinaus […]" (Schmitz 2010, S. 98). Religiöse Partizipationskompetenz umfasst beide Aspekte und meint – noch vor jeder interpersonalen Kommunikation oder Kooperation – die Fähigkeit, sich als ein von einem religiösen Sachverhalt Betroffener und in einer durch ihn bestimmten Situation Herausgeforderter glaubend, zweifelnd oder auch ablehnend mit der Sache und der Situation auseinanderzusetzen. Dieses nicht delegierbare und insofern unvertretbare sowie immer auch affektive Betroffensein besitzt nicht nur eine intellektuelle, sondern immer auch eine leibliche Seite, die reflektiert werden muss, um mit ihr in Freiheit umzugehen. Von ihr heißt es bei Hermann Schmitz: „Nicht, was der Mensch sich vornimmt, sondern das, was er ... in sein affektives Betroffensein einsetzt, und damit die Art, wie er als affektiv Betroffener jeweils bei der Sache ist, gibt ihm kausale Macht aus eigener unabhängiger Initiative." (Ebd., 130) In der Sprache der vom Berliner Modell vorgenommenen kompetenztheoretischen Auslegung dieses phänomenologischen Sachverhalts meint Partizipationskompetenz mehr als die Kenntnis religiöser Rituale oder eine individuelle Einstellung bzw. die Fähigkeit, mit Angehörigen anderer Religionen ein theologisches Gespräch führen zu können, nämlich die Fähigkeit, sich selbst als in religiösen Situationen mit sich und anderen Subjekten als von einer sachlich ausweisbaren Aufgabe angesprochen identifizieren zu können. Eine sich so verstehende Partizipationskompetenz geht über bloße Kenntnisse, aber auch über bloß distanzierte Interpretationsfähigkeiten hinaus. Sie verlangt, bewusst bei der Sache zu sein. Ohne einen solchen Schritt der Selbstidentifikation ist die Partizipation an einer religiösen Situation nicht denkbar. Die Fähigkeit zu dieser persönlichen Auseinandersetzung kann demnach als Partizipationskompetenz beschrieben werden. Durch die für alle existentielle Situationen grundlegende Nichtdelegierbarkeit und Unvertretbarkeit unterscheidet sich das Konzept der Partizipationskompetenz von Konzepten einer fiktiven Problemlösungsfähigkeit, aber auch von nur formal gefassten Kommunikationstechniken. In der Theologie wird dieser Sachverhalt besonders prägnant von Paul Tillich zum Ausdruck gebracht, der unter Religion das Ergriffensein von dem, „was uns unbedingt angeht", verstand (vgl. Tillich 1955/1958).

5. Hinweise zur empirischen Ausrichtung und zu den Ergebnissen des Projekts

Bei der Konstruktion geeigneter Aufgaben in allen drei Dimensionen kommt es darauf an, Fragen mit alternativen Antwortvarianten zu entwickeln, die zum einen eine gewisse Plausibilität besitzen, zum anderen jedoch erlauben, zwischen richtigen und falschen bzw. angemesseneren und weniger angemessenen Antworten zu unterscheiden (siehe hierzu ausführlich Kapitel II). Die Auswertung der Antworten stützt sich im Wesentlichen auf Modelle der probabilistischen Testtheorie (PTT; vgl. Rost 2004). Die PTT hat bezüglich ihrer Modellvorstellungen Vorzüge, die für Schulleistungsmessungen von großer Bedeutung sind. So ist es möglich, Leistungswerte für Personen zuverlässig zu bestimmen, auch wenn nur eine Teilmenge der insgesamt verfügbaren Aufgaben bearbeitet wurde. Darüber hinaus vermag sie die Schwierigkeit der Aufgaben und die Fähigkeit von Testpersonen auf einer gemeinsamer Skala abzubilden, die sich von einer sehr geringen bis zu einer sehr hohen Kompetenz erstreckt. Die Darstellung von Schülerfähigkeiten und Aufgabenschwierigkeiten auf demselben Maßstab erlaubt außerdem die anschauliche Interpretation von Kompetenzwerten anhand der inhaltlichen Anforderungen von Testaufgaben. Basierend auf diesen Beschreibungen werden Kompetenzstufen gebildet, die unterschiedliche Segmente der Fähigkeitsskala umfassen und durch unterschiedliche Anforderungskomplexität bestimmt sind.

Zusätzlich zum Test wurde in KERK auch ein Fragebogen entwickelt und eingesetzt. Dieser erfragt Hintergründe der Schülerinnen und Schüler. Der Fragebogen unterscheidet nicht – wie der Test – in richtige und falsche Antworten, sondern will neben Auskünften zum sozialen Herkunftskontext der Schülerinnen und Schüler auch solche zu Erfahrungen im Umgang mit Religion und einer konkreten Religionsgemeinschaft erheben. Mit Hilfe des Fragebogens kann bei der Auswertung zwischen Fähigkeiten, die im Wesentlichen vermittelt über Erfahrungen aus der außerschulischen Sozialisation, und Fähigkeiten, die mit Unterstützung des Religionsunterrichts entwickelt werden, unterschieden werden (siehe hierzu ausführlicher Kapitel III).

Die Darstellung der Arbeitsweise und der Ergebnisse der Projekte werden in den Kapiteln II bis IV näher ausgeführt, erläutert und vorgestellt. Ohne deren Ausführungen vorgreifen zu wollen, kann an dieser Stelle betont werden, dass das Berliner Modell zur Erfassung religiöser Kompetenz zwar nicht das einzig derzeit diskutierte Modell ist, wohl aber dasjenige, das am deutlichsten grundlagentheoretische Arbeiten mit empirischer Forschung verbindet. Als Ergebnisse lassen sich an dieser Stelle nennen:

1. Religiöse Kompetenz lässt sich theoretisch als domänenspezifische Kompetenz beschreiben und mit den vorgenommenen Differenzierungen in Teilkompetenzen, Unterdimensionen und Gegenstandsbereiche als ein Kompetenzmodell darstellen.
2. Es ist ein Pool von testfähigen Aufgaben für alle drei Gegenstandsbereiche erarbeitet worden, die sich in der Phase der Konstruktion und Pretestung auf die Dimensionen religionskundliche Kenntnisse, hermeneutische Fähigkeiten, reflexive Stellungnahme zu religiösen Partizipationsmöglichkeiten konzentrierten.
3. Die Hauptuntersuchung und die bisherigen Auswertungen haben ergeben, dass sich reflexive Fähigkeiten von Schülerinnen und Schülern im Zusammenhang mit Themenstellungen aus dem Evangelischen Religionsunterricht durch zwei trennscharfe Skalen darstellen lassen.
4. Während die eine Skala eindeutig dem Bereich religionskundliche Kenntnisse (Wissen) zugeordnet werden kann, bezieht sich die andere Skala auf die Fähigkeit zu deuten, zu bewerten und zu beurteilen. Sie umfasst sowohl eine eher hermeneutische als auch eine eher partizipatorische Komponente. Eine empirisch fundierte Unterscheidung von religiöser Deutungskompe-

tenz und religiöser Partizipationskompetenz scheiterte daran, dass nicht genügend geeignete Aufgaben zur Testung von religiöser Partizipationskompetenz erarbeitet werden konnten.
5. Auf der Grundlage dieser Skalen kann ein Modell religiöser Kompetenzstufen beschrieben werden, die sich im Wesentlichen auf die Dimension des Deutens beziehen.
6. Niveaustufen für religionskundliche Grundkenntnisse können nicht in Analogie zu den Niveaus religiöser Deutungskompetenz beschrieben werden. Die Skala religionskundliche Grundkenntnisse gibt Auskunft darüber, welchen Bekanntheitsgrad religionskundliche Wissensbestände haben. Sie beschreibt aber keine kumulativen Kompetenzniveaus. Während Kompetenzen in bestimmten Anforderungssituationen erworben werden und dann zur Erörterung neuer Probleme und Herausforderungen verwendet werden können, sind Kenntnisse in unterschiedlichen Kontexten einsetzbar, ohne dass jedoch aus ihnen neue Kenntnisse abgeleitet werden können. Wer beispielsweise gelernt hat, die Rituale eines christlichen Festes zu analysieren, wird zugleich einen Zugang zur Analyse der Rituale eines islamischen Festes gewonnen haben. Wer dagegen den Namen der christlichen Feste kennt, kann aus diesen nicht Namen islamischer Feste ableiten.

6. Ausblick auf das nicht bewilligte Projekt KERK-Abiturstufe

Die einleitende Darstellung des Berliner Modells wäre unvollständig, wenn nicht auch auf die Weiterentwicklung der Konzeption in dem von der DFG abgelehnten Antrag für ein Projekt KERK-Abiturstufe eingegangen würde, der in Auszügen in Kap. IV.6 präsentiert wird. Die erste Skizze für dieses Vorhaben findet sich im Abschlussbericht zu KERK-Sekundarstufe, der mit der Ankündigung schließt, das Projektteam strebe eine Fortsetzung der begonnenen Arbeit und eine Ausweitung das Ansatzes auf die Abiturstufe an, welche mit Blick auf die Bildungsziele für die gymnasiale Oberstufe insbesondere fachübergreifende Wissens- und Könnens-Zusammenhänge erfassen und religiöse Kompetenz unter den von der KMK als grundlegend ausgewiesenen Problemstellungen einer vertieften Allgemeinbildung, einer allgemeinen Studierfähigkeit sowie einer wissenschaftspropädeutischen Bildung thematisieren wolle (vgl. KMK 1972; 2006). Im dem im Oktober 2009 eingereichten Antrag wurden dann als über KERK I hinausgehende Themenbereichen genannt:
- Erfassung und Abgrenzung grundlegender und fundamentalistischer Formen des Religiösen in Geschichte und Gegenwart (u. a. mit Blick auf Religion als Medium von Gewaltexzessen und Gewaltbegrenzung),

- Beziehungen zwischen Religion und Politik in Gesellschaft, Staat und Öffentlichkeit,
- Beziehungen zwischen Religion, Aufklärung und Wissenschaft (u. a. mit Blick auf Evolution, Schöpfung und Kreationismus),
- Funktionen der Religion im Kontext individueller Lebensführung (u. a. mit Blick auf Willensfreiheit und Verantwortung)
- sowie Aspekte und Momente des Religiösen in Bereichen wie Ethik und Ästhetik.

Die für KERK-Sekundarstufe I entwickelte Unterscheidung zwischen den Dimensionen religiöser Kompetenz (religionskundliche Kenntnisse, religiöse Deutungs- und religiöse Partizipationskompetenz) wurde dahingehend modifiziert, dass die religionskundlichen Kenntnisse der Sekundarstufe I um Kenntnisse aus den Bereichen Theologie und Religionswissenschaft erweitert, Deutungskompetenz mit Bezug auf Fragen der Lebensführung, der Religionskritik und einer domänenspezifisch auszulegenden Wissenschaftspropädeutik neu gefasst und Partizipationskompetenz als Fähigkeit zur Teilnahme an inter- und intrareligiösen Diskursen sowie an Diskursen zwischen Ethik, Religion und Politik definiert werden sollte.

Die besondere Bedeutung von KERK-Abiturstufe hätte bei einer Aufnahme dieses Vorhabens darin liegen können, dass hier erstmals ausdifferenzierte Wissensformen und Konzepte bildungskategorialer Didaktik in einem bildungs- und kompetenztheoretisch ausgewiesenen Forschungsvorhaben zusammengeführt worden wären, das Modellcharakter nicht nur für den wissenschaftsorientierten Religionsunterricht, sondern darüber hinaus auch für andere Fächer der Sekundarstufe II hätte gewinnen können.

II. Zur Entwicklung des Testinstruments

Mit der Konstruktion von Testaufgaben zur Erfassung religiöser Kompetenzen von Heranwachsenden am Ende der Sekundarstufe I bewegten sich die Projekte RU-Bi-Qua und KERK einerseits auf vorgegebenen Bahnen der empirischen Bildungsforschung. Zugleich betraten sie jedoch wissenschaftliches Neuland, denn sie entwickelten erstmals Testaufgaben zur Erfassung religionskundlicher Grundkenntnisse sowie religiöser Deutungs- und Partizipationskompetenz. Im Folgenden werden Probleme und Erfahrungen aus dem Entwicklungsprozess der Testaufgaben von den ersten Schritten bis zur Durchführung einer Konstruktvalidierungsstudie beschrieben, die das neu entwickelte Instrument in den Ländern Berlin und Brandenburg zum Einsatz brachte und erprobte. Der 1. Abschnitt behandelt allgemeine Fragen der Aufgabenentwicklung und beschreibt teststatistische Gütekriterien, die für die Konstruktion von Testaufgaben zur Erfassung religiöser Kompetenzen relevant sind. Der 2. Abschnitt berichtet über die inhaltlich-konkrete Entwicklungsarbeit an Aufgaben zur Erfassung religiöser Grundkenntnisse und erläutert diese an Aufgabenbeispielen. Die Abschnitte 3. und 4. stellen die Entwicklung von Aufgaben zur Testung religiöser Deutungskompetenz sowie religiöser Partizipationskompetenz vor. Der 5. Abschnitt reflektiert abschließend noch einmal den gesamten Prozess der Aufgabenentwicklung, geht auf Wechselwirkungen zwischen den grundlagentheoretischen Prämissen und der empirisch-konstruktiven Arbeit ein und grenzt in den Projekten weitgehend geklärte Probleme von weiterhin klärungsbedürftigen Fragen ab.

1. Allgemeine Kriterien der Aufgabenentwicklung

Nach Heller/Hany soll „Schulleistungsmessung [...] in erster Linie erfassen, welchen Umfang, welches Niveau und welche Qualität an Wissen, Fertigkeiten, Einsichten, Werthaltungen, Kompetenzen etc. ein Schüler in einem bestimmten Sach- oder Lebensbereich erworben hat" (Heller/Hany 2001, S. 89). Diese Aussage muss mit Blick auf Schulleistungen, die im öffentlichen Bildungssystem zu erzielen sind, dahingehend präzisiert werden, dass domänenspezifische Gesichtspunkte beachtet und Leistungen inhaltlich angemessen erfasst werden. Für den Bereich im öffentlichen Bildungssystem zu vermittelnder religiöser Kompetenzen bedeutet dies, dass nicht Einstellungen und Werthaltungen, sondern Grundkenntnisse, religiöse Deutungen und Formen religiöser Partizipation ins Zentrum der Leistungsmessung treten.

Zielsetzung der Projekte RU-Bi-Qua und KERK war die Konstruktvalidierung eines Instrumentes, das religiöse Kompetenz aus allgemeinpädagogischer, theologischer und fachdidaktischer Sicht definiert und erhebt. Den formalen und den inhaltlichen Kriterien wurde bei der Entwicklung von Testaufgaben mit Blick auf die Sicherung von Objektivität, Reliabilität, Validität, Normierung und Praktikabilität des Instruments und seiner Aufgaben (vgl. hierzu Bortz/Döring 2006; Rost 2004; Klauer 2001) eine gleichrangige Bedeutung zuerkannt.

Nach Arnold sind Objektivität, Reliabilität und Validität die „Hauptgütekriterien" jeder psychologischen Messung. Unter „Objektivität" wird die „möglichst weit gehende Unabhängigkeit der Testergebnisse von situativen Aspekten der Testdurchführung sowie von individuellen Variationen der Testauswertung und -interpretation" verstanden, unter „Reliabilität" die „Zuverlässigkeit" und „Messgenauigkeit", d.h. eine möglichst geringe Belastung „durch Messfehler", unter „Validität" die „möglichst hohe Übereinstimmung" der im Test gemessenen Leistungen mit dem, „was der Test zu messen beansprucht" (Arnold 2001, S. 118). Validität wird in der testtheoretischen Methodologie differenziert in „Inhaltsvalidität", die u. a. durch das Urteil von Experten bestimmt wird, „Kriterienvalidität", die an Zusammenhängen zwischen Testergebnissen und weiteren Kriterien wie z.B. Schulnoten oder Ergebnissen eines Intelligenztests überprüft wird, sowie „Konstruktvalidität", die dann gegeben ist, wenn die Operationalisierung vollständig, präzise und intersubjektiv nachvollziehbar gelungen ist (vgl. ebd, S. 120).

Die Projekte RU-Bi-Qua und KERK arbeiten, wie in den Abschnitten zur Entwicklung von Testaufgaben zur Erhebung von Grundkenntnissen, religiöser Deutungs- und religiöser Partizipationskompetenz gezeigt wird, darüber hinaus mit Prüfkriterien, die bildungstheoretisch, theologisch und fachdidaktisch ausgerichtet sind. Das gilt auch für das, was unter „Normierung" und „Praktikabilität" zu verstehen ist. Aus psychometrischer Sicht verlangt Normierung, dass Messergebnisse „mit einem Standard (Maßstab) verglichen werden können" (Heller/Hany 2001, S. 91) und Praktikabilität, dass ein Testinstrument universell einsetzbar und für die Durchführung von Erhebungen zweckmäßig ist. Auch hier spielen sowohl psychometrische als auch bildungstheoretische sowie theologische und fachdidaktische Aspekte eine gleichgewichtige Rolle. Während die psychometrischen Kriterien generell gelten, weisen die anderen Kriterien darauf hin, dass Aufgaben zur Erfassung von Grundkenntnissen eine andere Struktur aufweisen als Aufgaben zur Erhebung von Deutungs- oder Partizipationskompetenz.

Generell bestehen Testaufgaben aus einem Aufgabenstamm – z.B. einem Text oder einer beschriebenen Situation – auf welchen die verschiedenen Items (Einzelaufgaben) Bezug nehmen. Ihre Formate lassen sich in offene, halboffene und geschlossene Aufgabenformen differenzieren. Klauer (2001, S. 115) unterscheidet zwischen freien und gebundenen Aufgabenformen (vgl. Abb. 1).

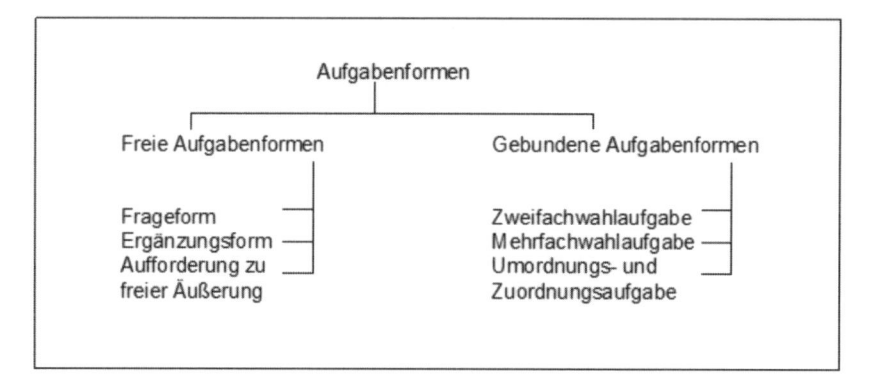

```
                          Aufgabenformen
                    ┌───────────┴───────────┐
            Freie Aufgabenformen      Gebundene Aufgabenformen

            Frageform         ┐       Zweifachwahlaufgabe    ┐
            Ergänzungsform    ─┤       Mehrfachwahlaufgabe    ┤
            Aufforderung zu   ─┘       Umordnungs- und        ┘
            freier Äußerung            Zuordnungsaufgabe
```

Abb1.: Häufiger verwendete Aufgabenformen für kognitive Lehrziele nach Klauer 2001.

Unter den Differenzierungen von Klauer beziehen sich die gebundenen Aufgabenformen auf geschlossene, die freien auf offene bzw. halboffene Formate. In den gebundenen bzw. geschlossenen Aufgaben wählen die Testpersonen zwischen vorgegebenen Antworten, in den freien entwickeln sie eigene Texte, indem sie bei halboffenen Fragen Texte ergänzen und bei offenen Fragen selbständig Texte verfassen. Bei der Bearbeitung halboffener Aufgabenformate wird eher Wissen reproduziert, bei der Bearbeitung von Fragen mit ganz offenen Formaten kommt es stärker zu einer selbständigen Anwendung und Nutzung von Wissen.

Gebundene wie freie Formate sind relativ problemlos einsetzbar, wenn Schülerleistungen in Relation zu vorausgegangenem Unterricht erhoben werden sollen, beispielsweise in einer Klausur im Fach Geschichte, in der halboffene Fragen in der Quellenanalyse und offene Formate in der Arbeit mit Quellen eingesetzt werden. Schulleistungsstudien mit einer großen Probandenzahl und der Notwendigkeit, die Testergebnisse so zu codieren, dass sie mit mathematisch-statistischen Methoden weiter bearbeitet werden können, stellen dagegen spezifische Anforderungen. Geschlossene Fragen sind leichter statistisch zu bearbeiten als halboffene Fragen, da es hier durch die Aufgabenkonstruktion leichter fällt, zwischen richtigen und falschen Antworten zu unterscheiden. Noch schwieriger ist die Auswertung offener Fragen, da auch für sie vorab festgelegt werden muss, welche der frei zu formulierenden Antworten als richtig und welche als falsch gelten sollen. Ein weiteres Problem besteht darin, dass frei formulierte Antworten sowohl aus der Sicht dessen, der sie formuliert, als auch der Sicht derer, die sie statistisch weiter verarbeiten, vielfältig interpretierbar sind, so dass es nicht einfach ist sicherzustellen, dass die Antwort auch so ausgewertet wird, wie der Proband sie verstanden wissen will.

In den Projekten RU-Bi-Qua und KERK wurden offene bzw. freie Aufgabenformate schwerpunktmäßig in Pretests eingesetzt, um Hinweise für mögliche Antwortvorgaben für geschlossene Aufgabenformate zu gewinnen bzw. um mögliche Schülerhorizonte in Bezug auf die Problemstellungen zu erfassen. In der Hauptuntersuchung wurden halboffene Formate selten und dann insbesondere bei der Erhebung religionskundlicher Grundkenntnisse gewählt. Am häufigsten kamen geschlossene Aufgabenformate zum Einsatz, weil dieses Format am eindeutigsten zwischen richtigen und falschen Antworten zu unterscheiden erlaubt und zugleich die computergestützte Eingabe von Daten und deren teststatistische Auswertung erleichtert.

Offene Aufgabenformate werden in der sozialwissenschaftlichen Forschung u. a. in themenzentrierten Interviews eingesetzt (vgl. Wohlrab-Sahr et al. 2009), mit denen in RU-Bi-Qua und KERK nicht gearbeitet wurde, deren Einsatz aber in KERK-Abiturstufe vorgesehen war. RU-Bi-Qua und KERK konzentrierten sich darauf, erstmals bildungstheoretisch, theologisch und fachdidaktisch ausgewiesene Aufgaben zur Erfassung religiöser Kompetenz zu entwickeln, ein Unternehmen, das für den Anfang jedenfalls mit geschlossenen und halboffenen Formaten leichter anzugehen war als mit offenen Testaufgaben. Geschlossene Aufgabenformate wie Mehrfachwahlaufgaben oder Multipe-Choice-Aufgaben (MC-Aufgabe) (vgl. Bortz/Döring 2006) werden in der Forschung oft im Zusammenhang mit der Entwicklung standardisierter Tests eingesetzt, so in den großen Schulleistungsmessungen auf nationaler und internationaler Ebene (z.B. PISA oder TIMSS). Der entscheidende Vorteil dieses Aufgabenformates liegt in der Möglichkeit ihrer komparatistischen Auswertbarkeit. Bei der Erhebung religiöser Kompetenz von Fünfzehnjährigen hat in der bisherigen Arbeit dieser Aufgabentyp am Besten die Anschlussfähigkeit der inhaltlichen Arbeit an Aufgaben an die Qualitätskriterien der empirischen Bildungsforschung sichergestellt. MC-Aufgaben werden als Umordnungsaufgaben, Zuordnungs- bzw. Matchingaufgaben konstruiert. Bei einer Umordnungsaufgabe müssen vorgegebene Elemente aus dem Aufgabenstamm neu bzw. anders geordnet werden. Zuordnungs- bzw. Matchingaufgaben verlangen z.B. von den Testpersonen, dass sie in einem Text enthaltene Informationen richtig verstehen, zuordnen und verknüpfen. Bei der Lösung geschlossener Aufgaben müssen Schülerinnen und Schüler keine eigene Schreibleistung erbringen, sondern aus vorgegebenen Antworten durch Ankreuzen eine oder mehrere auswählen, die sie – je nach Frage – für richtig oder falsch halten. Die richtige Antwort wird ‚Attraktor', die falsche bzw. die falschen werden ‚Distraktoren' genannt.

Bei der Konstruktion von Aufgaben sind u. a. die folgenden Regeln (vgl. Bortz/Döring 2006, S. 212 ff) zu beachten:
(1) Pro Item sollte jeweils nur nach einem Sachverhalt gefragt werden.
(2) Die Items müssen unabhängig voneinander formuliert werden, die richtige Lösung eines Items darf nicht Voraussetzung für die richtige Lösung eines anderen Items sein.
(3) Distraktoren und Attraktor müssen eindeutig unterschieden werden können.

(4) Distraktoren müssen jedoch vergleichbar plausibel erscheinen wie der Attraktor.
(5) Der Textumfang der Antwortvorgaben sollte annähernd gleich sein.
(6) Der Ort, an dem sich der Attraktor zwischen den Distraktoren findet, muss von Aufgabe zu Aufgabe variieren.
(7) Wörter, die in der Regel auf einen Attraktor oder Distraktor verweisen (z.B. „normalerweise"; „nie") sind zu vermeiden.

Während die erste Regel dazu beitragen soll, dass Schülerinnen und Schüler Klarheit über die Aufgabenstellung gewinnen, versuchen die anderen Regeln, die Wahrscheinlichkeit einer Lösung von Aufgaben durch Raten oder im bloßen Rückgriff auf Lesekompetenz zu minimieren. Natürlich bleibt eine Lesekompetenz bei einem Paper and Pencil-Test vorausgesetzt, inhaltlich soll aber die Bearbeitung der Items von domänenspezifischen Fähigkeiten abhängig sein, z.B. von fachspezifischen hermeneutischen Fähigkeiten, wie sie im Religionsunterricht erworben werden.

Multiple-Choice-Aufgaben bergen generell die Gefahr in sich, dass eine Testperson die richtige Antwort errät oder nach dem Ausschlussverfahren zur richtigen Lösung gelangt (Bortz/Döring 2006, S. 215). Diese Gefahr soll durch die Regel sechs zumindest reduziert werden. Zudem werden Items meist so konstruiert, dass einem Attraktor drei Distraktoren gegenüberstehen. Bei Items mit zwei oder drei Attraktoren wird die Anzahl der Distraktoren auf sechs bzw. neun angehoben.

In einer weiteren Variante von MC-Aufgaben wird nicht nach der richtigen, sondern nach der falschen Antwort gefragt. Solche Formate werden gewählt, wenn in einem Inhaltsbereich Konsens darüber besteht, welche Antworten als falsch anzusehen sind, ohne dass jedoch eine bestimmte oder mehrere bestimmte Antworten als die richtigen ausgewiesen werden können.

Über die genannten Regeln hinaus erwiesen sich für die Entwicklungsarbeit in den Projekten RU-Bi-Qua und KERK mehrfache Übergänge zwischen der inhaltlichen Arbeit an Aufgaben und deren Testung als nützlich. Ausgangspunkt für die Aufgabenkonstruktion war in der Regel die Wahl eines bestimmten Themas und die Erarbeitung eines ersten Entwurfes, in den explizite und implizite Annahmen darüber eingingen, über welches Vorwissen die Schülerinnen und Schüler einer bestimmten Klassenstufe verfügen und welche Schwierigkeitsgrade sie bewältigen können. In der anschließenden ersten Pretestung der Aufgabe in einer Lerngruppe wurde dann geprüft, ob Fragestellungen und die Antwortvorgaben verständlich formuliert sind. Es folgte eine Überarbeitung, die die Mängel der Aufgabe zu beheben suchte, und eine erneute Pretestung. Anschließend wurde die Aufgabe in einem Jahrgang unterhalb und einem Jahrgang oberhalb der Klassenstufe eingesetzt, für die sie konstruiert wurde. Dadurch soll ermittelt werden, ob die Aufgabe so konstruiert ist, dass sie für Schüler aus niedrigeren Jahrgängen schwieriger und für Schüler aus höheren Jahrgängen leichter zu lösen ist. Sind diese Prüfungen abgeschlossen, wird die Aufgabe in einer Pilotierungsstudie eingesetzt.

Bei MC-Aufgaben, die Kenntnisse erfassen, konnte auf diese Weise ein hoher Grad an Eindeutigkeit erreicht werden. Bei Aufgaben, die der Erfassung von Deutungs- und Partizipationskompetenz dienen und die ebenfalls in diesem Format konstruiert wurden, zeigten sich allerdings Grenzen der Leistungsfähigkeit von MC-Aufgaben. So gibt es bei der Deutung von Texten nicht immer eindeutig richtige und falsche Antworten. Wir halfen uns, indem wir immer wieder fachwissenschaftlichen Rat einholten (Inhaltsvalidität) und bei bestimmten Fragen von den möglichen als richtig zu bewertenden Antworten nur eine auswählten und ihr solche Distraktoren zur Seite stellten, die eindeutig falsch waren. In wenigen Fällen bestand die Aufgabe darin, nicht zwischen richtigen und falschen, sondern zwischen eher angemessenen und eher unangemessenen Antworten zu unterscheiden.

In das entwickelte Testinstrument konnten nach Abschluss der Aufgabenentwicklung insgesamt 100 Items – 96 davon als MC-Aufgaben – aufgenommen werden.

In einer Übersicht dargestellt, lassen sich die in der Hauptuntersuchung eingesetzten Aufgabenkomplexe den folgenden Bereichen zuordnen:

	Bezugsreligion	Andere Religionen/ Weltanschauungen	Religion im öffentlichen Raum
Kenntnisaufgaben	- Christentum - Neues Testament - Gebet	- Judentum und Islam - Judentum	
Deutungsaufgaben	- Arbeiter im Weinberg - Fundamentalismus - Abendmahl - Barmherziger Samariter - Heilung Bartimäus - Der Herr ist mein Hirte	- Jesu Geburt im Koran - Fundamentalismus - Moscheebau	- Fundamentalismus - Abendmahl - Oskar - Schwester Lioba
Partizipationsaufgaben	- Gesprächskreis - Todesanzeige	- Gesprächskreis	- Gesprächskreis - Todesanzeige

Abb. 2: Zuordnung von Aufgaben zu Dimensionen.

Die Abgrenzung von Kenntnis-, Deutungs- und Partizipationsaufgaben ist typologisch gemeint und darf nicht absolut gesetzt werden.

So enthalten z.B. die Aufgabenkomplexe „Gesprächskreis" und „Todesanzeige" auch Deutungs- und Kenntnisaufgaben, die Deutungsaufgaben setzen die entsprechenden Kenntnisse voraus, werden in diesen Aufgaben aber nicht explizit erhoben. Eine aus dem Blickwinkel der Fachdidaktik aufgestellte

Übersicht folgt anderen Kriterien. So kann festgehalten werden, dass die meisten Aufgabenkomplexe dem Bereich „biblische und andere als heilig qualifizierte Texte" zugeordnet werden können. Ein anderer Bereich kann im weitesten Sinne umschrieben werden mit „innerreligiöse Riten, Kulte, Praxis" und ein dritter folgt der Kategorie „Lebenswelt bzw. Auseinandersetzung mit der Umwelt". In eine Übersicht gebracht ergibt sich die folgende Tabelle:

biblische und andere als heilig qualifizierte Texte	innerreligiöse Riten, Kulte, Praxis	Lebenswelt bzw. Auseinandersetzung mit der Umwelt
- Arbeiter im Weinberg - Jesu Geburt im Koran - Barmherziger Samariter - Heilung Bartimäus - Der Herr ist mein Hirte	- Christentum - Neues Testament - Gebet - Judentum und Islam - Judentum - Abendmahl	- Gesprächskreis - Todesanzeige - Oskar - Schwester Lioba - Fundamentalismus - Moscheebau

Abb. 3: Fachdidaktische Zuordnung von Aufgaben

Diese, eher der Fachdidaktik folgende Übersicht kann verdeutlichen, dass keiner der wichtigen Bereiche eines Evangelischen Religionsunterrichtes an der öffentlichen Schule in der Entwicklung von Testaufgaben vernachlässigt worden ist, bzw. dass sich alle Bereiche in einem annähernden Gleichgewicht befinden. Natürlich sind damit nicht alle unterrichtlichen Problematisierungszugänge erfasst. Dies ist einfach im Modell selbst begründet, welches auf den rationalen Kern des Faches Evangelische Religion fokussiert.

Die nun folgenden Abschnitte informieren über inhaltliche Probleme der Aufgabenentwicklung und Wechselwirkungen zwischen den verwendeten Regeln und vollzogenen Entwicklungsschritten, die die konkrete Arbeit an Aufgaben zur Erfassung religionskundlicher Grundkenntnisse, religiöser Deutungskompetenz und religiöser Partizipationskompetenz vorstellen.

2. Testaufgaben zur Erhebung religionskundlicher Grundkenntnisse

Religionskunde ist ein wichtiger Bestandteil des Religionsunterrichtes. Das gilt sowohl für den konfessionell gebundenen Religionsunterricht als auch für religionskundlichen Unterricht. Grundkenntnisse sind die Basis für das Verstehen religiöser oder religiös konnotierter Phänomene. Im englischsprachigen Raum wird dies „learning about religion" genannt, das einen unverzichtbaren Teil der „religious literacy" ausmacht (vgl. Schieder 2008, S. 17).

Religionskundliche Grundkenntnisse können in der Familie, in der Gemeinde, im Unterricht oder über Formen medialer Vermittlung erlernt werden. In ihrer Funktion als Basics bilden sie eine Grundlage für unterrichtliche Thematisierungen, theologische Auslegungen und religionswissenschaftliche Analysen von Religion und vermittelt über diese dann auch für deren praktische Ausübung. Ihre Bedeutung ist jedoch nicht auf Wissen, Auslegung und Analyse begrenzt, sondern auch für Teilnahme, Partizipation und Entscheidungen im Bereich des Religiösen relevant. Diese können sich auf die Bezugsreligion des Unterrichts oder auf andere Konfessionen/Religionen, auf Religion im Kontext von Gesellschaft und Kultur, aber auch auf die eigene Religion beziehen. Trotz solcher Bezüge unterscheiden sich religionskundliche Kenntnisse von religiöser Deutungs- und Partizipationskompetenz. Letztere kommen ohne erstere nicht aus, erstere können jedoch als Basics auch für sich erhoben werden. Anders als beispielweise in PISA (vgl. Baumert/Artelt/Klieme/Stanat et al. 2001, S. 287 ff.) werden die Grundkenntnisse in RU-Bi-Qua und KERK nicht nur implizit über Kompetenzaufgaben, sondern auch explizit durch Multiple-Choice-Aufgaben erhoben. Leitend für diese Entscheidung war die Überlegung, dass – anders als z.B. für die Lesekompetenz, bei der ein höheres Kompetenzniveau automatisch ein höheres Kenntnisniveau impliziert – es im Bereich fachspezifischer religiöser Kompetenz durchaus durchaus der Fall sein kann, dass Schülerinnen und Schüler über hohe Kenntnisse auf dem Gebiet der Religion, kaum jedoch über eine entsprechende Deutungskompetenz verfügen. Auch das Gegenteil ist denkbar, eine hohe Kompetenz im Deuten religiöser Phänomene und Sachverhalte, aber eine geringe Kenntnis dieser.

Bei der Konstruktion von Aufgaben zur Erhebung des religionskundlichen Wissens von Schülerinnen und Schülern am Ende der Sekundarstufe I galt es Aufgaben zu konstruieren, die sich auf Kenntnisse beziehen, die der Tendenz nach primär in unterrichtlichen Lehr-Lernprozessen erworben werden. Die Frage, ob solche Kenntnisse auch in außerschulischen religiösen Sozialisationsprozessen erworben werden, wurde bei der Aufgabenkonstruktion zunächst ausgeklammert, bei der Auswertung der Testergebnisse jedoch mit Bezug auf die Selbstauskünfte der getesteten Schülerinnen und Schüler im begleitenden Fragebogen ausführlich diskutiert (siehe hierzu Kapitel III. 3).

Die Aufgaben wurden in Anlehnung an existierende Curricula und unter Bezugnahme auf diese mit Blick auf das Judentum, das Christentum und den Islam entwickelt. Lernpsychologisch gesehen handelt es sich um einfache bis schwierige Gedächtnis- und Reproduktionsleistungen (vgl. Seel 2003, S. 37 ff). Die Bearbeitung der Aufgaben verlangt von den Schülerinnen und Schülern zunächst nichts anderes als eine Reproduktion von erworbenem Wissen, ohne dass Leistungen im Bereich des Deutens und Partizipierens erbracht werden müssen.

II. ZUR ENTWICKLUNG DES TESTINSTRUMENTS

```
        Was ist Chanukka?

  A  [   ]     das Laubhüttenfest

  B  [   ]     das Neujahrsfest

  C  [   ]     der Versöhnungstag

  D  [ X ]     das Lichterfest
```

Beispiel 1: Grundkenntnisaufgabe aus dem Komplex ‚Judentum'.

Grundkenntnisaufgaben verlangen nach Aufgabenformaten, die Deutungs- bzw. Partizipationsfragen ausblenden. Hierfür eigenen sich Aufgaben wie:
- Wie nennt man ... ?
- Wie werden ... in ... benannt?
- Was ist ... ?

In der Regel wird nach einzelnen Begriffen gefragt, wie das Beispiel 1 aus dem Aufgabenkomplex „Judentum" verdeutlicht. Gefragt wird nach einem jüdischen Fest, das die Schülerinnen und Schüler voraussichtlich nicht aus ihrer Sozialisation kennen. Angesprochen wird das Fest mit seinem hebräischen Begriff, anzukreuzen ist eines von vier jüdischen Festen. Die Lösung besteht darin, Chanukka dem Attraktor D zuzuordnen. Um diese Aufgabe zu lösen, sind keine Kenntnisse aus der Entstehungsgeschichte des Festes und seiner Verankerung in jüdischen Schriften, auch keine Deutung des Lichterfestes erforderlich, auch wenn die geforderte Reproduktionsleistung leichter erbracht wird, wenn Schüler die Bedeutung des Lichterfestes kennen oder sich an eine im Unterricht besprochene Darstellung erinnern.

Mit den vier Antwortmöglichkeiten, die sich alle auf jüdische Feste beziehen, erfüllt die Aufgabe empirische Qualitätskriterien (z.B. Eindeutigkeit der Fragestellung und Antwortvorgaben; Plausibilität aller vorgegebenen Antworten). Das gilt auch für die folgende Kenntnisaufgabe aus dem Komplex „Islam", in der allerdings ein halboffenes Format zur Anwendung gelangt.

```
  Muslime sollen einmal in ihrem Leben nach .................... pilgern
```

Beispiel 2: Grundkenntnisaufgabe aus dem Komplex „Islam".

Auch hier kommt es auf eine einfache Reproduktionsleistung an. Die Schülerinnen und Schüler müssen in den Lückentext „Mekka" eintragen, um die Aufgabe richtig zu lösen. Hilfreich für die Lösung dieser Aufgabe ist es, wenn die Testperson um die fünf Säulen des Islam weiß, welche das Gebot der Pilgerfahrt beinhalten. Aber auch eine einfache Erinnerung an bestimmte Nachrichten über den Ort kann ausreichen, um zur Lösung dieser Aufgabe zu gelangen. Schwierigkeiten bereitet nicht die Konstruktion dieser Aufgabe, wohl aber ihre Auswertung. Auch die Antwort „zur Kaaba", wäre inhaltlich stimmig. Das in der Frage enthaltene „nach" verlangt jedoch nach der Antwort „Mekka" als der allein richtigen.
- Was bedeutet ... für?
- Welches ... hat einen Bezug auf ... ?
- Wie werden ... genannt?

Die Beantwortung solcher Aufgaben ist insofern schwieriger, als bei ihrer Beantwortung verschiedene Wissensbestände zusammengeführt werden müssen. Die folgende Aufgabe aus dem Komplex Christentum unterscheidet zwischen fünf Antwortvorgaben, die sich alle auf ein und dasselbe Fest beziehen.

Welches österliche Symbol hat einen Bezug zum Neuen Testament?

A ☐ Osterei

B ☒ Osterlamm

C ☐ Osterhase

D ☐ Osterwasser

E ☐ Osterfeuer

Beispiel 3: Grundkenntnisaufgabe aus dem Komplex „Christentum".

Die Aufgabe verlangt, dass drei Wissensbestände miteinander verknüpft werden:
(1) ein Symbol,
(2) das Fest Ostern,
(3) das Neue Testament.

Richtig ist nur die Antwort B, die als einzige einen Bezug zum Neuen Testament aufweist, während die anderen Antworten nur die beiden ersten Wissensbestände miteinander verbinden. Die Aufgabe erfüllt zugleich die empirischen Anforderungen. Die Frage und die Antwortvorgaben sind eindeutig und verständlich. Alle Begriffe sind den Schülerinnen und Schülern nicht fremd, und in den Antwortvorgaben wird immer auf dasselbe christliche Fest Bezug genommen. Auch in der vermuteten Erfahrungswelt von Zehntklässlern dürfte Ei, Hase und Lamm und je nach spezifisch-lokalen Bräuchen auch Wasser und Feuer mit dem Osterfest zu verbinden sein. Um zur Lösung zu gelangen reicht es nicht aus, sich alltagsbegrifflicher Verbindungen mit Ostern zu erinnern. Dies ist auch der Grund, warum es sich bei diesem Beispiel um eine Aufgabe mit einem mittleren bis höheren Schwierigkeitsgrad handelt.

Eine Testperson kann die Aufgabe lösen, wenn sie weiß,
- dass ein Symbol etwas ist, das auf etwas anderes hinweist, ohne es selbst zu sein;
- dass in der Tradition des Judentums (vgl. die Geschichte von Abraham und Isaak) das Lamm ein klassisches Opfertier ist;
- dass das Christentum diese Tradition auf die neutestamentliche Beschreibung der Kreuzigung Jesu übertragen hat.

Schülerinnen und Schüler, die um diese Mehrdimensionalität wissen, können die Aufgabe ohne Schwierigkeiten lösen. Freilich muss dieses Wissen nicht in der Schule, sondern kann auch beim Gottesdienstbesuch angeeignet worden sein und dort insbesondere aufgrund der Teilnahme am Abendmahl partizipatorisch ausgelegt worden sein. Schülerinnen und Schüler können diese Aufgabe aber auch dann lösen, wenn sie die in ihr angesprochenen Zusammenhänge nicht aus Alltagserfahrungen kennen. Um die richtige Antwort zu finden, reicht es aus, wenn sie im Religionsunterricht, in einem anderen Unterrichtsfach oder außerhalb der Schule das Symbol „Opferlamm" kennen gelernt haben und wissen, dass Ei und Hase (Fruchtbarkeitssymbole z.B. der Kelten) sowie Feuer und Wasser (Urelemente der Vorsokratiker) im Neuen Testament nicht vorkommen. Als eine weitere Lösungsstrategie ist z.B. eine Erinnerung an ein im Fach Kunst behandeltes Bild, welches Jesus als ‚Opferlamm' zeigt, denkbar. Es kann daher nicht ausgeschlossen werden, dass die Aufgabe von Schülerinnen und Schülern wie eine Deutungsaufgabe gelesen und beantwortet wird. Dennoch unterscheidet sie sich von Deutungsaufgaben dadurch, dass nicht nach einer expliziten Deutung gefragt wird.

Als letztes Beispiel für Aufgaben aus dem Bereich „religionskundliche Grundkenntnisse" wird eine Aufgabe vorgestellt, die auf Wissensbeständen basiert, die vor vielleicht 50 Jahren noch eher innerhalb der Familien und im christlichen Alltagsleben tradiert wurden, heute aber ohne schulischen Unterricht kaum noch angeeignet werden. Die empirische Auswertung aller Kenntnisaufgaben hat gezeigt, dass diese Aufgabe auf der Skala „Grundkenntnisse" eine der schwierigsten Aufgaben ist.

		Kreuze die richtige Reihenfolge der Feste nach dem Kirchenjahr an!
A		Weihnachten, Ostern, Pfingsten, Himmelfahrt
B		Ostern, Pfingsten, Himmelfahrt, Weihnachten
C	X	Weihnachten, Ostern, Himmelfahrt, Pfingsten
D		Ostern, Himmelfahrt, Pfingsten, Weihnachten

Beispiel 4: Grundkenntnisaufgabe aus dem Komplex „Christentum".

Um die Aufgabe zu lösen, müssen die Schülerinnen und Schüler wissen, dass der Totensonntag der letzte Sonntag im Kirchenjahr ist und dass mit dem Warten auf das Ankommen des Neuen – wie Adventus übersetzt werden kann – das neue Kirchenjahr beginnt. Es gelang nur wenigen Schülerinnen und Schülern, diese Aufgabe zu lösen.

Vom weltlichen Kalenderjahr aus betrachtet erscheinen die Distraktoren B und D plausibel, weil Ostern ein Fest ist, das im Frühjahr gefeiert wird. Vom Kirchenjahr aus betrachtet, erscheinen der Distraktor A und der Attraktor C plausibel, weil das Kirchenjahr mit dem ersten Advent beginnt. Alle vier Antwortvorgaben klingen nicht nur plausibel, sondern dürften auch an die Erfahrungswelt der Schülerinnen und Schüler anschließen; immerhin gibt es zu jedem der angesprochenen Feste Schulferien.

Auch diese Aufgabe erfüllt die psychometrischen Qualitätskriterien. Schülerinnen und Schülern, die diese Aufgabe nicht lösen können, fehlen zentrale Unterscheidungen zwischen weltlichem Kalender und Kirchenjahr. Denkbar ist ferner, dass ihnen auch der theologische Gehalt der Feste – z.B. die Reihenfolge von Christi Geburt, Tod und Auferstehung sowie Himmelfahrt – nicht bekannt ist.

Dass sich als leicht lösbar erscheinende Aufgaben als schwierig erweisen können, zeigte sich nicht nur bei Grundkenntnissaufgaben zum Christentum, sondern trat auch bei einer Aufgabe aus dem Bereich „Judentum" auf. Die meisten Schülerinnen und Schüler konnten die Frage nach der ursprünglichen Anzahl der Stämme des biblischen Volkes Israel mit den Antwortvorgaben 7, 8, 10 und 12 nicht korrekt lösen.

Die angesprochenen Beispiele weisen darauf hin, dass religionskundliche Kenntnisse auch jenseits von Fähigkeiten, wie sie Kompetenzaufgaben testen, relevant und bedeutsam sind, wenn sie sich auf ein Wissen um religiöse Traditionen, Riten und Bräuche beziehen, die dem Judentum, dem Christentum oder dem Islam entstammen und wirkungsgeschichtlich unsere Kultur bis in den Alltag hinein beeinflussen.

Abschließend kann festgestellt werden, dass Kenntnisaufgaben in der Regel Verbindungen, Bezüge und Anschlussmöglichkeiten zu Deutungsfragen und Partizipationsproblemen aufweisen, die ohne entsprechendes Wissen nicht bearbeitet werden können. Die Testung entsprechender Aufgaben verlangt nach Aufgabenkonstruktionen, die sich von der von Kenntnisaufgaben deutlich unterscheiden.

3. Testaufgaben zur Erhebung religiöser Deutungskompetenz

Testaufgaben zur Erhebung religiöser Grundkenntnisse erheben religionskundliches Basiswissen, das im schulischen Unterricht thematisiert wird. Aufgaben zur Erhebung religiöser Deutungskompetenz bauen auf solchem Wissen auf und fragen nach Deutungen religiöser Symbole, Texte und Bilder in der Bezugsreligion des Unterrichts, in andern Konfessionen/Religionen sowie bei der Verwendung religiöser Zeichen und Texte in außerreligiösen Kontexten und Zusammenhängen. Wie bei der theologischen Fundierung der Projekte RU-Bi-Qua und KERK wurde auch bei der Arbeit an religiösen Deutungsaufgaben auf eine Orientierung an einem einzigen Ansatz oder Modell verzichtet. Statt Deutungskompetenz mit H. G. Gadamer als wirkungsgeschichtliches Bewusstsein oder mit J. Assmann als kulturelles Gedächtnis zu interpretieren bzw. auf Texthermeneutik einzugrenzen, wurden Aufgaben konstruiert, welche die Testpersonen mit unterschiedlichen hermeneutischen Problemen konfrontieren: der Deutung von Symbolen und Ritualen, der Interpretation religiöser Handlungen und der Auslegung von Gleichnissen aus sogenannten heiligen Texten. Im Erstantrag für das Projekt RU-Bi-Qua wurde religiöse Deutungskompetenz wie folgt definiert:

„Die im RU zu erwerbende Deutungskompetenz bezieht sich auf im engeren Sinne religiöse Objekte und Inhalte (religiöse Texte, Darstellung religiöser Motive, religiöse Bauwerke, Symbole, Rituale, Institutionen, Lehren etc.) in der Bezugsreligion und in anderen Konfessionen und Religionen sowie auf Deutungen religiöser Sachverhalte und Phänomene in anderen kulturellen Bereichen wie z.B. der Kunst, der Politik oder der Werbung. Durch diese Differenzierung soll berücksichtigt werden, dass sich z.B. biblische Gleichnisse nicht nur religiös, sondern auch ethisch, politisch oder ökonomisch interpretieren lassen." (Benner/Schieder/Schluß/Willems 2004, S. 11)

Aus dem Bereich biblischer Texte wurden drei Aufgabenkomplexe zur Erfassung religiöser Deutungskompetenz entwickelt, die sich auf die Gleichnisse der „Arbeiter im Weinberg", des „barmherzigen Samariters" sowie die Geschichte von der „Heilung des Bartimäus" beziehen. Aus dem Kanon der heiligen Texte des Judentums und des Islam wurde jeweils ein Text für eine Deutungsaufgabe ausgewählt, der Psalm 23 und die Geburtsgeschichte Jesu im Koran. Dem Korantext wurde in einer weiteren Aufgabe die Geburtsgeschichte Jesu im Lukasevangelium gegenübergestellt. Darüber hinaus wurden Deutungsaufgaben zu literarischen Texten (Lessing: Nathan der Weise; E.-E. Schmitt: Oskar und die Dame in rosa; J. Richter: Himmel, Hölle, Fegefeuer. Versuch einer Befreiung) sowie Aufgabenkomplexe zu Themen wie „Gebet", „Abendmahl" oder „eine Todesanzeige" entwickelt. Ein weiterer Komplex konfrontierte Schülerinnen und Schüler am Beispiel des Themas „Moscheebau" mit Problemen aus dem alltäglichen Zusammenleben verschiedener Religionen in Deutschland.

Die Aufgaben zur Erfassung religiöser Deutungskompetenz unterscheiden sich von jenen zur Erfassung religionskundlicher Grundkenntnisse durch eine veränderte Aufgaben- bzw. Fragestellung. Diese bezieht sich stets zugleich auf einen objektiven religiösen Sachverhalt und dessen Bedeutung für das individuelle Weltverstehen. Im Zentrum der Fragen stehen daher nicht Begriffe und basale Wissensbestände, sondern auf Weltinhalte und Selbstverhältnisse bezogene Sachverhalte und Probleme. Als Frageformen für solche Aufgaben haben sich insbesondere die folgenden bewährt:
- Was sagt der Text über ... aus?
- Welche Beschreibung trifft zu auf ...?
- Was wird in der Aussage ... ausgeschlossen?
- Wie lässt sich ... zuordnen?

Um Aufgaben wie diese zu lösen, müssen die Schülerinnen und Schüler Perspektivenwechsel von der Wiedergabe von Grundkenntnissen zum Verstehen von Deutungsfragen vollziehen. Von Grundkenntnisaufgaben unterscheiden sich Deutungsaufgaben insbesondere dadurch, dass in ihnen nach etwas gefragt wird, das mit dem dargestellten Sachverhalt nicht schon implizit vorgegeben ist, sondern an diesem deutend entwickelt werden muss. Es muss zum Verständnis des zu deutenden etwas hinzukommen, das der/die Deutende mitbringt. Die Fähigkeit des Deutens und Verstehens beinhaltet bereits in der klassischen Hermeneutik die Fähigkeit zum Einordnen des zu Verstehenden in bereits vorhandene Konzepte. Gadamer nennt dies die Aufgabe der Horizontverschmelzung, wobei die Differenz zwischen Text und Verstehendem nicht überwunden wird, sondern geradezu die Voraussetzung des Verstehens ist. Den Horizont des Deutenden kann das zu Verstehende nicht schon in sich bergen, sondern er ist die Verständnisvoraussetzung des Verstehenden (Gadamer 1990, S. 296 ff.). Von den angesprochenen beiden Formaten hat sich in der Regel dasjenige als das schwierigere erwiesen, das in seiner Fragestruktur eine Negation enthält. Die Gründe hierfür können sowohl in der sachlichen Aufgabenstruktur liegen als auch in erhöhten Anforderungen an die Lesekompetenz der Probanden.

Als erste wird eine Aufgabe vorgestellt, an der der Übergang von einer Grundkenntnisaufgabe zu einer Deutungsaufgabe klar hervortritt. Diese bezieht sich auf das im Testheft abgedruckte „Gleichnis vom barmherzigen Samariter", mit dem Jesus einem Schriftgelehrten auf dessen Frage antwortet, wer wohl sein Nächster sei. In einem ersten Schritt fragt Jesus den Schriftgelehrten nach den beiden höchsten Geboten. Die Testpersonen sollen zu der hierauf Bezug nehmenden Frage die Antwort B ankreuzen.

Wie ordnen Jesus und der Schriftgelehrte die Gottes-, die Selbst- und die Nächstenliebe einander zu?

A ☐ Du sollst Gott so lieben, dass nichts an diese Liebe heranreicht.

B ☒ Du sollst Gott, Deinen Nächsten und Dich selbst lieben.

C ☐ Du sollst Gott so lieben, dass Du ewiges Leben bekommst.

D ☐ Du sollst Deinen Nächsten mehr lieben als Dich.

Beispiel 1: Deutungsaufgabe aus dem Komplex „Der barmherzige Samariter".

Die vier Antwortvorgaben beziehen sich, mit geringen Unterschieden, alle eindeutig auf den im Testheft abgedruckten Auszug aus Lukas 10, 25-37 sowie auf 5. Mose 6,5 und 19,18. Die eigentliche Schwierigkeit bei der Lösung der Aufgabe besteht darin, dass sich Distraktor A und C auf den gesamten Text beziehen, in dem es eingangs um die Frage geht, wie man ewiges Leben erlangt und ob es eine Liebe geben darf, die an die Liebe zu Gott heranreicht. Als richtig aber ist keine der auf den ganzen Text Bezug nehmenden Antworten anzukreuzen, sondern eine der Antworten B und D, von denen D mit Blick auf das Gleichnis und die Handlungen des Samariters eine gewisse Plausibilität besitzt. Die richtige Antwort könnte zwar auch als Antwort im Sinne einer Grundkenntnisaufgabe nach basalen Gesetzen der jüdischen Religion gefunden werden, verlangt aber vor dem Hintergrund des im Gleichnis beschriebenen Geschehens, in dem ein Samariter Zeit und Geld aufwendet, um einem ihm Unbekannten zu helfen, interpretative Anstrengungen und Perspektivenwechsel, deren Nachvollzug schließlich zur richtigen Antwort führt. Bei der Konstruktion der Aufgabe wurde angenommen, dass es Schülerinnen und Schülern gelingen werde, die Textstelle „und (liebe) deinen Nächsten wie dich selbst" als Absage an den Egoismus der Eigenliebe, aber auch an einen absoluten Altruismus zu interpretieren und die Antwort B als die richtige zu erfassen.

Deutlicher noch treten die Differenzen zwischen Grundkenntnis- und Deutungsaufgaben zu Tage, wenn man den Perspektivenwechsel beachtet, den Jesus in seiner Rückfrage an den Schriftgelehrten vollzieht. Während der Schriftgelehrte an Jesus die Frage richtet „Wer ist denn mein Nächster?" (Lukas 10,29), sieht er sich nach der Erzählung des Gleichnisses durch Jesus mit der Rückfrage konfrontiert: „Welcher dünkt dich, der Nächste sei gewesen dem, der unter die Räuber gefallen war?" (Lukas 10,36) Um die Pointe des Gleichnisses zu verstehen, müssen die Leserinnen und Leser den dem Schriftgelehrten zugemuteten Perspektivenwechsel nachvollziehen und mehr als bloß fragen, wer uns der Nächste ist, sondern wer in einer bestimmten Situation uns zum Nächsten wird (vgl. Benner 1999, Peukert 1998).

Zieht man die an MC-Aufgaben zu stellenden formalen Gütekriterien zu Rate, so kann man sagen, dass sich die Aufgabe auf nur einen Lerngegenstand bezieht und dass ihre Fragestellung ebenso wie die Antwortvorgaben eindeutig sind. Zudem besitzen alle Antworten eine gewisse Plausibilität. Und die teststatistische Auswertung der Antworten belegt, dass sich die vorgestellte Deutungsaufgabe gut dazu eignet, zwischen leistungsschwächeren und leistungsstärkeren Schülerinnen und Schülern zu unterscheiden.

Als zweites Beispiel wird eine Aufgabe aus dem Komplex „Moscheebau" vorgestellt. Vom ersten Beispiel unterscheidet sie sich durch den Kontext, der nicht einem biblischen Text, sondern einer deutschen Großstadt entstammt, in der einige Zehntausende Muslime leben, die noch kein religiöses Zentrum (Moschee) besitzen. Im Aufgabenstamm wird die Situation der Muslime und der nicht-muslimischen Anwohner beschrieben und der Beschluss der Muslime vorgestellt, eine Moschee zu bauen. Es folgen drei Statements mit konträren Meinungen zum geplanten Moscheebau, die von den Schülerinnen und Schülern beurteilt werden sollen. Das folgende Beispiel bezieht sich auf die Aussage einer nicht zu den Muslimen gehörenden Frau, die sich grundsätzlich zustimmend zum Bau der Moschee äußert. Anders als in der Gleichnisaufgabe wird im Aufgabenkomplex „Moscheebau" jedem Item ein fokussierendes Thema als Input vorangestellt. In dem zitierten Ausschnitt handelt es sich um das Thema Toleranz. Vorausgesetzt wird also, dass die Schülerinnen und Schüler ein Verständnis davon besitzen, was in dem angesprochenen Zusammenhang mit Toleranz gemeint ist. Das vorausgesetzte Wissen muss nicht im Religionsunterricht erworben worden sein. Es kann auch dem Ethikunterricht entstammen oder bei der Aufstellung von Klassenregeln entwickelt worden oder überhaupt nicht im schulischen Kontext erarbeitet worden sein. Im Religionsunterricht gehört allerdings Toleranz zum Kanon der zu behandelnden Themen und insofern kann auch eine entsprechende Aufgabe Bestandteil des Tests sein.

Frau Schwarz meint, Konflikte ließen sich mit gegenseitiger Toleranz lösen. Was könnte sich dabei als Problem herausstellen?

A ☐ Die Muslime fordern zwar Toleranz, weigern sich aber selbst, andere zu tolerieren.

B ☒ Toleranz allem gegenüber kann dazu führen, dass man auch Unterdrückung toleriert.

C ☐ Wer andere toleriert, kann selbst keine eigene Meinung mehr vertreten.

D ☐ Toleranz gibt es eigentlich gar nicht. In Wirklichkeit wollen alle Menschen sich durchsetzen.

Beispiel 2: Deutungsaufgabe aus dem Komplex „Moscheebau".

Die Konstruktion der Vorgaben beachtet wieder die klassische Struktur für MC-Aufgaben. So wechseln z.B. kürzere (A und C) mit längeren (B und D) Antwortvorgaben. Alle vier Antwortvorgaben nehmen den Begriff Toleranz auf. Die semantische Struktur der drei Distraktoren und des Attraktors, der zufällig wieder B ist, ist die eines Urteils, das verstanden und zu dem eingangs zitierten Statement in Beziehung gesetzt werden soll. Inhaltlich unterscheiden sich die Antworten dadurch, dass A und D generalisierende Vorurteile sind (die Muslime; in Wirklichkeit), während es sich bei B und C um stärker interpretative Urteile handelt, die den Begriff Toleranz verschieden auslegen.

Für das Verständnis der Aufgabe und die Beurteilung der Antwortvorgaben ist es wichtig zu erkennen, dass nicht danach gefragt wird, ob man die Meinung des angesprochenen Statements bzw. die hinter diesem stehenden (Vor-)Urteile und Überzeugungen teilt, sondern ob in den Statements Probleme mit Blick auf Grenzen der Toleranz angemessen reflektiert werden. Statement A präsentiert eine pauschale Aussage über die Toleranz bzw. Intoleranz einer bestimmten Religion und geht damit von einer Position aus, die für den Islam jede Toleranzreflexion ausschließt. In Statement D artikuliert sich eine pessimistische Haltung, die keinerlei Reflexion auf Grenzen von Toleranz zulässt und daher ebenfalls keine Antwort auf die gestellte Frage präsentiert. Auch

Statement C scheidet als richtige Antwort aus, weil es nicht zwischen „andere tolerieren" und „selbst keine eigenen Meinung mehr vertreten" unterscheidet. Allein Statement B geht explizit auf die Ausgangsfragestellung ein, indem es offen legt, dass Toleranz allem gegenüber tatsächlich dazu führen kann, dass auch Unterdrückung geduldet wird. Entsprechende Problemkonstellationen weisen Bezüge zu religionspolitischen und religionssoziologischen Fragestellungen auf und dürften den Schülerinnen und Schülern aus alltäglichen Zusammenhängen bekannt sein.

Nachdem das erste Beispiel sich auf die Bezugsreligion des Unterrichts, das zweite auf den Umgang mit einer anderen Religion bezogen hat, soll am Ende dieses Abschnittes noch ein Beispiel vorgestellt werden, das sich auf Probleme des Umgangs von Judentum, Christentum und Islam in öffentlichen Räumen und im gesellschaftlichen Kontext bezieht. Es stammt aus dem Komplex „Fundamentalismus". Sein Eingangstext bezieht sich auf die Ringparabel in Lessings Nathan, in der ein liebender Vater seinen Söhnen drei Ringe vererbt, die gleich aussehen, von denen aber nur einer echt ist, und ein Richter darüber entscheiden soll, welchem der Ringe ein Vorzug gegenüber den beiden anderen einzuräumen ist.

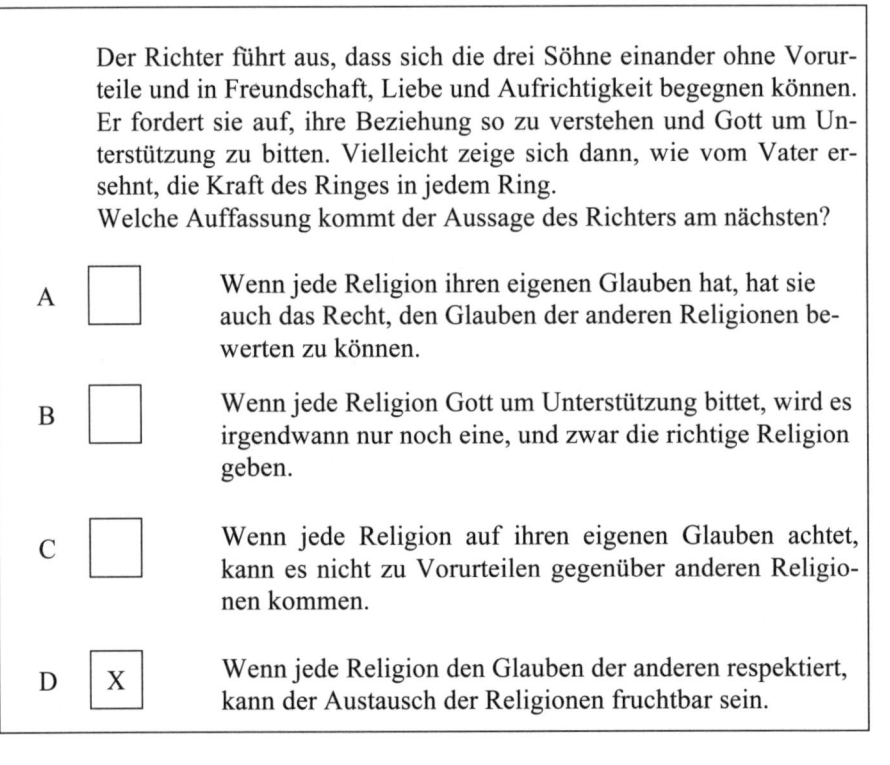

> Der Richter führt aus, dass sich die drei Söhne einander ohne Vorurteile und in Freundschaft, Liebe und Aufrichtigkeit begegnen können. Er fordert sie auf, ihre Beziehung so zu verstehen und Gott um Unterstützung zu bitten. Vielleicht zeige sich dann, wie vom Vater ersehnt, die Kraft des Ringes in jedem Ring.
> Welche Auffassung kommt der Aussage des Richters am nächsten?
>
> A ☐ Wenn jede Religion ihren eigenen Glauben hat, hat sie auch das Recht, den Glauben der anderen Religionen bewerten zu können.
>
> B ☐ Wenn jede Religion Gott um Unterstützung bittet, wird es irgendwann nur noch eine, und zwar die richtige Religion geben.
>
> C ☐ Wenn jede Religion auf ihren eigenen Glauben achtet, kann es nicht zu Vorurteilen gegenüber anderen Religionen kommen.
>
> D ☒ Wenn jede Religion den Glauben der anderen respektiert, kann der Austausch der Religionen fruchtbar sein.

Beispiel 3: Deutungsaufgabe aus dem Komplex „Fundamentalismus".

Die Items A – D legen Lessings Problemexposition mit ihren divergierenden Antworten so aus, dass damit auch heutige Problemkonstellationen in den Blick genommen werden können. Für das Verständnis auch dieser Aufgabe ist es wichtig, dass die Schülerinnen und Schüler nicht einfach die Rolle des Vaters und die seiner Söhne nachahmen sollen, um die jeweilige Position zu teilen oder auch nicht zu teilen, sondern dass sie die gestellte Aufgabe erkennen, die danach fragt, welche der Auffassungen A – D der Aussage des Richters am nächsten kommt. Um die richtige Antwort zu finden, müssen die Schülerinnen und Schüler Begriffe wie Vorurteil, Freundschaft, Liebe, Aufrichtigkeit, Beziehung, Gott adäquat zueinander in Beziehung setzen und die Antwortvorgaben zu den Intentionen des liebenden Vaters und der Rede des Richters in Beziehung setzen.

Die Konstruktion der Aufgabe, der Umfang und die Eindeutigkeit der Antwortvorgaben sowie die Klarheit der Fragestellung erfüllen wiederum wichtige Qualitätskriterien einer MC-Aufgabe. Die inhaltliche Schwierigkeit der Aufgabe liegt darin, dass in ihr Liebe, Freundschaft usw. nicht nur aus einem religiösen Horizont interpretiert werden, sondern dass auch Religion an Anerkennungsformen wie Liebe, Freundschaft und Aufrichtigkeit zurückgebunden wird. Diese Mehrdimensionalität der Aufgabe wurde zwischen den einzelnen Phasen der Pretestung wiederholt mit dem Ergebnis überarbeitet, dass sich der Schwierigkeitsgrad der optimierten Aufgabe für die getesteten Schülerinnen und Schüler auf den eines mittleren Niveau einspielte (zu den Niveaustufen vgl. Kap. IV. 1).

Zusammenfassend lässt sich somit feststellen, dass es in den Projekten RUBi-Qua und KERK gelungen ist, Aufgaben zur Erfassung religiöser Deutungskompetenz zu entwickeln, die sich deutlich von Aufgaben zur Erhebung religionskundlicher Grundkenntnisse unterscheiden. Beide Aufgabentypen verbindet, dass sie im Multiple-Choice-Format konstruiert und eingesetzt werden können. Beide Aufgabentypen lassen sich zudem, wie im Abschnitt 4 noch gezeigt werden soll, auch empirisch trennscharf darstellen. Anders als bei den Aufgaben zur Erfassung religionskundlicher Grundkenntnisse reicht der Besitz von Wissen nicht aus, um Deutungsaufgaben lösen zu können. Die Bearbeitung von Deutungsaufgaben verlangt vielmehr nach einem über religionskundliches Wissen hinausgehenden Können, in dem Wissen problemlösend angewendet und interpretativ ausgelegt wird.

Die Abschnitte 4 und 5 werden zu zeigen haben, ob sich für dieses Können eine Struktur herausarbeiten lässt, die den im Abschnitt 2 vorgestellten konzeptionellen Orientierungen entspricht und diese nach unterschiedlichen Schwierigkeitsniveaus differenziert, die empirisch, bildungstheoretisch und religionspädagogisch ausgewiesen sind.

4. Testaufgaben zur Erhebung religiöser Partizipationskompetenz

Im Vergleich zur Arbeit an Testaufgaben zur Erfassung religionskundlicher Grundkenntnisse und religiöser Deutungskompetenz erwies sich die Konstruktion von Aufgaben zur Erfassung religiöser Partizipationskompetenz als deutlich schwieriger. Nach zwei Jahren intensiver Arbeit an solchen Aufgaben fanden nur sieben Items zur Erfassung dieser Teilkompetenz Eingang in das Testheft, obwohl wesentlich mehr Aufgabenkomplexe und Items entwickelt worden waren. Schon bei der Feststellung der Augenscheinvalidität und nach den ersten Pretestungen stellte sich heraus, dass die meisten der Items zur Erfassung religiöser Partizipationskompetenz die auch für diesen Aufgabentyp geltenden formalen sowie zusätzliche heranzuziehende spezielle inhaltliche Kriterien nicht erfüllten. Im Folgenden werden Beispiele zu jenen Aufgaben vorgestellt, mit denen es gelang, religiöse Partizipationskompetenz exemplarisch zu erfassen und zu erheben. Auf die Gründe dafür, warum für diesen Bereich kein umfassender Pool testfähiger Aufgaben generiert werden konnte, wird am Ende dieses Abschnittes sowie in den nachfolgenden Kapiteln III und IV eingegangen.

Unterschiede gegenüber Aufgaben zur Erfassung religionskundlicher Kenntnisse und religiöser Deutungskompetenz zeigen sich bei der Entwicklung von Partizipationsaufgaben schon an der Formulierung des Aufgabenstamms. Dieser fragt nicht wie in der Dimension der Kenntnisse Wissen ab, sondern setzt diese als bekannt voraus oder benennt die zur Lösung der Aufgaben erforderlichen Wissensgegenstände. Er verlangt von den Testpersonen auch nicht, einen religiösen Sachverhalt nur zu deuten, sondern gibt Deutungen vor, zu denen sich die Schülerinnen und Schüler partizipatorisch äußern sollen. Partizipationsaufgaben fragen weder ein bestimmtes Wissen ab, noch fordern sie zu Antworten auf, die eine bestimmte Deutung als die richtige oder zumindest adäquatere ausgeben. Sie zielen vielmehr schon in ihrem Aufgabenstamm darauf, den Blick der Testpersonen von der Wiedergabe von Wissen und dem Vollzug sowie der Beurteilung von Deutungen auf den Entwurf von Entscheidungen und die Reflexion eigener Stellungnahmen zu lenken.

Bei der Konzentration auf Entscheidungen und Stellungnahmen kommt es nun darauf an, dass Partizipationsaufgaben so konstruiert werden, dass sie weder einfach Meinungen abrufen noch Gesinnungen überprüfen, sondern zu einem rationalen Umgang mit Entscheidungsfragen und dem Abwägen von Gesichtspunkten für die Ausarbeitung von Stellungnahmen auffordern. Zu diesem Zweck ist es hilfreich, wenn schon im Aufgabenstamm bestimmte pragmatische Gesichtspunkte genannt werden, die bei der Lösung der gestellten Aufgaben zu beachten sind. Dies kann z.B. durch die Vorgabe von Regeln geschehen, die partizipatorische Entscheidungen und Stellungnahmen nicht vorwegnehmen, aber hilfreich sind, um Entscheidungsprobleme in einer konkreten Kommunikations- oder Interaktionssituation zu analysieren und diskursiv zu klären.

Aufgrund dieser Struktur unterscheiden sich Aufgaben zur Erfassung religiöser Partizipationskompetenz von Aufgaben zur Erfassung von religiösen Grundkenntnissen bzw. Deutungen. Für die Konstruktion von Testaufgaben zur Erhebung religiöser Partizipationskompetenz haben sich Formulierungen wie die folgenden als hilfreich erwiesen:
- Stell dir vor ... .
- Du gründest ... und ihr wollt das Folgende erreichen.
- Du machst den Vorschlag, ..., um ... zu erreichen.
- Sammle Informationen/Vorschläge zu ... .
- Plane deine Schritte bis zur Ausführung von ... .
- Ihr gründet eine Arbeitsgemeinschaft und wollt nun Folgendes tun ... .

Die Projekte RU-Bi-Qua und KERK definieren religiöse Partizipationskompetenz in Anlehnung an Tillich (1961a, b), Buber (1957/1995) und Lévinas (1978/1998) als eine auf das vom Unbedingten ergriffene Ich (Tillich), das den Dialog mitkonstituierende Du (Buber) bzw. den Vorrang des Anderen (Lévinas) bezogene Kompetenz, die über die Dimensionen religiöser Grundkenntnisse und Deutungen hinausgeht und sich auf die Fähigkeit bezieht,
- sich an religiösen Handlungen beratend zu beteiligen,
- sich in entsprechende Beratungen als Person einzubringen,
- individuelle Stellungnahmen in den Formen von Zustimmung, Ablehnung oder Kritik zu formulieren
- sowie an der Entwicklung neuer Handlungsoptionen bzw. Alternativen mitzuwirken.

Bei der Konstruktion von Testaufgaben zur Erfassung religiöser Partizipationskompetenz ist darauf zu achten, dass sie die Testpersonen vor virtuelle Aufgaben stellen, die von solchen in Ernstsituationen des Lebens zu unterscheiden sind. Die im öffentlichen Bildungssystem mit Unterstützung des Religionsunterrichts zu erwerbende religiöse Partizipationskompetenz darf daher nicht mit jener Religiosität gleichgesetzt werden, die allein in der Ausübung und Bezeugung des eigenen Glaubens praktisch wird, sondern meint die Fähigkeit, mit religiösem Engagement an individuellen Entscheidungen und öffentlichen Diskursen partizipieren zu können.

Für die Arbeit an geeigneten Aufgaben zur Erhebung religiöser Partizipationskompetenz waren Aufgabenformate und grundlagentheoretische Überlegungen aus der empirischen Bildungsforschung hilfreich, die jedoch mit Problemgehalten religiöser Kompetenz abgestimmt und entsprechend modifiziert werden mussten. In der empirischen Bildungsforschung wird nicht der Begriff „Partizipationskompetenz", sondern der Terminus „Problemlösekompetenz" verwendet. Während Partizipationskompetenz domänenspezifisch als eine technische, literarische, ethische, politische, ästhetische oder religiöse Kompe-

tenz zu definieren ist, wird unter Problemlösekompetenz eine allgemeine Beschreibung von Kompetenz verstanden (vgl. Klieme/Stanat/Artelt et al. 2001). So versteht Weinert (2001, S. 27f.) unter Kompetenz „kognitive Fähigkeiten und Fertigkeiten, um bestimmte Probleme zu lösen...[bzw.] um die Problemlösungen in variablen Situationen erfolgreich und verantwortungsvoll nutzen zu können". Nach Weinert und Klieme stellt Problemlösen eine prozessbezogene Kompetenz dar, die sich auf Aufgaben bezieht, in denen Probleme
- diskursiv kommuniziert,
- auf Argumente gestützt erörtert
- sowie erkundet und gelöst werden sollen.

Die allgemein gefasste Problemlösekompetenz von Schülerinnen und Schülern bezieht sich auf die Modellierung einer Aufgabe nach verschiedenen Lösungsansätzen, die Anwendung von Werkzeugen, die Nutzung unterschiedlicher Medien sowie den Einsatz von Verfahren in konkreten Situationen (vgl. Klieme/Stanat/Artelt 2001, S. 205 ff.). Sie wird als die Fähigkeit beschrieben,
- Situationen zu bewältigen, bei denen der Lösungsweg nicht unmittelbar erkennbar und nicht unmittelbar auf erlernte Verfahren rückführbar ist;
- Problemstellungen mit eigenen Worten wiederzugegeben, zu erkunden und in Teilprobleme zu zerlegen,
- verschiedene Darstellungsformen, Verfahren oder Strategien (wie Beispielfindung, systematisches Probieren, Schlussfolgerungen) einzusetzen sowie Ergebnisse darzustellen, Lösungswege zu bewerten und zu überprüfen
- sowie verschiedene Lösungen zu vergleichen und Alternativen zu diskutieren (ebd).

Mit ihren Konzepten zur Erfassung von Problemlösekompetenz gibt die empirische Bildungsforschung Modalitäten der Aufgabenkonstruktion, Operationen für die Aufgabenbearbeitung sowie Auswertungskriterien vor, die sich domänenspezifisch konkretisieren, modifizieren und adaptieren lassen. Die Adaption auf mathematisch-naturwissenschaftliche und technische Sachverhalte und Probleme, an denen die Strategie zunächst entwickelt wurde, fällt leichter als die auf Themen des moralisch-evaluativen, religiösen und ästhetischen Bereichs, für die in den seltensten Fällen definitive Lösungen aufgezeigt, wohl aber Problembearbeitungskonzepte entwickelt werden können.

Die folgenden Aufgabenbeispiele zeigen, wie für den Bereich einer religiösen Partizipationskompetenz Testaufgaben im Format von MC-Aufgaben entwickelt wurden. Die erste Aufgabe stammt aus dem Aufgabenkomplex Tod und Beerdigung und bezieht sich auf den Kontext Todesanzeige, der den Schülerinnen und Schülern aus Tageszeitungen bekannt sein kann. Der Aufgabenkomplex besteht aus insgesamt fünf Aufgaben. Bei der ersten Aufgabe wird danach gefragt, woran zu erkennen ist, dass die Anzeige auf einen christlichen Hintergrund des Verstorbenen und der Hinterbliebenen hinweist. Es handelt sich um eine Kenntnisaufgabe. Die zweite und die dritte Aufgabe fragen nach der Bedeutung des Kreuzzeichens in der Todesanzeige und der Zitation eines heiligen Textes, deshalb handelt es sich um Deutungsaufgaben. Die hier vorgestellte Aufgabe versetzt die Testperson in die Situation, dass sie als Freund einem gleichaltrigen Jugendlichen raten sollen, wie er sich in der Situation einer Trauerfeier angemessen verhalten kann. Die darauf folgende Aufgabe reflektiert noch einmal auf eine angemessene Verhaltensweise während einer Trauerfeier, allerdings ist es jetzt die Testperson selbst, die zu einer solchen gehen soll. Bei beiden Aufgaben handelt es sich um Partizipationsaufgaben. Alle Aufgaben wurden als MC-Aufgaben konstruiert und genügen insofern den formalen Qualitätskriterien, als alle vier Antwortvorgaben plausibel klingen, eine vergleichbare Länge aufweisen und die richtige Antwort nicht durch z.B. eine besondere, von den anderen Vorgaben abweichende sprachliche Formulierung angedeutet wird. Der Input wird durch einen Stereotyp („Stell dir vor ...") eingegeben, dann wird die Situation vorgestellt, in die sich die Schülerinnen und Schüler hineinversetzen sollen, und abschließend eine eindeutige und klare Aufgabenstellung formuliert. Lässt sich deren Beantwortung zutreffend als die einer Problemlösung interpretieren?

Liest man den Input der Aufgabe unter der Anforderung an den domänenspezifischen Kompetenzbegriff, „Problemlösungskompetenz" zu sein (Baumert et al. 2001; Klieme et al. 2001), dann zeigt sich, dass Thomas ein Problem mit einem durch Sozialisation nicht mehr unmittelbar tradierten Verhaltenskodex hat, den andere Schüler kennen und anwenden können.

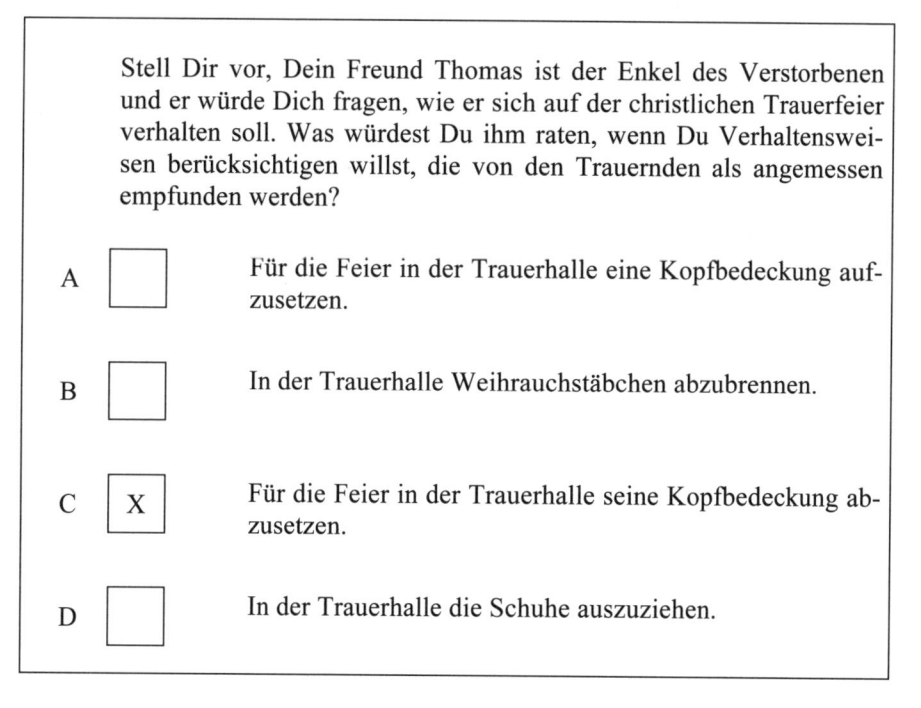

Stell Dir vor, Dein Freund Thomas ist der Enkel des Verstorbenen und er würde Dich fragen, wie er sich auf der christlichen Trauerfeier verhalten soll. Was würdest Du ihm raten, wenn Du Verhaltensweisen berücksichtigen willst, die von den Trauernden als angemessen empfunden werden?

A [ ] Für die Feier in der Trauerhalle eine Kopfbedeckung aufzusetzen.

B [ ] In der Trauerhalle Weihrauchstäbchen abzubrennen.

C [X] Für die Feier in der Trauerhalle seine Kopfbedeckung abzusetzen.

D [ ] In der Trauerhalle die Schuhe auszuziehen.

Beispiel 1 – Partizipationsaufgabe aus dem Komplex „Todesanzeige".

Um zur Lösung des „Problems" zu gelangen, müssen die Testpersonen Wissen anwenden. Spätestens hier aber zeigt sich eine differente Doppelstruktur in der Aufgabenstellung. Eine Testperson, die den Verhaltenskodex noch lebensweltlich erfahren hat, kennt den Verhaltenskodex und kann deshalb Thomas (fiktiv) raten, er solle sich gemäß der Antwortvorgabe C verhalten. Eine andere Testperson, die dies im lebensweltlichen Umgang nicht oder noch nicht erfahren hat, könnte vermittelt durch den Unterricht oder aus anderen Quellen wie z.B. dem Fernsehen um die Sensibilität von Beerdigungssituationen wissen und sich von daher in die Unsicherheit von Thomas einfühlen und so zur Antwort C gelangen. Damit wird deutlich, dass die Problemlösung C noch keine umfassende Antwort auf die Frage nach einer angemessenen religiösen Partizipation an einer Beerdigung entwickelt. Schließlich wird derselbe Kodex auch bei sogenannten weltlichen Beerdigungen angewendet. Und zudem erschöpft sich religiöse Partizipation an einer Trauerhandlung nicht im Ablegen – oder Aufsetzen – einer Kopfbedeckung.

Die zweite Beispielaufgabe konfrontiert die Schülerinnen und Schüler mit einem transkribierten Auszug aus dem Dokumentarfilm „jeder schweigt von etwas anderem" (Bauderfilm Berlin, 2006).

Stell Dir vor, was Matthias Storck nach seiner Freilassung in die Bundesrepublik erhofft, wenn er an die Person denkt, die ihn verraten hat. Aufgelistet sind sechs mögliche Antworten:

A   Matthias Storck möchte, dass ihm von einem unabhängigen Gericht der Prozess gemacht wird.

B   Matthias Storck wünscht sich ein persönliches Schuldeingeständnis als Voraussetzung dafür, mit ihm wieder ins Gespräch zu kommen und ihm dann möglicherweise diese Schuld auch vergeben zu können.

C   Matthias Storck wünscht sich ein persönliches Schuldeingeständnis, um durch eine Entschädigung seinen Lebensunterhalt aufzubessern.

D   Matthias Storck hat Mitleid mit ihm und schließt ihn in seine Gebete ein.

E   Matthias Storck möchte mit ihm ins Gespräch kommen, weil er verstehen möchte, wie Menschen unter den damaligen Bedingungen zu Verrätern werden konnten.

F   Matthias Storck möchte Führungen in Gedenkstätten halten, damit sich Bürgerinnen und Bürger gegen Diktaturen einsetzen.

Beispiel 2 a: Partizipationsaufgabe aus dem Komplex „Abendmahl".

II. ZUR ENTWICKLUNG DES TESTINSTRUMENTS

In dem zweiten Beispiel berichtet der damalige Theologiestudent und jetzige Pfarrer Matthias Storck ein Erlebnis aus der Zeit seiner Untersuchungshaft im Gefängnis des Ministeriums für Staatssicherheit der DDR in Berlin-Hohenschönhausen. Matthias Storck bekommt Besuch von seinem Vater, der Pfarrer ist. Der Auszug beschreibt eine Situation, in welcher Matthias Storck und sein Vater im Gefängnis gemeinsam das Abendmahl feiern, indem sie ein Stück Kuchen nehmen, die Einsetzungsworte sprechen und den Kuchen miteinander teilen. Der nichtvorhandene Wein wird durch Kaffee substituiert. Die Wachpersonen, die dies beobachten, unterbinden den Vorgang nicht, sondern schauen – aus welchen Gründen auch immer – weg.

Die vorgestellte Aufgabe ist eine Zuordnungsaufgabe im MC-Format. Die Schülerinnen und Schüler sollten die vorgegeben sechs Antworten A – F den drei Perspektiven 8.1 – 8.3 zuordnen. Es gibt doppelt so viele Antwortvorgaben wie Zuordnungsmöglichkeiten. Die Lösung der Aufgaben verlangt von den Versuchspersonen, die Situation von Matthias Storck unter verschiedenen Perspektiven (rechtlich, religiös, moralisch) zu betrachten und zu bearbeiten.

Alle Items beziehen sich auf das christliche Abendmahl, aber auch auf Bezüge, die das Geschehen in moralische, rechtliche, politische und nicht zuletzt auch theologisch-exegetische Zusammenhänge stellen. Die zu beantwortenden Fragen richten sich auf verschiedene Möglichkeiten, wie sich Matthias Stock nach seinem Freikauf durch die BRD gegenüber der Person verhalten könnte, die ihn denunziert und verraten hat.

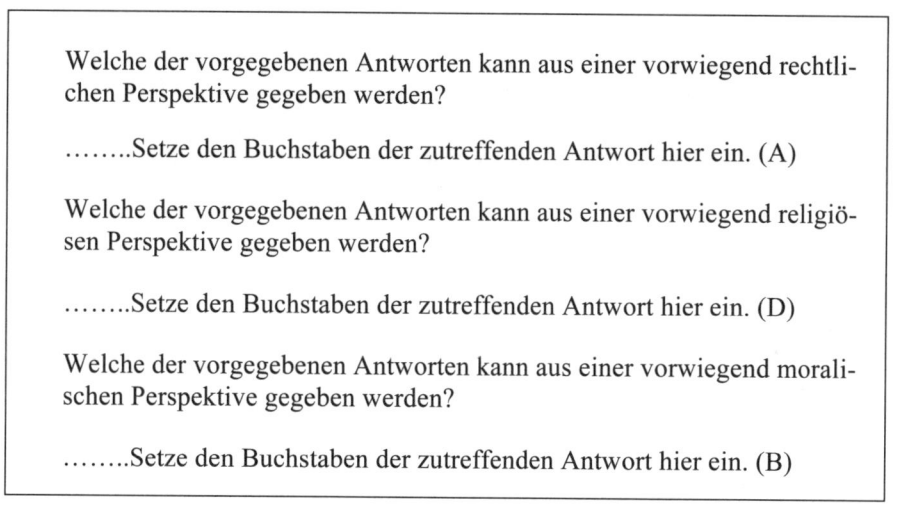

Welche der vorgegebenen Antworten kann aus einer vorwiegend rechtlichen Perspektive gegeben werden?

……..Setze den Buchstaben der zutreffenden Antwort hier ein. (A)

Welche der vorgegebenen Antworten kann aus einer vorwiegend religiösen Perspektive gegeben werden?

……..Setze den Buchstaben der zutreffenden Antwort hier ein. (D)

Welche der vorgegebenen Antworten kann aus einer vorwiegend moralischen Perspektive gegeben werden?

……..Setze den Buchstaben der zutreffenden Antwort hier ein. (B)

Beispiel 2 b: Partizipationsaufgabe aus dem Komplex „Abendmahl".

Auch an die zweite Aufgabe lässt sich die Frage richten, wie in ihr Strategien der empirischen Bildungsforschung genutzt werden, und inwieweit es sich bei ihr um eine Aufgabe im Bereich der Deutungskompetenz oder um eine Partizipationsaufgabe handelt. Von den Versuchspersonen wird eine Stellungnahme verlangt, die neben dem religiösen Bereich auch andere moralische und rechtliche Bereiche thematisiert. Die zu suchenden Lösungen können nicht durch eine Anwendung von Verfahren, Strategien, Werkzeugen oder Medien gefunden werden, sondern verlangen den Vollzug von Perspektivenwechseln und eine Vertiefung in unterschiedliche Handlungslogiken. Diese Aufgabe ist daher inhaltlich eher eine Partizipationsaufgabe, zumal das Problem, wie Matthias Storck sich nach seiner Freilassung zu der Person, die ihn verraten hat, verhalten soll, als Problem nicht nur bestehen bleibt, sondern im Lichte der verschiedenen Handlungsvarianten noch an Schärfe gewinnt. Fragt man nach Kriterien, durch die sich Partizipationsaufgaben von Deutungsaufgaben unterscheiden, so legt das vorgestellte Beispiel nahe, Partizipation als Einlassen auf und Auseinandersetzung mit Problemen zu definieren.

An einem dritten Aufgabenbeispiel, aus dem zwei Aufgaben vorgestellt werden, lassen sich die bisher formulierten Annahmen zu Kriterien für Gemeinsamkeiten und Unterschiede zwischen Deutungs- und Partizipationsaufgaben überprüfen. Die erste hat insgesamt sechs Items und bezieht sich auf einen Kontext, in dem im Religionsunterricht die Religionen des Judentums, Christentums und Islam vergleichend behandelt worden waren und ein Schüler die Idee artikulierte, Vertreter aus allen drei Religionen zu einer Podiumsdiskussion einzuladen. Der hierauf Bezug nehmende Aufgabenkomplex fordert Testpersonen dazu auf, sich mit Themen und Gesprächspunkten sowie der Organisation und Durchführung einer solchen Diskussion auseinanderzusetzen.

Zun den Aufgaben, die bearbeitet werden müssen, gehören u. a. auch das Verfassen einer Einladung, die Sicherung eines Raumes für die Veranstaltung und die Vorbereitung eines Essens für das sich an das Podium anschließende gesellige Beisammensein. Bei der Verfassung der Einladung geht es u. a. darum, Formulierungen zu wählen, durch die sich keine der angesprochenen Religionen verletzt fühlen wird. Die Schülerinnen und Schüler sollen herausfinden, welche der sechs Antwortvorgaben sich für eine Einladung eignen bzw. nicht eignen, weil in ihnen die Selbstdarstellung der einzelnen Religionen angemessen bzw. unangemessen mit der Wahrnehmung der jeweils anderen Religion verknüpft wird.

Es handelt sich um eine MC-Aufgabe mit sechs Antwortvorgaben, wobei aus der Aufgabenstellung nicht hervorgeht, wie viele Antworten richtig sind. Fragt man, ob zur Bearbeitung dieser Aufgabe eher religiöse Deutungskompetenz oder eher eine domänenspezifische Partizipationskompetenz erforderlich ist, so fällt auf, dass hier Aspekte religiöser Partizipationskompetenz kaum eine Rolle spielen. Gleichwohl ist etwas anderes als eine religiöse Deutungskompetenz erforderlich, nämlich so etwas wie eine allgemeine Kommunikations- und Partizipationskompetenz. Sie dürfte ausreichen, um die erforderlichen Blickwechsel zu vollziehen und die richtigen Antworten von den falschen zu unterscheiden.

II. ZUR ENTWICKLUNG DES TESTINSTRUMENTS

> Nun verfasst Ihr gemeinsam eine Einladung an muslimische und jüdische Schüler/innen. Dazu hast Du die folgenden Sätze zur Auswahl. Welche Sätze sind für Eure Einladung passend? Kreuze die richtigen Antworten an!
>
> **A** [X] Wir hoffen, dass ein gemeinsames Gespräch uns allen etwas bringt.
>
> **B** [ ] Wir wollen gemeinsam sehen, ob Eure religiöse Überzeugung stimmt.
>
> **C** [X] Wir wollen Euch Fragen über Eure Religion stellen, da es bei uns noch Unklarheiten gibt.
>
> **D** [ ] Da Ihr einer religiösen Minderheit angehört, sollt Ihr auch einmal die Gelegenheit haben mit uns zu sprechen.
>
> **E** [ ] Wir sollten in eine gemeinsame Zukunft blicken und die Vergangenheit ignorieren.
>
> **F** [X] Wir möchten von Euch erfahren, was Euch an unserer Religion irritiert.

Beispiel 3: Partizipationsaufgabe zum Thema „Bildung eines interreligiösen Gesprächskreises".

Die weitergehende Fragestellung insbesondere im Projekt KERK lautete daher, ob sich Aufgaben konstruieren lassen, die über die kommunikativen Aspekte einer allgemeinen Partizipationskompetenz hinaus, spezifische Aspekte einer religiös ausgewiesenen Partizipationskompetenz zur Geltung bringen.

Das soll abschließend an einem Beispiel erörtert werden, das dem Aufgabenkomplex „Fundamentalismus" entstammt. Es stellt Schülerinnen und Schüler vor die Aufgabe, fundamentale von fundamentalistischen Auslegungen des Judentums, des Christentums und des Islam zu unterscheiden und illustriert diese Aufgabenstellung für den Islam.

Welche Aussagen sind für den Islam fundamental?
Kreuze die richtigen Antworten an!

A [X] Es gibt nur einen Gott.

B [ ] Die Dreifaltigkeit Gottes muss von allen Menschen geglaubt werden.

C [ ] Die Beschneidung ist Ausdruck des Bundes Gottes.

D [ ] Nur wenn sich alle Menschen zu Gott bekennen, lassen sich die politischen, wirtschaftlichen und moralischen Probleme unserer Zeit lösen.

E [ ] Mohammed ist unser Prophet und ihr müsst ihn als euren Propheten anerkennen.

F [ ] Der eine Gott zeigt sich in drei Personen.

G [X] Mohammed ist unser Prophet und ihr sollt dies anerkennen.

Beispiel 4: Aufgabe zur Unterscheidung zwischen fundamentalen und fundamentalistischen Merkmalen von Religionen. Teilaufgabe zum Islam.

Die Aufgabe stellt für sich genommen eine Aufgabe zur Erfassung religiöser Deutungskompetenz dar, erfüllt aber zugleich die Funktion, inhaltliche Aspekte zu thematisieren, die für den Ausweis einer religiösen Partizipationskompetenz unverzichtbar sind. Formal besteht die Aufgabe aus insgesamt acht Antwortvorgaben, die alle Aussagen über Beziehungen zwischen Menschen und Gott enthalten. Die erste Schwierigkeit der Aufgabe besteht darin, dass die Schülerinnen und Schüler zwischen dem Judentum, dem Christentum und dem Islam zuzuordnenden Aussagen (jeweils 2 Items) sowie zwei Aussagen unterscheiden müssen, die sich auf alle drei Religionen beziehen, von denen jeweils eine fundamental, die andere fundamentalistisch argumentiert. Die zweite Schwierigkeit resultiert daraus, dass in der Aufgabenstellung nicht angegeben wird, wie viele Antworten als richtig anzukreuzen sind. Um die Aufgabe lösen zu können, müssen die Testpersonen über ein Wissen bezüglich fundamentaler und fundamentalistischer Glaubenssätze der drei Religionen verfügen und zwischen diesen – unter religiös-partizipatorischen Fragestellungen – so unterscheiden können, dass deutlich wird, wodurch sich Fundamentalia der verschiedenen Religionen von einer fundamentalistischen Auslegung unterscheiden.

Die Beispiele 3 und 4 illustrieren über das bisher Gesagte hinaus ein gewisses Ineinandergreifen von Grundkenntnisaufgaben, Deutungsaufgaben und Partizipationsaufgaben, wie es in didaktischer Hinsicht in jedem anspruchsvollen Unterricht intendiert wird. Testaufgaben müssen unabhängig von didaktischen Zusammenhängen bearbeitbar sein, unterliegen gleichwohl einem Implikationszusammenhang von Grundkenntnissen, Deuten und Partizipieren, demzufolge Grundkenntnisse nicht nur in Deutungen und diese wiederum in partizipatorische Entscheidungen eingehen, sondern auch sachlogisch aufeinander bezogen sind. Die Trias von Grundkenntnisaufgaben, Deutungsaufgaben und Partizipationsaufgaben darf daher nicht zu dem Fehlschluss verleiten, als setzte sich religiöse Kompetenz additiv aus den von ihnen erfassten drei Dimensionen zusammen.

5. Offene Fragen – weiterführende Überlegungen

Als Ergebnis der Ausführungen zu den drei Aufgabentypen kann festgehalten werden, dass sich diese nach Frageintention, Konstruktion und Gehalt voneinander unterscheiden lassen. Abstrahiert man nicht von der theoriegeleiteten Unterscheidung zwischen den drei Aufgabentypen und deren methodischer Konstitution, so kann dies zu einem naturalistischen Missverständnis ihrer differenten Strukturen führen. Die Aufgabentypen bilden nicht ontische Strukturen religiöser Kompetenzdimensionen ab, sondern stellen theoriegeleitete Konstrukte dar, in die handlungsanleitende Orientierung, hypothetische Annahmen, historisch-gesellschaftlich vermittelte Erfahrungen u. a. m. eingegangen sind. Analoges lässt sich auch von den Befunden sagen, zu denen die empirische Auswertung des Tests gelangt, von der im nächsten und übernächsten Kapitel die Rede sein wird. Die dort unterschiedenen Niveaustufen bilden nicht einfach Strukturen religiöser Kompetenz ab, sondern stellen theoriegeleitete Konstrukte dar, die eine theoretisch und methodisch konstituierte Erfahrung analysieren und sich an dieser bewähren oder auch scheitern können.

Zu den offenen Fragen, die es zum Teil in weitergehenden Analysen der folgenden Kapitel zu klären gilt, gehören daher Fragen wie die folgenden:
- Bilden sich die differenten Fragestrukturen, die in die Konstruktion von Grundkenntnis-, Deutungs- und Partizipationsaufgaben eingegangen sind, in den Antworten der Testpersonen ab und wenn ja wie?
- Lassen sich bei Schülerinnen und Schülern besondere Stärken oder Schwächen festmachen?
- Inwiefern stehen diese im Verhältnis zum Religionsunterricht und zu außerunterrichtlichen Erfahrungen?
- Werden sich den drei Aufgabentypen drei Dimensionen religiöser Kompetenz zuordnen lassen oder wird die empirische Auswertung zu einer Kompetenzmodellierung führen, die mit weniger Dimensionen auskommt?
- Wie wären im Lichte eines solchen Resultats die theoretischen Modellannahmen zu interpretieren, die von drei Dimensionen fachspezifischer religiöser Kompetenz ausgehen, und welche Bedeutung käme in diesem Zusammenhang der Unterscheidung zwischen Testaufgaben und didaktischen Aufgaben zu?

Die Fragen verweisen auf weitergehende Reflexionsprobleme, insbesondere darauf, dass zwischen einer empirischen Auswertung der Tests und der auf ihrer Grundlage vorzunehmenden Überprüfung des Modells einerseits und einer bildungstheoretischen, religionspädagogischen und theologischen Interpretation der empirischen Befunde andererseits noch einmal unterschieden werden muss.

Die Unterscheidung zwischen religiösen Grundkenntnissen, religiöser Deutungs- und religiöser Partizipationskompetenz verliert auch für den Fall nichts von ihrer didaktischen und religionspädagogischen Bedeutung, wenn die empirische Überprüfung des Ansatzes nicht zu einem drei-, sondern zu einem zwei- oder gar eindimensionalen Modell führen sollte. Weder verlangt die bildungstheoretisch, didaktisch und religionspädagogisch motivierte Unterscheidung zwischen Grundkenntnis-, Deutungs- und Partizipationsaufgaben, dass die empirische Auswertung der Tests zu einem dreidimensionalen Kompetenzmodell gelangt, welches streng zwischen kompetenztheoretischen Anforderungsniveaus der drei Dimensionen unterscheidet, noch würde ein ein- oder zweidimensionales Kompetenzmodell automatisch die theoretische Modellierung religiöser Kompetenz nach den Dimensionen Grundkenntnisse, Deuten und Partizipieren falsifizieren. Eine mit weniger Dimensionen auskommende empirische Modellierung religiöser Kompetenz könnte vielmehr auch Hinweise dafür geben, dass religiöse Kompetenz selbst mehr als ein additives Nebeneinander von drei Dimensionen und zwei Teilkompetenzen ist.

Erst im Fortgang der Forschung wird sich klären lassen, ob andere theoretische Modellierungen zur Konstruktion anderer Aufgaben und diese wiederum zur Ausdifferenzierung anders definierter Anforderungsniveaus führen werden oder ob sich die theoretischen Prämissen des Berliner Modells auch im Lichte neuer und vielleicht anspruchsvollerer Aufgaben bewähren.

III. PILOTIERUNG UND VALIDIERUNGSSTUDIEN
VORGEHEN UND BEFUNDE

Die vorausgegangenen Kapitel informierten über die Historie der Forschungsprojekte RU-Bi-Qua und KERK und erläuterten deren theoretischen Ansatz, der bildungstheoretisch, religionspädagogisch und fachdidaktisch ausgerichtet ist. Sie stellten ferner das theoretische Konstrukt des Berliner Kompetenzmodells für das Unterrichtsfach Religion an öffentlichen Schulen vor und gaben einen umfassenden Einblick in die leitenden Prinzipien der Aufgaben- und Testkonstruktion, die den Prozess der Aufgabenentwicklung bestimmten. Abschließend wurde auf geklärte und ungeklärte bzw. weiterhin klärungsbedürftige Fragen hingewiesen, die sich aus der Spezifik der fachlichen Besonderheiten bei der Aufgabenentwicklung ergeben haben.

Im Fokus des dritten Kapitels stehen nun die empirischen Untersuchungen zur Pilotierung der entwickelten Testaufgaben und zur Validierung der theoretisch postulierten Dimensionen des Modells religiöser Kompetenz. Nach Vorstellung der Ergebnisse und unter Berücksichtigung der empirisch generierten Aufgabenschwierigkeiten sowie ihrer fachdidaktisch begründeten Validierung werden die aus dem KERK-Projekt hervorgegangenen Niveaustufenmodelle fachspezifischer religiöser Kompetenz vorgestellt. Die Abschnitte 1 und 2 erläutern die einzelnen Pilotierungsschritte, die an sie anschließenden Aufgabenoptimierungsläufe und stellen erste strukturelle Erkenntnisse zur Konstruktvalidität vor. Abschnitt 3 diskutiert Ziele, Organisation, Anlage, Instrumentierung und methodisches Vorgehen der Hauptuntersuchung in Berlin und Brandenburg. Die Ergebnisse aus der Hauptuntersuchung stehen im Mittelpunkt des Abschnitts 3.4. Die Darstellung der Befunde orientiert sich dabei an folgenden Aspekten: Zunächst wurden die eingesetzten Testaufgaben im Hinblick auf interne Konsistenz, Trennschärfe und Itemschwierigkeit überprüft (3.4.1). Der auf der Grundlage dieser Überprüfung ausgewählte Itemsatz stellte anschließend die Grundlage für die Dimensionalitätsanalysen. Abschnitt 3.4.2 beleuchtet die Ergebnisse der strukturellen Validitätsprüfung. Die Abschnitte 3.4.3 bis 3.4.6 befassen sich mit Konstruktvalidierung im Hinblick auf Schulform- und Geschlechtsunterschiede, mit Disparitäten des soziokulturellen, religiösen und ethnisch-kulturellen Hintergrunds sowie mit der Sensitivität der Skalen für Einflüsse der schulischen Bildung. Im Abschnitt 3.4.7 werden aus der Perspektive der Schülerinnen und Schüler Aspekte des Unterrichtsklimas im Fach Religion sowie der Stellenwert des Religionsunterrichts im Kontext der Schulfächer thematisiert. Abschnitt 3.5 fasst die Ergebnisse der empirischen Analysen zusammen und leitet zur Darstellung der im Projekt KERK entwickelten Niveaustufenmodelle religiöser Kompetenz sowie deren bildungstheoretischer, theologischer und religionspädagogischer Auslegung im Kapitel IV über.

1. Pretests und erste Pilotierungsstudien in Berlin und Brandenburg

Die Projekte RU-Bi-Qua und KERK konstruierten Aufgaben in drei Zeitabschnitten bzw. Arbeitsphasen. Die erste Arbeitsphase fand von Februar bis Mai 2006 statt. In ihr wurden unter Berücksichtigung der im Kapitel II dargestellten bildungstheoretischen, religionspädagogischen und theologischen Überlegungen ca. 130 Testaufgaben entwickelt sowie zwei Pilotierungsstudien durchgeführt. Das Team diskutierte die von ihm entworfenen Aufgaben unter fachdidaktischen und testmethodischen Gesichtspunkten und überarbeitete sie mehrfach. Parallel dazu wurden einige Aufgaben zusätzlich extern der beim Comenius-Institut angesiedelten Expertengruppe zur inhaltlichen Validierung vorgelegt. Im Anschluss hieran konnten einzelne Aufgabenkomplexe in Unterrichtsstunden des Projektmitarbeiters Dr. Weiß, der zugleich an einem Brandenburgischen Gymnasium als Religionslehrer tätig war, ersten Pretests unterzogen werden. Um sicherzustellen, dass die Testaufgaben für die Zielgruppe der 10. Jahrgangsstufe inhaltlich verständlich und geeignet sind, wurden einzelne Aufgabenkomplexe in den achten, neunten und zehnten Jahrgangsstufen jeweils 30 bis 40 Schülerinnen und Schüler vorgelegt und dabei aus der Sicht der Schülerinnen und Schüler evaluiert. Im Ergebnis der Pretests erwiesen sich 85 Aufgaben als gut geeignet, um in einer ersten Pilotierung erprobt zu werden. Die restlichen 44 Items mussten einer gründlichen Überarbeitung, Erweiterung bzw. Verbesserung zugeführt werden, einige Aufgabenkomplexe wurden bereits in der Pretestphase verworfen, weil sie zu leicht bzw. zu schwer waren oder sich für sie keine überzeugenden Distraktoren und Attraktoren konstruieren ließen.

Nachdem 85 Aufgaben aus 11 Aufgabenkomplexen die Pretestung mit einer angemessenen thematischen Aufgabenqualität und vertretbaren Schwierigkeitsgraden bestanden hatten, konnte aus diesen ein Testheft für die erste Pilotierung zusammengestellt werden. Das Testheft bestand aus zwei Teilen und wurde in zwei Unterrichtsstunden mit kurzer Pause eingesetzt. Die Testung erfolgte am 28. April 2006 an einem Gymnasium im Land Brandenburg, an der 138 Schülerinnen und Schüler aus zwei Klassen der Klassenstufen 8 und vier Klassen der Klassenstufe 10 teilnahmen. Die Testdurchführung wurde durch hierfür eigens geschulte studentische Mitarbeiterinnen des Projekts sowie weitere studentische Hilfskräfte aus den beteiligten Abteilungen für Allgemeine Erziehungswissenschaft bzw. Praktische Theologie und Religionspädagogik administriert, die auch die Dateneingabe vornahmen. Ziel des ersten Pilotierungslaufs war es, eine erste empirische Evidenz über die interne Konsistenz, die Itemtrennschärfe und das Schwierigkeitsspektrum der Aufgaben zu gewinnen sowie eine erste Dimensionalitätsprüfung des theoretisch postulierten Konstrukts religiöser Kompetenz durchzuführen. Im Ergebnis zeigten 49 Testitems eine gute Trennschärfe (über 0.3), für weitere 29 Testitems lag die Trennschärfe zwischen .15 und .29 und war damit noch befriedigend. Sieben Items mussten aus der weiteren statistischen Analyse wegen Trennschärfen unter .05 herausgenommen werden.

Die Testdaten wurden anschließend mithilfe von Verfahren der probabilistischen Testtheorie (vgl. Rost 2004) eindimensional skaliert. Unter Anwendung des einparametrischen Rasch-Modells wurde dabei untersucht, inwieweit eine Gesamtskala „Allgemeine Religiöse Kompetenz" auf die Daten passt (Modellgeltung) und eine interne Validität des Tests gegeben ist. Die Überprüfung der Modellpassung ergab für die berücksichtigten Testitems ein infit zwischen $0,8<MNSQ<1,16$ (Mittelwert des infits=0,99) und somit eine gute Modellpassung. Damit stand nach der ersten Pilotierung fest, dass zunächst 78 Items für die Testung des theoretischen Konzepts gut geeignet waren. Es war jedoch noch nicht endgültig geklärt, ob das eindimensionale Rasch-Modell auch das beste Modell für die genaueste Beschreibung der Daten war (Validität des Modells). Der Frage, ob eine mehrdimensionale Modellierung, wie im theoretischen Konzept antizipiert, besser passen würde, konnte erst in einer zweiten Pilotierung anhand eines thematisch erweiterten Aufgabenpools weiterverfolgt werden.

Trotz der guten bis befriedigenden Itemtrennschärfe wurde der Aufgabenpool der ersten Pilotierung noch einmal gründlich überarbeitet. Die meisten Items wurden modifiziert oder konkretisiert, wobei die Distraktoren weniger abstrakt und besser mit den Schülerhorizonten abgestimmt formuliert wurden. Auch die Aufgabenstellungen wurden präzisiert. Fachtermini wurden durch Begriffe aus der Sprache der Schülerinnen und Schüler ersetzt. Parallel zur Optimierung von Aufgaben aus dem ersten Pretest wurden neue Aufgabenkomplexe entwickelt und in kleinen Schülergruppen vorgetestet. Der Aufgabenpool bestand schließlich aus 17 Aufgabenkomplexen mit insgesamt 103 Testitems.

Am 7. Juni 2006 fand eine zweite Testung (zweite Pilotierung) statt. Sie wurde an derselben Schule wie die erste durchgeführt, da zu diesem Zeitpunkt noch keine weiteren Schulen für kurzfristig vorzunehmende Testungen gewonnen werden konnten. Bei der zweiten Testung wurden 151 Gymnasiastinnen und Gymnasiasten der 9. und der 10. Klassenstufe getestet. Hauptziel dabei war, die optimierten und neu entwickelten Testaufgaben erstmals einer mehrdimensionalen Prüfung zu unterziehen, um somit die in RU-Bi-Qua theoretisch erarbeitete Konzeption empirisch analysieren zu können. Die Ausgangskonzeption von RU-Bi-Qua erfuhr hierbei bereits nach der ersten Pilotierung eine entscheidende Modifizierung. In der ersten Konzeption waren zwei theoretische Dimensionen ausdifferenziert – die religiösen Deutungs- und Partizipationskompetenzen – und in jeweils drei Unterdimensionen unterteilt (vgl. Abb. 3.1):

Religiöse Deutungskompetenz	*Religiöse Partizipationskompetenz*
Religiöses Erfahrungswissen	Reflexion erworbener Partizipationserfahrungen
Religionskundliche Grundkenntnisse	Kenntnisse religiöser Kommunikations- und Organisationsformen
Hermeneutische Fähigkeiten	Stellungnahme zu religiösen Partizipationsmöglichkeiten

Abb. 3.1: Ausgangskonzeption des theoretischen Modells von RU-Bi-Qua

Die Überarbeitung des ursprünglichen Konzepts wurde im Prozess der Aufgabenkonstruktion, der ersten Pilotierung und der erfolgten Aufgabenoptimierung deshalb notwendig, weil das Kompetenzmodell auf die testbaren Anteile beschränkt werden sollte. Die Unterdimension „Vorerfahrungen" konnte nicht Bestandteil eines Leistungstests sein. Gleichwohl blieben aber die Erfahrungen im Umgang mit Religion ein wesentliches Moment des gesamten Ansatzes, der auch klären helfen sollte, ob und inwiefern Vorerfahrungen Einfluss auf die Schülerleistungen im Test haben. Im weiteren Verlauf des Projekts wurden deshalb religionsbezogene Hintergrundinformationen durch einen Fragebogen erhoben.

Ein weiteres bedeutendes Resultat der ersten Pilotierung bestand darin, dass sich die theoretisch antizipierten Unterdimensionen „religiöses Erfahrungswissen", „religionskundliche Grundkenntnisse" und „Kenntnisse religiöser Kommunikations- und Organisationsformen" empirisch nicht als eindeutig voneinander abgrenzbare religiöse Wissenskonstrukte darstellen ließen. Vor diesem Hintergrund wurde ein neues dreidimensionales Kompetenzmodell erarbeitet (vgl. Kapitel 1 in diesem Band), in dem religiöse Deutungs- und religiöse Partizipationskompetenz als zwei aufeinander bezogene, jedoch unterscheidbare Dimensionen verstanden werden. Die hermeneutische Fähigkeit, innerhalb eines religiösen Kontextes einen Gegenstand angemessen interpretieren zu können, umschreibt global die religiöse Deutungskompetenz. An einer Handlung reflexiv teilhaben, einen Handlungsverlauf begründet planen sowie Handlungsentscheidungen und Ergebnisse aus verschiedenen Perspektiven nachvollziehen zu können, stellt eine globale Umschreibung der religiösen Partizipationskompetenz dar. Grundlegende Kenntnisse und Erfahrungswissen über religiöse Texte, Bilder und Sachverhalte der Bezugsreligion, anderer Religionen sowie über religiöse Motive in Kultur und Gesellschaft sind dagegen Komponenten einer Wissensdimension, die im modifizierten Kompetenzmodell als religionskundliche Kenntnisse von den anderen zwei Dimensionen unterschieden wird (vgl. Abbildung 3.2).

Religiöse Kompetenz		
Religionskundliche Kenntnisse	Religiöse Deutungskompetenz	Religiöse Partizipationskompetenz

Abb. 3.2: Modifizierte Konzeption des theoretischen Modells von RU-Bi-Qua

In einer zweiten Pilotierung sollte nun geklärt werden, ob die empirische Zusammenhangstruktur zwischen den Testitems für religionskundliches Wissen, religiöse Deutungs- und religiöse Partizipationskompetenz auf ein, zwei oder drei Faktoren zurückgeführt und am besten durch ein ein-, zwei- oder dreidimensionales Modell erfasst werden kann. Tabelle 3.1 veranschaulicht die Ergebnisse dieser Modellprüfung durch Vergleiche zwischen einem ein- und einem zweidimensionalen Modell, welches die Dimensionen 'religionskundliche Kenntnisse' und 'religiöse Deutungskompetenz' berücksichtigt, sowie zwischen einem ein- und einem dreidimensionalen Modell, das alle drei Dimensionen separat abbildet. Die Anpassungsgüte der Modelle wird über die *deviance* erfasst, deren teststatistische Signifikanz über einen Chi^2-Differenztest ermittelt wird.

Dimensionen	Test-design	Rel. Kenntnisse	Rel. Deutungs-kompetenz	Rel. Partiz.-kompetenz	deviance	Para-meter	Chi^2-Differenzwert
1			102		16740.63	118	--
2	between	42	60		16705,25	120	36,43*
3	between	42	57	3	16705,37	122	36,32*

*p < .01

Tabelle 3.1 Prüfung der strukturellen Validität

Die auf der Grundlage der zweiten Pilotierung ermittelten Ergebnisse zeigen, dass zum angegebenen Zeitpunkt die dreidimensionale Lösung im Vergleich zu einem einfachen eindimensionalen Modell eine signifikant bessere Anpassung an die Daten ergab und dass das zweidimensionale Modell nicht nur der eindimensionalen Modellierung, sondern auch dem dreidimensionalen Modell überlegen war, weil es bei zwei Parametern weniger eine vergleichbare *deviance* wie das dreidimensionale Modell aufweist. Das dreidimensionale Modell war auch deshalb zu verwerfen, weil zu diesem Zeitpunkt nur drei – und damit zu wenige – Items die Partizipationsdimension abbildeten. Es konnten daher zunächst zwei Rasch-Skalen gebildet werden – eine für „Religionskundliche Grundkenntnisse" und eine für „Hermeneutische Fähigkeiten". Zwischen diesen Dimensionen fanden sich moderate Korrelationen auf manifester (r = .66) und auf latenter Ebene (r = .85). Mit Blick auf die strukturelle Validität sprachen die Ergebnisse der zweiten Pilotierung eher für ein zweidimensionales Modell. Allerdings handelte es sich hierbei lediglich um ein Zwischenergebnis, das eine Bilanz der bisher geleisteten Aufgabenkonstruktion wiedergab. Bezüglich der vorhandenen Anzahl von Partizipationsitems machte die Zwischenbilanz deutlich, dass für die empirische Abbildung der theoretisch sinnvollen dritten Dimension noch nicht ausreichend Aufgaben vorhanden waren.

Die bisher formulierten Aufgaben für die Testung und die in den Pilotierungen erhobenen und ausgewerteten Datensätze zeigten aber an, dass der gewählte Ansatz praktikabel und für die Theorieentwicklung fruchtbar war. Die Aufgaben und Daten konnten jedoch noch nicht als signifikantes Material angesehen werden. Die Anzahl der bislang formulierten Aufgaben (insbesondere im Bereich Partizipationskompetenz) und die Menge der getesteten Schülerinnen und Schüler war noch zu gering. Zudem war ihre Verteilung auf die unterschiedlichen Schulformen in den Ländern Berlin und Brandenburg noch nicht repräsentativ. Es war daher für den Fortgang des Projekts unbedingt erforderlich, den bisherigen Forschungsansatz quantitativ und qualitativ auszubauen und zu verfeinern.

2. Dritte Pilotierungsstudie

Zur Erweiterung der Stichprobe wurde vor Ende des Bewilligungszeitraums des Projekts RU-Bi-Qua eine dritte Pilotierung durchgeführt. Sie fand im Mai und Juni 2007 an mehreren Schulen statt, die alle Schulformen in Berlin und Brandenburg repräsentierten.
Die weitere Arbeit der Projektgruppe konzentrierte sich darauf, die vorliegenden empirischen Ergebnisse für die Optimierung und Präzisierung des vorhandenen Aufgabenpools zu nutzen und den Aufgabenpool an einer breiteren Stichprobe zu validieren. Zu diesem Zweck wurden Kooperationen mit Lehr-

kräften, Schulen und der Schulaufsicht in Berlin und Brandenburg eingegangen, ein Erfahrungsaustausch mit Forschungseinrichtungen wie der Laborschule Bielefeld durchgeführt. Eine breitere Wahrnehmung des Projekts in den beteiligten Fachwissenschaften wurde insbesondere durch die Teilnahme von Projektmitarbeitern an einem DFG-Rundgespräch, das am 5. und 6. Oktober 2006 an der Humboldt-Universität zu Berlin unter der Federführung von H.-E. Tenorth stattfand (vgl. Krause et al. 2008), erreicht. Auch durch die Mitwirkung an einem Symposion zu grundlagentheoretischen Fragen der Entwicklung und Kritik von Bildungsstandards, das von der Abteilung Allgemeine Erziehungswissenschaften der Humboldt-Universität zu Berlin ausgerichtet wurde (vgl. Benner 2007), und durch zahlreiche Auftritte von Mitgliedern der Projektgruppe auf religionspädagogischen, fachdidaktischen und theologischen Veranstaltungen und sich hieran anschließende Publikationen wurde das Projekt der Fachöffentlichkeit vorgestellt.

Die folgenden Abschnitte informieren über Anlage und Instrumentierung der dritten Pilotierung und die in dieser gewonnenen empirischen Befunde und stellen die erste Konstruktvalidierungsstudie in Berlin und Brandenburg vor.

2.1 Anlage und Durchführung

Unterstützt durch unsere Kooperationspartner, erklärten sich insgesamt 23 Schulen in Berlin und Brandenburg bereit, an der zum Ende des Schuljahres 2006/07 geplanten Konstruktvalidierungsstudie teilzunehmen. 5 Brandenburger Schulen mit insgesamt 178 Schülerinnen und Schülern des Gymnasial-, Real- und Gesamtschulstatus und 18 Berliner Schulen mit insgesamt 341 Zehnklässlerinnen und Zehnklässlern des Gymnasial-, Real-, Gesamt- und Hauptschulstatus beteiligten sich an der Testung von Ende Mai bis Anfang Juni 2007. Die angestrebte Mindeststichprobenzahl von 500 Personen konnte sogar leicht übertroffen werden. Die Testung wurde innerhalb von zwei Wochen wieder durch speziell geschulte projektexterne studentische Hilfskräfte sowie durch Projektmitglieder durchgeführt. Die Dateneingabe erfolgte ausschließlich durch im Projekt eingestellte studentische Mitarbeiter.

Von den getesteten Schülerinnen und Schüler hatten 69 % Gymnasialstatus, 23 % Realschulstatus, 5 % Hauptschulstatus und 3 % Gesamtschulstatus. In Bezug auf das Geschlecht der Testpersonen konnte eine Gleichverteilung von nahezu 50 % realisiert werden. Bis zu 94 % der Testpersonen sprachen ausschließlich oder überwiegend deutsch zu Hause. Lediglich 6 % gaben einen anderen Sprachhintergrund an. Gemessen an der elterlichen Berufsausbildung gaben 1% der Befragten an, dass ihre Eltern keine berufliche Ausbildung haben; 12 % gaben eine Lehre oder Berufsaufbauschule, 26 % eine Berufsfach- oder Fachschule, 28 % der Getesteten einen Fachhochschulabschluss der Eltern und 33 % einen Hochschulabschluss als höchste elterliche Ausbildung an.

2.2 Instrumentierung

Testteil

Grundlage der am Ende des Schuljahres 2006/2007 in zehnten Klassen durchgeführten Pilotuntersuchung bildeten 60 Testaufgaben, die sich nach den ersten zwei Pilotierungserhebungen mit kleineren Stichproben teststatistisch als geeignet erwiesen hatten. Bezogen auf das theoretische Konzept waren dabei 31 der getesteten Items der Skala „Religionskundliche Grundkenntnisse" und 29 der Skala „Hermeneutische Fähigkeiten" zuzuordnen.

Zu den Items, die der Skala „religionskundliche Grundkenntnisse" zugeordnet wurden, gehörten beispielsweise Fragen wie: „Welches sind die fünf Säulen des Islam?" oder „Wie viele Evangelien stehen im Neuen Testament?". Zur Skala „Hermeneutische Fähigkeiten" gehörte z.B. die Frage zu dem im Testheft abgedruckten Psalm 23: „Welche Erfahrungen mag der Dichter des Liedes gemacht haben?" Hier mussten die Testpersonen unterscheiden können, inwieweit der Text mit Blick auf Gott auf Überwachung, Vertrauen, Schutz oder die Bereitung eines Festmahls abzielt. Die Testung ergab, dass diese Items dem leichten Schwierigkeitsniveau zuzuordnen sind.

Ein Item, das sich als sehr anspruchsvoll erwies, steht im Zusammenhang mit dem Gleichnis von den Arbeitern im Weinberg. Gefragt wurde nach dem im Text vorausgesetzten Verhältnis zwischen Lohn und Arbeit. Die länger Arbeitenden werden in ihrer Erwartung, einen höheren Lohn zu erhalten, enttäuscht. Um die richtige Antwort zu finden, müssen die Testpersonen zwischen ökonomischer Logik und christlich-theologischer Argumentation unterscheiden und das Gleichnis aus der Sicht unterschiedlicher Zugangsweisen interpretieren. Ein weiteres Items fragt dann, was dieses Gleichnis über das „Reich Gottes" aussagt. Hier bestand die Schwierigkeit darin zu erkennen, dass sich das Reich Gottes nach christlichem Verständnis nicht erarbeiten lässt (weitere Informationen hierzu finden sich in Benner/Krause et al. 2007).

Da das Testinstrument an einer Stichprobe von mindestens 500 Schülerinnen und Schülern aller Schulformen in Berlin und Brandenburg in einer regulären Unterrichtsstunde getestet werden sollte, wurde ein Multi-Matrix-Testdesign realisiert, das schulformspezifisch angelegt war. Es wurden zwei Testhefte, ein Gymnasialheft und ein Haupt-, Gesamt- und Realschulheft, mit einem Kern von 21 gemeinsamen Aufgaben (11 Kenntnisaufgaben und 10 Interpretationsaufgaben) vorbereitet und eingesetzt. Den Gymnasiastinnen und Gymnasiasten wurden insgesamt 41 Testaufgaben, den Schülerinnen und Schülern der anderen Schulformen insgesamt 40 Items zu Bearbeitung vorgelegt. Die Bearbeitungszeit umfasste für beide Gruppen 40 Minuten.

Fragebogen

Zusätzlich zum Testteil wurde ein Schülerfragebogen eingesetzt, mit dem Hintergrundinformationen zum religiösen und sozialen Umfeld der Testpersonen sowie Einschätzungen der Schülerinnen und Schüler zum Religionsunterricht erfragt wurden. Für die Bearbeitung des Fragebogens wurden 5 bis 7 Minuten zur Verfügung gestellt. Die Teilnahme am Test war in beiden Teilen freiwillig.

Da es aus finanziellen, vor allem aber aus zeitlichen Gründen nicht möglich war, weitere Testungen – beispielsweise den Kognitiven Fähigkeitstest (KFT) oder einen Leseverständnistest – durchzuführen und als Validierungsquelle in die Pilotuntersuchung aufzunehmen, konnten für die Konstruktvalidierungsanalysen nur die Hintergrundinformationen (z.B. Geschlecht, Migrationsstatus, Schulform, sozialer Hintergrund) aus dem Fragebogen herangezogen werden. Im Rahmen der Pilotstudie wurden auch die Einschätzungsskalen im Fragebogen erprobt. Die Pilotierung hatte also zwei Bestandteile: einen Test bestehend aus 60 Testaufgaben und einen Fragebogenteil mit 19 Fragekomplexen.

2.3 Befunde der ersten Konstruktvalidierungsstudie

Im Vordergrund der ersten Konstruktvalidierungsstudie standen die folgenden Forschungsziele:
1. Validierung des zweidimensionalen Modells anhand einer breiteren Stichprobe und Prüfung der internen Konsistenz der ausgewählten 60 Testaufgaben;
2. Validierung der Aufgabenschwierigkeiten über die verschiedenen Schulformen;
3. Konstruktvaliditätsüberprüfung bezogen auf Geschlecht- und Schulformunterschiede;
4. Überprüfung der Sensitivität für außerschulische Einflüsse, insbesondere auf Zusammenhänge zu religiösen Erfahrungen in der Familie sowie zum sozialen Hintergrund der Schülerinnen und Schüler;
5. Überprüfung der Sensitivität für Einflüsse der schulischen Bildung unter Berücksichtigung der hierarchischen Datenstruktur.

Dimensionalität, Item-Fit und Zuverlässigkeit

Für die Validierung des in der zweiten Pilotierung postulierten zweidimensionalen Modells fachspezifischer religiöser Kompetenz wurde eine multidimensionale IRT-Skalierung mit dem Programm ConQuest (vgl. Wu et al. 2007) vorgenommen. Von den eingesetzten 60 Testitems konnten 2 Aufgaben aufgrund von Auswertungsfehlern nicht berücksichtigt werden. Insgesamt wurden schließlich 27 Aufgaben der Dimension „hermeneutische Fähigkeiten", 31 Aufgaben der Dimension „religionskundliche Grundkenntnisse" zugeordnet.

Die auf der Basis der breiter angelegten Stichprobe durchgeführte multidimensionale Skalierung ergab eine latente Korrelation zwischen beiden Skalen von r = 0.85; die manifeste Korrelation entsprach r = .60. Damit konnte die Dimensionalitätsstruktur der zweiten Pilotierungsstudie repliziert werden. Eine zweidimensionale Skalierung erwies sich nicht nur als theoretisch sinnvoll, sondern auch als empirisch wohl begründet. Sie erfasst die Bezüge zwischen hermeneutischen Fähigkeiten und religionskundlichen Kenntnissen am besten. Tabelle 3.2 fasst die Ergebnisse der Dimensionalitätsanalyse zusammen.

Dimension	Testdesign	Rel. Kenntnisse	Rel. Deutungskompetenz	deviance	Parameter	Chi^2-Differenzwert
1		58		23623.32	59	--
2	between	31	27	23595.98	61	27.34*

*p < .01

Tabelle 3.2 Erneute Prüfung der strukturellen Validität

Die Ergebnisse der Item-Fit-Analysen (weighted MNSQ) und der Analysen zur internen Konsistenz der beiden Skalen sind in Tabelle 3.3 dargestellt.

Item-Fit und Reliabilität der eingesetzten Items		
Skala	Item-Fit Indizien Ziel: zw. 0.80 und 1.20	WLE Reliabilität Ziel: ≥ 0.65
Religionskundliche Grundkenntnisse 31 Items, davon haben 25 Items einen Infit zw. 0.87 und 1.0	weighted MNSQ $\geq 0.87 \leq 1.20$	0.72
Hermeneutische Fähigkeiten 27 Items, davon haben 21 Items einen Infit zw. 0.87 und 1.0	weighted MNSQ $\geq 0.87 \leq 1.16$	0.68

Tabelle 3.3 Analysen zur internen Konsistenz der Skalen

Die Kennwerte sind aus teststatistischer Sicht als befriedigend bis gut anzusehen. Die niedrigere WLE-Reliabilität der Skala „Hermeneutische Fähigkeiten" resultiert vermutlich daraus, dass die Aufgaben im oberen Schwierigkeitsbereich die Interpretation religiöser Inhalte aus komplexeren Textzusammenhängen mit Bezug auf unterschiedliche Urteils- und Handlungslogiken (z.B. aus den Bereichen von Ökonomie, Ethik, Politik und Religion) mit umfassen.

Aufgabenschwierigkeit und Itemfairness

Die mittlere Aufgabenlösungshäufigkeit beträgt jeweils 0.56 für die Kenntnisskala und 0.60 für die Interpretationsskala. Die Aufgaben der beiden Skalen erlauben es, sehr gut zwischen den Testpersonen zu differenzieren. Für beide Skalen ist die Verteilung der Kompetenzen auf Mittelwert 100 und Standardabweichung 30 normiert. Die Personenwerte sind annähernd normal verteilt und variieren zwischen 12 und 177 Skalenpunkten für die Interpretationsskala bzw. 16 und 207 Skalenpunkten für die Kenntnisskala.

Hinsichtlich der Aufgabenschwierigkeit hat sich für die Interpretationsskala bei einem Mittelwert von 84 Skalenpunkten eine breite Aufgabenverteilung von 30 bis 157 Skalenpunkte ergeben. Die Aufgaben dieser Skala lassen sich inhaltlich fünf Schwierigkeitsbereichen zuordnen. Sie erlauben – vergleichbar der PISA-Lesekompetenzskala – theoretisch und empirisch abgesicherte Kompetenzstufen zu generieren.

Die Aufgabenschwierigkeiten der Kenntnisskala liegen bei einem Mittelwert von 88 Skalenpunkten auf einem breiten Spektrum zwischen 24 und 162 Skalenpunkten. Die Analyse der Anforderungsstruktur der Kenntnisaufgaben lässt im Unterschied zu jener der Interpretationsskala lediglich eine curriculare sowie auf Abhängigkeiten von individuellen Vorbildungen z.B. aus Familie und Kirchgemeinde bezogene Definition von Kompetenzstufen zu. Die zunehmende Schwierigkeit der Aufgaben scheint zumindest auch von der Vertrautheit der erfragten Inhalte abhängig zu sein (vgl. Kap. IV.1).

Wenn die Antwortwahrscheinlichkeit eines Items nicht nur von der Personenfähigkeit und der Aufgabenschwierigkeit, sondern auch beispielsweise vom Geschlecht oder vom schulformspezifischen Hintergrund der Probanden abhängt, kann davon ausgegangen werden, dass das Testverfahren keinen fairen Vergleich zulässt. Deshalb muss bei der Aufgabenentwicklung nicht nur die Zuverlässigkeit und der Item-Fit, sondern auch die Existenz von unerwünschten differenziellen Effekten von Aufgaben (der sogenannten Differential Item Functioning, DIF) überprüft werden. Die Überprüfung möglicher differenzieller Effekte wurde mit Blick auf das Geschlecht und die Schulform (Gymnasium vs. alle anderen Schulformen) durchgeführt. Die DIF zeigte bezüglich des Geschlechts für beide Skalen keine signifikanten Effekte an, was für eine gesicherte Fairness des Kompetenzvergleichs zwischen Jungen und Mädchen spricht. Auch für die Kenntnisskala waren unter Berücksichtigung von differenziellen Effekten der einzelnen Aufgaben keine signifikanten Effekte bezüglich der gymnasialen und der nichtgymnasialen Schulformen nachweisbar. Für die Interpretationsskala zeigte dagegen die DIF-Analyse differenzielle Effekte an, und zwar bei sechs Items zugunsten der Gymnasiastinnen und Gymnasiasten und bei weiteren sechs Items zugunsten der nichtgymnasialen Schulformen. Obschon die statistische Überprüfung der schulformbezogenen DIF signifikant ausfiel, kann das Ausmaß des Effekts (12 von 27 Items) insgesamt als nicht bedeutsam eingeschätzt werden (vgl. hierzu Wu et al. 2007, S. 79). Die Projektgruppe entschied sich dennoch dafür, die 12 DIF-Items zu überarbeiten und diese dort, wo dies in der Kürze der zur Verfügung stehenden Zeit nicht gelang, aus dem Aufgabenpool zu entfernen.

Konstruktvalidität bezogen auf Geschlechts- und Schulformunterschiede

Die Konstruktvalidität der Skalen wurde im Hinblick auf Geschlechts- und Schulformunterschiede analysiert. Zur Überprüfung der praktischen Signifikanz von Leistungsunterschieden zwischen verschiedenen Gruppen wird das von Cohen (1988) vorgeschlagene Effektstärkemaß d verwendet. Die Effektstärke bringt in Standardabweichungen zum Ausdruck, wie groß der Unterschied zwischen zwei Gruppen ist. Cohen bezeichnete eine Effektstärke von $d = 0.2$ als klein, $d = 0.5$ als mittel und $d = 0.8$ als groß. Diese Bewertung ist jedoch für nichtexperimentelle Studien, wie die vorliegende Untersuchung, nicht gleichermaßen relevant. Oftmals sind Mittelwertunterschiede in der Größenordnung von $d = 0.2$ in Schulleistungsstudien als inhaltlich substanziell zu betrachten.

Schulleistungsstudien wie IGLU, PISA, und LAU zeigten wiederholt, dass Geschlechtsunterschiede im Bereich der Lesekompetenz zugunsten der Mädchen nachweisbar sind. Die IEA-Civic Education Study ermittelte für den Bereich der politischen Bildung Mittelwertdifferenzen zwischen Jungen und Mädchen, die – wenn auch nur moderat (vgl. Torney-Purta et al. 2001) – in einigen Ländern zugunsten der Jungen, insgesamt jedoch zugunsten der Mädchen ausfielen. Für den Bereich religiöser Kompetenzen kann daher davon ausgegangen werden, dass sich auch hier Geschlechterdifferenzen zeigen. Da aktuelle Forschungsbefunde wiederholt nachweisen, dass Mädchen häufig ein größeres Leseinteresse und eine höhere Lesemotivation aufweisen als Jungen, ist zu erwarten, dass sich insbesondere im Bereich der religiösen Interpretationskompetenz ein Vorsprung der Mädchen zeigt. Weiter ist anzunehmen, dass die Leistungen der Gymnasiastinnen und Gymnasiasten auf einem höheren Niveau liegen, da Testpersonen aus Gymnasien in der Regel ein höheres kognitives Leistungsvermögen aufweisen und auch im Religionsunterricht ein anspruchsvolleres Unterrichtsangebot haben.

Die Überprüfung der geschlechtsspezifischen Korrelationen ergab für die untersuchten Schülerinnen und Schüler einen signifikanten schwachen bis moderaten Zusammenhang – und zwar für die Skala „Religionskundliche Kenntnisse r = .11, für die Skala „Hermeneutische Fähigkeiten" r = .18.

Tendenziell zeichnete sich das erwartete Zusammenhangsmuster ab, denn Mädchen erreichten im Durchschnitt bessere Leistungen als Jungen. Der Unterschied fällt in der untersuchten Stichprobe im Bereich der religionskundlichen Grundkenntnisse mit einer Effektstärke von 0.2 schwach und im Bereich der religiösen Interpretationsfähigkeiten mit einer Effektstärke von 0.4 moderat aus (vgl. Tabelle 3.4).

Hermeneutische Fähigkeiten und Geschlecht

	M	SD	N	d
Jungen	94,7	30,0	259	0,4
Mädchen	105,3	29,1	260	

Religionskundliche Grundkenntnisse und Geschlecht

	M	SD	N	d
Jungen	96,6	31,0	259	0,2
Mädchen	103,4	28,6	260	

Hermeneutische Fähigkeiten und Schulform

	M	SD	N	d
Gymnasium	110,0	24,7	357	1,2
Andere Schulform	77,9	28,8	162	

Religionskundliche Grundkenntnisse und Schulform

	M	SD	N	d
Gymnasium	108,4	27,7	357	1,0
Andere Schulform	81,4	26,4	162	

Tabelle 3.4 Mittelwertdifferenz nach Geschlecht und nach Schulform

Auch die erwarteten Schulformunterschiede konnten bestätigt werden. Auf der Interpretationsskala betragen die durchschnittlichen Leistungsvorteile der untersuchten Gymnasiastinnen und Gymnasiasten mehr als eine Standardabweichung ($d = 1,2$). Sie können damit als erheblich interpretiert werden. Auf der Kenntnisskala betragen die festgestellten Unterschiede genau eine Standardabweichung ($d = 1,0$). Sie sind damit ebenfalls als substanziell einzuschätzen.

Die Ergebnisse bestätigen, dass beide Skalen des Testinstruments deutlich zwischen Jungen und Mädchen sowie zwischen gymnasialen und nichtgymnasialen den Schulformen differenzieren.

	Hermeneutische Fähigkeiten und rel. Erfahrung in der Familie			
	M	SD	N	d
selten oder nie	93,3	31,1	271	0,5
regelmäßig	108,8	26,4	204	
	Religionskundliche Grundkenntnisse und rel. Erfahrung in der Familie			
	M	SD	N	d
selten oder nie	90,5	26,0	271	0,8
regelmäßig	112,9	30,6	204	
	Hermeneutische Fähigkeiten und Buchbesitz			
	M	SD	N	d
bis 20	73,2	27,1	41	-0,9
21- 40	89,5	30,0	45	-0,4
41-100	90,9	27,5	69	-0,3
101-200	101,1	25,6	105	0,0
über 200	109,6	28,1	246	0,3
gesamt	100,6	29,7	506	-
	Religionskundliche Grundkenntnisse und Buchbesitz			
	M	SD	N	d
bis 20	70,7	23,7	41	-1,0
21- 40	86,1	27,5	45	-0,5
41-100	94,3	24,9	69	-0,2
101-200	98,7	24,5	105	-0,1
über 200	110,3	30,5	246	0,3
gesamt	100,3	30,2	506	-

Tabelle 3.5 Mittelwertdifferenz nach religiöser Erfahrung in der Familie und nach Buchbesitz

Sensitivität für außerschulische Einflüsse: religiöse Erfahrung und sozialer Hintergrund

Wenn das Testinstrument gut zwischen Testpersonen mit und ohne religiösen Hintergrund und zwischen Schülerinnen und Schülern aus bildungsnahen und bildungsfernen Elternhäusern differenziert, sollten auch klare Unterschiede in den Mittelwerten der Vergleichsgruppen bestehen. Um dies zu untersuchen, wurde im Fragebogen nach der Erfahrung mit Religion in Familie und Kirchengemeinde sowie nach den kulturellen Ressourcen, indiziert durch den Buchbestand in der Familie, gefragt. Die Erhebung des Buchbesitzes eignet sich deshalb besonders gut, weil sich dieser in den maßgeblichen Schulleistungsuntersuchungen bereits früher als ein leistungsrelevanter Prädiktor gezeigt hatte, der die Bildungsnähe des Elternhauses zuverlässiger als z.B. formale Bildungsabschlüsse indiziert. Auf der Basis von vier Items zum Vorkommen und zur Häufigkeit religionsbezogener Erfahrungen in der Familie („Meine Eltern haben mir von Gott erzählt", „Meine Eltern haben vor dem Einschlafen mit mir gebetet", Ich bete zu Gott", „In unserer Familie wird über religiöse Fragen gesprochen") wurde eine entsprechende Skala gebildet ($r = .83$). Tabelle 3.5 fasst die kompetenzspezifischen Unterschiede im Hinblick auf das religiöse Erfahrungsumfeld und die kulturelle Lernumwelt, indiziert durch den familiären Buchbesitz, zusammen.

Es zeigen sich zwischen den Befragten mit und ohne regelmäßige Erfahrungen im Kontext von Religion deutliche Unterschiede sowohl bei den hermeneutischen Fähigkeiten als auch in den religionskundlichen Grundkenntnissen, wobei die Differenz im Bereich der Kenntnisse besonders deutlich ausfällt. Ein ähnliches Befundmuster wurde auch im Hinblick auf die kulturelle Lernumwelt identifiziert. Die Schülerinnen und Schüler, die einen überdurchschnittlichen Buchbestand angeben (mehr als 100 Bücher zu Hause), erreichten im Test eine deutlich höhere religiöse Kompetenz. Mit beiden Skalen lassen sich die differenziellen Kompetenzmuster sehr gut erfassen. Die kriteriale Konstruktvalidierung weist damit als Zwischenergebnis eine gute Sensitivität des Testinstruments für Einflüsse der außerschulischen Lernumwelt auf.

Zur Sensitivität für Einflüsse der schulischen Bildung

Die Befunde zu den familialen Einflüssen werfen die Frage auf, ob und wie sich mit dem erprobten Testinstrument schulische Effekte des Religionsunterrichts nachweisen und von familialen abgrenzen lassen. Zur Klärung dieser Frage wurden die Daten einer mehrebenenanalytischen Modellierung unterzogen. In einem ersten Schritt wurde untersucht, welcher Teil der Gesamtvarianz für beide Skalen rechnerisch auf Schuleffekte zurückzuführen ist. In einem zweiten Schritt wurde nach erfolgter Kontrolle der individuellen Lernvoraussetzungen auch ein möglicher Schulformeffekt der Gymnasien ermittelt.

Die Berechnungen ergaben, dass bei den religionskundlichen Grundkenntnissen 29 %, bei den hermeneutischen Fähigkeiten sogar 41 % der Leistungsvariabilität auf Schulunterschiede (also auf institutionelle Varianz) zurückgeführt werden können. Hierbei entfallen im Bereich der Kenntnisse 15 %, im Bereich der hermeneutischen Fähigkeiten 23 % der Gesamtvarianz auf Unterschiede zwischen gymnasialen Bildungsgängen und Bildungsgängen in anderen Schulformen. Weitere 18 % im Bereich der hermeneutischen Fähigkeiten sowie 14 % der Varianz bei den Grundkenntnissen sind auf Unterschiede zwischen den Schulen derselben Schulform zurückzuführen. Die festgestellte institutionelle Variabilität berechtigt zu der Annahme, dass es auf der Ebene der Schule sowie der Schulform günstigere und ungünstigere Bedingungen für die Entwicklung fachspezifischer religiöser Kompetenz gibt, auch wenn diese nicht allein durch die Schule, sondern immer auch durch die soziale Herkunft und die schulischen Lernmilieus mit verursacht ist.

Unter Berücksichtigung der individuellen Lernvoraussetzungen der Schülerschaft (wie Geschlecht, familiärer Buchbesitz, höchster Schulabschluss der Eltern, Familiensprache sowie religionsbezogene Erfahrung außerhalb der Schule), die zwischen den Schulformen bedeutsam variieren, lassen sich 16 % der Gesamtvarianz der hermeneutischen Fähigkeiten sowie 24 % der Gesamtvarianz der religionskundlichen Kenntnisse erklären. Zerlegt man anschließend die noch verbleibende Leistungsvarianz (residualisierte Varianz) erneut in individuelle und institutionelle Varianzkomponenten, so fallen die der Schulform zuschreibbaren Varianzanteile an den „residualisierten" Testleistungen mit 21 % im Bereich der hermeneutischen Fähigkeiten und mit 11 % im Bereich der religionskundlichen Grundkenntnisse zwar etwas niedriger aus als im Modell ohne Kontrolle der individuellen Schülermerkmalen. Insgesamt lässt sich jedoch feststellen, dass auch nach Berücksichtigung der differenziellen Eingangsselektivität große Leistungsunterschiede sowohl zwischen den Schulformen als auch zwischen den Schulen innerhalb ein und derselben der Schulform auszumachen sind. Die Varianzanteile, die auch nach Kontrolle von individuellen Eingangsvoraussetzungen verbleiben, sind statistisch signifikant und praktisch bedeutsam, sodass die angenommene Abhängigkeit des religiösen Kompetenzerwerbs von institutionellen, d.h. schulformbezogenen, schulbezogenen und unterrichtsbezogenen Merkmalen nachweisbar ist. Dieser Befund deutet einerseits darauf hin, dass für den Erwerb und die Entwicklung der fachspezifischen religiösen Kompetenz schulform- sowie schul- bzw. unterrichtsspezifische Einflüsse neben den individuellen und familialen Determinanten von zentraler Bedeutung sind. Die gefundenen Varianzanteile auf der Schul- und Schulformebene bestätigen damit die angenommene Sensitivität des Instruments für institutionelle Einflüsse der im Rahmen von RU-Bi-Qua entwickelten Skalen.

Zusammenfassend weisen die Befunde der ersten Konstruktvalidierungsstudie darauf hin, dass sich die mit dem entwickelten Instrument erfassten religiösen Kompetenzen zum einen als unterrichtsnah, d.h. durch das Curriculum im Religionsunterricht und dessen Umsetzung in der Einzelschule substanziell beeinflusst, beschreiben lassen. Zum anderen können aber mit dem eingesetzten Testinstrument auch differenzielle Effekte außerschulischer Bedingungsfaktoren der religiösen Kompetenzen sinnvoll erfasst werden.

Nach der Bilanzierung der gewonnenen Erkenntnisse und Befunde aus den durchgeführten Pilotierungsstudien im Förderzeitraum von RU-Bi-Qua konnten für die weiterführende Arbeit der Forschergruppe vier Aspekte in den Vordergrund gestellt werden. Zum einen konnte festgehalten werden, dass für die Erfassung religiöser Partizipationskompetenzen noch keine ausreichende Itemmenge konstruiert und erprobt war. Deshalb wurden zu Beginn des Nachfolgeprojekts KERK weiterhin neue Aufgaben entwickelt. Zum zweiten stellte sich die Frage nach der kriterialen Validität des Testinstruments zur Erfassung religiöser Kompetenzen im Sinne konvergenter und diskriminanter Zusammenhänge zu weiteren schulisch erworbenen Kompetenzen wie beispielsweise der Allgemeinen Lesekompetenz oder auch zu anderen kognitiven Aspekten wie Problemlösen oder nonverbaler Intelligenz. Zum dritten wurde angestrebt, das finalisierte Testinstrument an einer repräsentativen Stichprobe von Religionsschülerinnen und Religionsschülern in Berlin und Brandenburg zu normieren und die gewonnenen Daten als Referenzrahmen für weitere Vergleiche auch mit anderen Bundesländern zugrunde zu legen. Die Ergebnisse der repräsentativen Hauptuntersuchung sollten viertens auch dafür dienen, differenziert und empirisch untermauert religiöse Kompetenzniveaus zu generieren sowie abzuschätzen, welchen Einfluss Religionsunterricht an öffentlichen Schulen auf den Erwerb religiöser Kompetenz als Bestandteil des Fähigkeitsspektrums schulischer Allgemeinbildung hat. Um den Einfluss des Religionsunterrichts (*treatment effekt*) auf die schulisch erworbenen Kompetenzen angemessen erfassen zu können, wäre idealerweise ein experimentelles Design mit Kontroll- und Experimentalgruppe notwendig. Während für andere Kompetenzdomänen ein echtes experimentelles Design nicht wirklich möglich erscheint, wäre dies für den Bereich der religiösen Kompetenzen aufgrund des freiwilligen Status des Religionsunterrichts in Berlin und Brandenburg in der Tat realisierbar gewesen. Im Rahmen des von der DFG finanzierten Zeitraums war es allerdings nicht möglich, eine solche Untersuchung auch tatsächlich durchzuführen. Allerdings war es möglich, einige Gruppen in Klassenstärke zu testen, so dass auch Schülerinnen und Schüler am Test teilnahmen, die den Religionsunterricht nicht besuchten, sondern ausschließlich in Brandenburg am Regelfach LER (Lebensgestaltung – Ethik – Religionskunde) oder in Berlin an dem für alle Schülerinnen und Schüler obligatorischen Ethik-Unterricht teilnahmen.

Einige der dargestellten Desiderata konnten in dem von der DFG finanzierten Nachfolgeprojekt KERK bearbeitet werden, in dessen Rahmen in Berlin und Brandenburg im Herbst 2008 die als KERK-Studie bezeichnete Hauptuntersuchung durchgeführt wurde, deren Ziele, Anlage, Instrumentierung und zentrale Befunde nachfolgend dargestellt werden.

3. Hauptuntersuchung in Berlin und Brandenburg

Die dritte empirische Arbeitsphase der Projektgruppe umfasst eine breit angelegte Hauptuntersuchung in Berlin und Brandenburg, die zwischen Oktober und November 2008 an 62 Berliner und Brandenburger Schulen durchgeführt wurde. Unter Berücksichtigung der bereits dargestellten weiterführenden Zielsetzung, die u. a. eine erforderliche Erweiterung des Aufgabenpools vorsah, war die Hauptuntersuchung in erster Linie als eine weitere Pilotierung und Validierungsstudie konzipiert. Spezifisch sollten dabei vor allem Partizipationsaufgaben erprobt werden, um die in der theoretischen Konzeption beschriebene dritte Dimension entsprechend empirisch modellieren zu können. Die bereits validierten Aufgabenkomplexe, die als Kernaufgaben für die Modellierung der religionskundlichen Grundkenntnisse und der hermeneutischen Fähigkeiten dienten, stellten hingegen die Grundlage für eine repräsentative Normierungsstudie dar. Vor diesem Hintergrund war die KERK-Studie gleichzeitig auch die erste breit angelegte Schulleistungsstudie, die schulisch erworbene religiöse Kompetenzen erfasst und exemplarisch für Berlin und Brandenburg darstellt.

Im Folgenden werden die konkreten Ziele und die Organisationsschritte der KERK-Studie erläutert (Abschnitt 3.1) sowie ein Überblick über die Stichprobe, das Testdesign und die Instrumentierung der Tests gegeben (Abschnitt 3.2). Anschließend wird das methodische Vorgehen kurz dargestellt (3.3). Abschnitt 4 befasst sich dann ausführlich mit der Darstellung der Befunde, während Abschnitt 5 zur Darstellung der generierten Niveaustufenmodelle religiöser Kompetenz im nächsten Kapitel überleitet.

3.1 Ziele und Organisation der KERK-Studie in Berlin und Brandenburg

Ausgehend vom Erkenntnisstand der ersten Konstruktvalidierungsstudie in RU-Bi-Qua (vgl. Abschnitt 2) ergaben sich mehrere Fragen, die für die multiple Zielsetzung des Nachfolgeprojekts KERK leitend waren und der Klärung bedurften. Im Zentrum der KERK-Studie standen insbesondere folgende Forschungsfragen:

1. Inwieweit lässt sich der in RU-Bi-Qua entwickelte und in KERK erweiterte Aufgabenpool so verfeinern, dass eine konstruktvalide Itembatterie entsteht, die bildungstheoretisch, theologisch, religionspädagogisch und empirisch ausgewiesen ist und eine Analyse und Erfassung der im evangelischen Religionsunterricht erworbenen Kompetenzen ermöglicht?
2. Lassen sich darüber hinaus konstruktvalide Aufgaben konstruieren, die die Erfassung religiöser Partizipationskompetenz in den Bereichen Bezugsreligion des Unterrichts, andere Religionen/Konfessionen, Religion in öffentlichen Kontexten erlauben?

3. Welche dimensionale Fähigkeitsstruktur religiöser Kompetenz lässt sich mit dem entwickelten Testinstrument empirisch valide erfassen?
4. Lassen sich mit dem angestrebten Instrument fachdidaktisch und bildungstheoretisch sinnvoll Kompetenzniveaus unterscheiden?
5. Lässt sich darüber hinaus genauer ermitteln, welchen Einfluss der Religionsunterricht an der öffentlichen Schule auf den fachspezifischen Kompetenzerwerb hat?
6. Inwieweit lassen sich die religiösen Kompetenzbereiche von der allgemeinen Lesekompetenz sowie von allgemeinem schlussfolgerndem Denken trennscharf unterscheiden?

Für die Beantwortung dieser Fragen wurde zunächst ein Untersuchungsdesign entwickelt, das zum einen eine repräsentative Stichprobe von Teilnehmerinnen und Teilnehmern am evangelischen Religionsunterricht in den Ländern Berlin und Brandenburg und zusätzlich eine Kontrollgruppe aus Schülerinnen und Schülern vorsah, die am Religionsunterricht nicht teilnehmen. Die so definierte Untersuchungspopulation sollte an einem Testtag in zwei Unterrichtsstunden die Testaufgaben zu den drei Dimensionen religiöser Kompetenz bearbeiten. In einer weiteren Unterrichtsstunde sollten dann ein kurzer Lesekompetenztest, ein 10-minütiger Test zum schlussfolgernden Denken sowie der Schülerfragebogen eingesetzt werden. Im Zuge der Testvorbereitung stellte sich dann jedoch heraus, dass aus organisatorischen Gründen sowie wegen schulaufsichtlicher Einschränkungen (1.) die geplante Testzeit auf zwei Unterrichtsstunden reduziert werden musste, (2.) der Einsatz zusätzlicher Tests nicht genehmigt wurde und (3.) für die Ziehung der Stichprobe nur Teilnehmerinnen und Teilnehmer am Religionsunterricht herangezogen werden durften. Die Folge war, dass auf der Basis des realisierten Untersuchungsdesigns nicht alle genannten Fragen bearbeitet werden konnten. Insbesondere die sechste Frage nach der diskriminanten Validität zwischen den religiösen Teilkompetenzen und der allgemeinen Lesekompetenz sowie dem allgemeinen schlussfolgernden Denken konnte in der Hauptuntersuchung nicht beantwortet werden, da der Einsatz von Aufgaben aus den nicht auf den Religionsunterricht konzentrierten Kompetenzbereichen seitens der zuständigen Schulbehörden in Berlin und Brandenburg untersagt wurde. Eine zurzeit laufende Untersuchung in Hamburg wird die Bearbeitung dieser Frage jedoch in absehbarer Zeit – allerdings erst nach Erscheinen dieses Bandes – möglich machen.

Für die Klärung der Frage, welchen Einfluss der schulische Religionsunterricht auf die Entwicklung von Allgemeinbildung ausübt, konnte ebenfalls keine echte Kontrollgruppe gebildet werden. Da jedoch aus schulorganisatorischen Gründen zuweilen ganze Klassen am Test teilnahmen, beteiligten sich auch Schülerinnen und Schülern am Test, die nicht den Religionsunterricht besuchten. So war es trotz der schulaufsichtlichen Einschränkungen möglich, diesem Forschungsaspekt nachzugehen und die erzielten Schülerleistungen nach Schulform bzw. nach der Dauer des Besuches vom Religionsunterricht auszuwerten.

Zur Organisation und Durchführung der KERK-Studie

Die Organisation der Hauptuntersuchung nahm eine Zeitspanne von sieben Monaten (März bis September 2008) in Anspruch. Die Bildungsabteilung der EKBO (Evangelische Kirche Berlin-Brandenburg-schlesische Oberlausitz) unterstützte das Team durch die Bereitstellung einer Liste der Schulen, an denen Religionsunterricht erteilt wird. Verschiedene Behörden, Institutionen und Ministerien mussten in Kenntnis gesetzt sowie zahlreiche Genehmigungen eingeholt werden. Die Berücksichtigung verschiedener Auflagen führte dazu, dass die geplante Erhebung modifiziert werden musste. Die Berliner Senatsverwaltung für Bildung, Wissenschaft und Forschung, das Brandenburger Ministerium für Bildung, Jugend und Sport (MBJS) und die Datenschutzbeauftragten stimmten schließlich der Testung an den ursprünglich ausgewählten 100 Schulen zu. Als Abschluss der vorbereitenden Maßnahmen wurde bei den Schulkonferenzen in Brandenburg, in Berlin zusätzlich auch bei den Eltern der am Test teilnehmenden Schülerinnen und Schüler in Berlin das Einverständnis zur Teilnahme der Schülerinnen und Schüler an der Erhebung eingeholt. Die kirchlichen Arbeitsstellen für den Evangelischen Religionsunterricht, die in Berlin und Brandenburg, wo Religionsunterricht kein ordentliches Unterrichtsfach ist, fachaufsichtliche Funktionen innehaben, unterstützten das Projekt logistisch, und die Religionslehrkräfte wirkten als Koordinatoren zwischen Schule und Projekt.

Nachdem die gedruckten Testhefte und die von der DFG eigens als Präsent für die Testteilnahme finanzierten Kugelschreiber mit der Aufschrift „religiös kompetent" termingerecht bereitgestellt waren, konnte die Hauptuntersuchung im Herbst 2008 stattfinden. Die Testdurchführung erstreckte sich nicht wie geplant auf vier, sondern auf sechs Wochen. Zwischen Oktober und Dezember 2008 konnten an 62 Berliner und Brandenburger Schulen insgesamt 1.603 Schülerinnen und Schüler getestet werden, die die zehnte Klasse besuchen. Der Einsatz externer Testleiterinnen und Testleiter stellt sicher, dass das Kriterium der Durchführungsobjektivität beachtet wurde. Die Hauptuntersuchung wurde mit geschulten studentischen Mitarbeiterinnen des Projekts sowie weiteren studentischen Hilfskräften der Abteilung Allgemeine Erziehungswissenschaft und des Seminars für Praktische Theologie/Religionspädagogik durchgeführt. Die Dateneingabe erfolgte durch aus Projektmitteln befristet eingestellte studentische Hilfskräfte.

Die einzelnen Organisationsschritte lassen sich wie folgt auflisten:
- Intensive Recherche der Schülerzahlen und Erstellung einer Schulliste für die Ziehung der Stichprobe
- Ziehen einer Stichprobe von insgesamt 100 Schulen
- Einholung der behördlichen Genehmigungen in den Ländern Berlin und Brandenburg
- Bestätigung des Datenschutzes durch die entsprechenden Beauftragten beider Länder

- Einholung der schriftlichen Genehmigungen zur Durchführung der Studie bei den zuständigen Gremien der Schulleitung sowie allen beteiligten Eltern, Schülerinnen und Schülern
- Genehmigung der Untersuchung durch die Evangelische Kirche Berlin-Brandenburg-schlesische Oberlausitz (EKBO)
- Informationsveranstaltung für die Arbeitsstellen für den Evangelischen Religionsunterricht
- Erstellung eines Testleitermanuals und Schulung der Testleiterinnen und der Testleiter
- Vorbereitung von Druckvorlagen und Druck der Testhefte
- Kontaktaufnahme und Vereinbarung der entsprechenden Testzeiten mit den Schulleitungen und den entsprechenden Lehrkräften des Evangelischen Religionsunterrichtes
- Organisation und Bereitstellung der finanziellen Mittel (Honorare und Fahrtkosten) für die Testleiterinnen und Testleiter
- Testdurchführung vom Oktober bis November 2008 an 37 Schulen in Berlin und 25 Schulen in Brandenburg

3.2 Anlage, Untersuchungsdesign und Instrumentierung

Im Folgenden werden Informationen zur Stichprobenziehung und zur erreichten Stichprobe gegeben, das realisierte Untersuchungsdesign vorgestellt sowie die eingesetzten Testinstrumente erläutert.

Beschreibung der Stichprobe

Wie im vorherigen Abschnitt dargestellt, gestaltete sich die Zusammenstellung einer Schülerliste mit genauen Angaben zu den Teilnehmerinnen und Teilnehmern am schulischen Religionsunterricht in Berlin und Brandenburg als schwierig. Nachdem die Informationen über die Schulen in Berlin und Brandenburg, an denen evangelischer Religionsunterricht in der Jahrgangsstufe 10 stattfindet, ermittelt und die entsprechenden Schülerzahlen eingeholt worden waren, wurde für die Ziehung der Stichprobe eine Datenbank mit nach Schulform stratifizierten Daten erstellt. Es wurden schulformspezifische Wahrscheinlichkeitsstichproben (*probabilitiy proportional samplings*) gezogen. Um repräsentative Aussagen über die Schulformen treffen zu können, wurde angestrebt, über 10 Prozent der jeweiligen Schulformpopulation in die Stichprobe einzubeziehen.

In Berlin gaben die eingeholten Statistiken an, dass im Schuljahr 2007/2008 insgesamt 2.492 Gymnasialschülerinnen und Gymnasialschüler an 97 Gymnasien, 640 Schülerinnen und Schüler an 24 Gesamtschulen, 610 Schülerinnen und Schüler an 27 Realschulen sowie 289 Schülerinnen und Schüler an 10 Hauptschulen am Religionsunterricht teilnahmen.

In Brandenburg ergaben die Schulstatistiken, dass Religionsunterricht vor allem an Gymnasien und Oberschulen unterrichtet wurde. Insgesamt standen 69 Schulen in Brandenburg zur Auswahl, darunter 3 Gesamtschulen, 10 Oberschulen und 56 Gymnasien. Vor diesem Hintergrund erfolgte die Stichprobenziehung in Brandenburg ohne schulformspezifische Stratifizierung. Nach erfolgter Stichprobenziehung und seitens der Schulen erklärter Bereitschaft zur Teilnahme an der Untersuchung bestand die erreichte Untersuchungsstichprobe aus 1.603 Schülerinnen und Schülern in 62 Schulen in Berlin und Brandenburg. Detaillierte Auskunft ist der Tabelle 3.6 zu entnehmen.

	Berlin			Brandenburg		
	Gesamtpopulation	*erreichte Stichprobe*	*Prozent*	*Gesamtpopulation*	*erreichte Stichprobe*	*Prozent*
Gymnasium	2.492	464	18,6	1.259	561	44,6
Real- bzw. Oberschule	610	308	50,5	111	40	36,0
Gesamtschule	640	82	12,8	63	30	47,6
Hauptschule	289	118	40,8	-	-	-
Insgesamt	*4.031*	*972*	*24,1*	*1.433*	*631*	*44,0*

Tabelle 3.6 Untersuchungsstichprobe nach Land und Schulform

Die Mindeststichprobe von 10 Prozent je Schulform konnte erreicht und zum Teil weit überschritten werden. Die Schülerinnen und Schüler im Test kamen länderübergreifend zu 64 Prozent aus Gymnasien, zu 22 Prozent aus Real- bzw. Oberschulen (einer zur erweiterten Berufsbildungsreife bzw. zur Fachoberschulreifen führenden Schulform der Sekundarstufe I), zu 7 Prozent aus Gesamt- und zu 7 Prozent aus Hauptschulen. In Bezug auf das Geschlecht der Testpersonen konnte nahezu eine Gleichverteilung erreicht werden: der Anteil der Mädchen beträgt 52 Prozent, der Anteil der Jungen entsprechend 48 Prozent. In Bezug auf die Dauer der Teilnahme am Religionsunterricht gaben 65 Prozent der am Test Beteiligten an, sowohl in der Grundschule als auch in der Sekundarstufe Religionsunterricht besucht zu haben; 23 Prozent hatten den Religionsunterricht nur in der Sekundarstufe, 6 Prozent nur in der Grundschule besucht. Diese 6 % kommen dadurch zustande, dass es an einigen Schulen gelang, nicht nur die Schülerinnen und Schüler des evang. Religionsunterrichts, sondern den gesamten Jahrgang 10 zu erfassen. Auf der erzielten Datenbasis ist es möglich, religiöse Kompetenzen von Schülerinnen und Schülern, die kontinuierlich am Religionsunterricht teilgenommen haben, und solchen, die wenig bis gar nicht an Religionsunterricht teilnahmen, zu vergleichen. Auf diese Weise konnte der Einfluss des schulischen Religionsunterrichts auf die fachspezifische Kompetenzentwicklung wenigstens ansatzweise empirisch basiert beschrieben werden, obwohl die Einrichtung einer statistischen Kriterien Rechnung tragenden Kontrollgruppe aus den genannten Gründen nicht gelang.

Untersuchungsdesign und Instrumentierung

Als Ergebnis der Aufgabenkonstruktionsarbeiten in beiden Projektphasen (RU-Bi-Qua und KERK) wurde ein Aufgabenpool mit insgesamt ca. 157 Items aus 26 Aufgabenkomplexen bzw. Themenbereichen entwickelt (vgl. hierzu Kapitel II). Mit Blick hierauf wurden nach den erfolgten Prepilotierungs- und Pilotierungsläufen 100 Items für das Testheft ausgewählt, die in einer repräsentativen Stichprobe von Religionsschülerinnen und Religionsschülern der 10. Jahrgangsstufe weiter getestet und empirisch validiert wurden. Es wurden insgesamt 65 bereits pilotierte Items aus zwölf Themenbereichen sowie 35 neu entwickelte Items aus fünf Themenkomplexen zur Validierung eingesetzt. Von den insgesamt 17 Aufgabenkomplexen hatten sieben längere Textteile.

Gemäß der Konzeption von KERK sollte ein Fragebogen zur Erhebung des schulischen Hintergrunds, der religiösen Erfahrungen im schulischen und außerschulischen Kontext sowie des soziokulturellen Hintergrunds der Schülerinnen und Schüler eingesetzt werden. Da die zur Verfügung stehende Testzeit insgesamt 90 Minuten nicht überschreiten durfte, konnte ein Multi-Matrix-Design realisiert werden, das insgesamt 85 Minuten reine Testzeit für die Bearbeitung von Testaufgaben und fünf Minuten Bearbeitungszeit für den eingesetzten Fragebogen vorsah. Die Testaufgaben wurden auf zwei Testteile aufgeteilt. Der erste umfasste sogenannte Kernaufgaben zu den drei religiösen Teilbereichen mit insgesamt 45 Items aus sechs Aufgabenkomplexen, die alle Schülerinnen und Schüler innerhalb von 45 Minuten bearbeiten sollten. Die restlichen 55 zu elf Aufgabenkomplexen zusammengestellten Items wurden als sogenannte Rotationsaufgaben auf vier Testheftversionen verteilt. Nach dem realisierten Rotationsprinzip kamen drei Aufgabenkomplexe jeweils in drei Testheften vor, ein Aufgabenkomplex kam in zwei Testheften vor und sieben Aufgabenkomplexe kamen jeweils in einem der vier Testhefte vor. Vier rotierend eingesetzte Aufgabenkomplexe wurden von mindestens 300 Schülerinnen und Schülern, alle anderen Rotationskomplexe von mehr als 500 Schülerinnen und Schülern bearbeitet. Der zweite Testteil bestand je nach Testheftversion (A, B, C oder D) aus 31 (Heft A und Heft B), 26 (Heft C) bzw. 24 (Heft D) Testitems. Ein bei der Bearbeitung fünf Minuten in Anspruch nehmender Schülerfragebogen zur Erfassung soziodemografischer Merkmale und religionsbezogener Erfahrungen schloss den Test ab.

Die einzelnen Aufgabenkomplexe wurden in allen Heften so verteilt, dass ein Abschreiben während der Testung weitgehend ausgeschlossen war. Die Testheftvarianten A und B wurden in Gymnasien, die Testhefte C und D in Real-, Haupt- und Oberschulen und die Testheftkombination A, B, C, D in Gesamtschulen eingesetzt.

3.3 Methodisches Vorgehen

Die Auswertung der in KERK eingesetzten Instrumente zur Messung religiöser Kompetenz basiert auf Testmodellen der probabilistischen Testtheorie oder auch Item Response Theory (IRT) (vgl. Rost 2004). Zentral für die IRT ist die Annahme, dass die Fähigkeit einer Person, die für sein beobachtbares Testergebnis verantwortlich ist, selbst nicht direkt beobachtbar ist. Was über die Testleistung erschlossen wird, stellt somit ein latentes Konstrukt dar. Probabilistische Testmodelle erlauben es, Beziehungen zwischen den Merkmalen von Personen und ihren Antworten in einzelnen Testitems mit einer oder mehreren latenten Variablen zu erfassen. Für die latenten Variablen postuliert die IRT einen probabilistischen Zusammenhang zu dem erhobenen Testergebnis. Dabei wird zwischen Latent-Trait- und Latent-Class-Modellen unterschieden. Der Hauptunterschied zwischen diesen liegt in der angenommenen Natur der latenten Personenvariable, die in den Latent-Trait-Modellen quantitativ (kontinuierlich) und in den Latent-Class-Modellen qualitativ (diskret) ist. Das bekannteste IRT-Modell ist das einparametrische Rasch-Modell (Rasch 1960). Es stellt ein Latent-Trait-Modell dar und wird üblicherweise durch die folgende logistische Funktion[1] beschrieben:

$$p(x_{vi}=1) = \frac{\exp[(\theta_v - \sigma_i)]}{1+\exp[(\theta_v - \sigma_i)]}$$

Die Wahrscheinlichkeit p, dass eine Person v das Item i löst, ist eine exponentielle Funktion zweier unabhängiger Variablen: des Personen(fähigkeits)parameter θ_v und des Item(schwierigkeits)parameter σ_i. Das Verhältnis zwischen der latenten Personenvariablen und der Antwortwahrscheinlichkeit kann für jedes dichotome Item mithilfe der *Item Characteristic Curve* (ICC) grafisch dargestellt werden. Dabei gilt, dass mit steigender Itemschwierigkeit die Lösungswahrscheinlichkeit für das Item sinkt. Bei Gleichheit der Personen- und Itemparameter ist die Lösungswahrscheinlichkeit 0,5. Durch diese Modellgleichung liegen Personen- und Itemparameter auf demselben latenten Kontinuum (Trait). Die auf diese Weise formalisierte Version des Rasch-Modells wird auch als einparametrisches logistisches Modell (1PLM) bezeichnet. Für mehrdimensionale Rasch-Modelle gilt, dass die Beziehungen zwischen den beobachtbaren Variablen (Itemantworten) nicht durch eine ein-

---

[1] Die logistische Funktion $y=e^x/1+e^x$, mit $e = 2.718$, hat einen S-förmigen (sigmoiden) Kurvenverlauf. Damit lässt sich die psychologisch plausible Annahme abbilden, dass kleine Fähigkeitszuwächse im Mittelbereich zu einem größeren Anstieg der Wahrscheinlichkeit einer richtigen Itemlösung führen, als in den extremeren Bereichen. Diese Funktion wird seit den 1960er Jahren als Modell für die *ICC* in der *IRT* eingesetzt. Testmodelle, die diese Funktion für ihre *ICC* annehmen, bezeichnet man als „logistisch" (vgl. Birnbaum 1968; Embretson/Reise 2000; Rost 2004).

zige, sondern durch mehrere latente kontinuierliche Personenvariablen erklärt werden können.

Für die Skalierung der KERK-Aufgaben kam eine mehrdimensionale Rasch-Modellierung zur Anwendung. Im Zuge der Skalierung werden dabei zunächst für jedes Item der jeweiligen Dimension Itemparameter berechnet, die dann in einem zweiten Schritt zur Berechnung der Personenparameter verwendet werden. Für jede Person und jedes Item entsteht somit ein Rasch-Wert, der zunächst in Logits-Einheiten ermittelt wird, die in einem Wertebereich zwischen $-\infty$ und $+\infty$ variieren. In einem dritten Schritt werden die ermittelten Raschwerte durch eine lineare Transformation so normiert, dass sie zweckmäßigerweise im positiven Zahlenraum liegen. Die Fähigkeitsskalen in den PISA- und TIMSS-Studien wurden beispielsweise so definiert, dass der Mittelwert 500 und die Standardabweichung 100 beträgt. Diese Zuweisung ist arbiträr und hat Vorteile in der Darstellbarkeit, weshalb sie üblicherweise in Schulleistungsstudien wie PISA und TIMSS eingesetzt wird. Die Normierung des Maßstabes der KERK-Skalen basiert ebenfalls auf einer Metrik mit einem Mittelwert von 500 und einer Standardabweichung von 100 Skalenpunkten. Diese Metrik bedeutet, dass im Wertebereich zwischen 400 und 600 Skalenpunkten (± eine Standardabweichung) die Testleistungen von ungefähr zwei Drittel (68 Prozent) aller untersuchten Schülerinnen und Schüler liegen.

Von besonderer Bedeutung bei der Interpretation der erreichten Skalenpunkte ist die Eigenschaft der IRT-Modellierung, nach der Personen und Aufgaben auf derselben Metrik angeordnet werden. Die Bewältigung von Testaufgaben eines bestimmten Schwierigkeitsniveaus lässt sich somit als diejenige Leistung interpretieren, die von Personen desselben Fähigkeitsniveaus mit einer genau festgelegten Wahrscheinlichkeit erbracht wird. Dies bedeutet, dass z.B. eine Aufgabe mit einem Schwierigkeitsniveau von 400 Skalenpunkten von Personen mit einer Fähigkeit von 400 Skalenpunkten mit hinreichender Sicherheit (z.B. $p > .50$) gelöst werden kann. Grundsätzlich kann diese Entsprechung für beliebige Wahrscheinlichkeiten definiert werden. In TIMSS und PISA wurde die Lösungswahrscheinlichkeit für die Zuordnung von Personenfähigkeiten und Itemschwierigkeiten beispielsweise auf $p = 0{,}65$ festgelegt. In KERK wurde die konventionelle Festlegung auf $p = 0{,}50$ genutzt. Demnach können Aufgaben einer bestimmten Schwierigkeit (z.B. 400 Punkte) von Personen mit dem entsprechenden Fähigkeitsniveaus (400 Punkten) mit einer Wahrscheinlichkeit von 50 Prozent bewältigt werden. Wenn die Personenfähigkeit über dem Schwierigkeitsniveau einer Aufgabe liegt, so wird diese Person jene Aufgabe umso eher lösen, je größer die Differenz zwischen Fähigkeits- und Schwierigkeitsniveau ist. Unterschreitet die geschätzte Fähigkeit der Person die Aufgabenschwierigkeit, so ist die Wahrscheinlichkeit, dass die Person j das Item i löst, kleiner ($p < .50$). Das Verfahren erlaubt, Stufen oder Niveaus der Fähigkeit zu unterscheiden, die auf die zu bewältigenden Aufgabenanforderungen bezogen sind. Jedes Anforderungsniveau lässt sich dabei durch charakteristische Items (Markieritems) spezifizieren und inhaltlich definieren. Die Beschreibung der inhaltlichen und fachdidaktischen Anforderungsniveaus der ermittelten KERK-Skalen wird im anschließenden Kapitel IV detailliert erläutert.

3.4 Ergebnisse der Hauptuntersuchung

Ausgehend von den in 3.1 beschriebenen zentralen Fragestellungen von KERK gliedert sich die Darstellung der Ergebnisse wie folgt: Unter Berücksichtigung der ersten und zweiten Fragestellung werden zunächst Ergebnisse zur Zuverlässigkeit und zum Item-Fit vorgestellt (3.4.1). Anschließend wird der Frage zur psychometrischen Modellierung und Überprüfung der theoretisch postulierten drei-dimensionalen Kompetenzstruktur des Tests nachgegangen (3.4.2). Die Frage zur Konstruktvalidität wird in Abschnitt 3.4.3 zunächst mit Blick auf Schulformunterschiede und anschließend in Abschnitt 3.4.4 hinsichtlich der Geschlechtsunterschiede untersucht. Auf die Fragen nach der Sensitivität der erfassten religiösen Kompetenzen für Einflüsse der außerschulischen religiösen Erfahrungen sowie der Wirksamkeit schulischer religiöser Bildung wird am Ende eingegangen.

Das Verfahren ermöglicht darüber hinaus, die Einschlägigkeit von Testaufgaben für die theoretisch bestimmte Fähigkeitsdimension empirisch zu prüfen und ungeeignete Items kenntlich zu machen, die für die Auswertung ausgesondert und für spätere Testeinsätze überarbeitet oder ausgeschieden werden müssen.

3.4.1 Itemanalysen und Itemselektion

Für die Überprüfung der internen Konsistenz der Item-Trennschärfe, der Item-Fit sowie der Item-Schwierigkeit wurden mehrere separate eindimensionale Raschskalierungen mit variierenden Itemmengen gerechnet. Eine umfassende Item-Kalibrierungsanalyse führte zu dem Ergebnis, dass 87 Items die teststatistischen Gütekriterien sehr gut bis zufriedenstellend erfüllen. Von den 13 Items, die den psychometrischen Selektionskriterien nicht entsprachen und die in den weiteren Analysen nicht berücksichtigt wurden, blieben sieben für Optimierung im Aufgabenpool erhalten. Die restlichen sechs Items wurden wegen inhaltlicher Inkonsistenz entfernt. Am Ende des Selektionsprozesses zeigte sich, dass für die empirische Modellierung im Teilbereich „Partizipationskompetenz" lediglich sieben Items den teststatistischen Anforderungen standhielten. Die Notwendigkeit, weitere Partizipationsaufgaben zu entwickeln, blieb somit weiterhin bestehen.

Die Überprüfung der Item-Fit-Maße der nach der Itemselektion ausgewählten 87 Items zeigte eine gute Modellpassung mit Infit $0,9 > \text{MNSQ} < 1,20$ (Mittelwert des Infits= 0,99). Lediglich ein Item mit schlechtem Item-Fit (MNSQ

= 1,32) wurde aus inhaltlichen Gründen im Itempool beibehalten. Die mittlere Lösungshäufigkeit lag bei 68 Prozent. Das Schwierigkeitsspektrum der dichotomen Items variiert zwischen einer Lösungshäufigkeit von 10 bis 90 Prozent. Differenziert nach Schulform ergab sich eine mittlere Lösungshäufigkeit von 74 Prozent der Gymnasiastinnen und Gymnasiasten. Die mittlere Aufgabenschwierigkeit der nichtgymnasialen Schulformen betrug 57 Prozent. Das eingesetzte Testinstrument zeigt demnach eine gute Anpassung an das Leistungsniveau der Zielgruppen. Das Anforderungsniveau insgesamt war weder zu hoch noch zu niedrig.

3.4.2 Prüfung der strukturellen Validität

Um die theoretisch definierten Kompetenzdimensionen religiöse Grundkenntnisse (RGK), religiöse Deutungskompetenz (RDK) und religiöse Partizipationskompetenz (RPK) psychometrisch zu überprüfen, wurden die nach der Itemkalibrierung ausgewählten 87 Items einer multidimensionalen Skalierung unterzogen (vgl. Tabelle 3.7).

Für die adäquate empirische Überprüfung der Dimensionalitätsannahmen im theoretischen Kompetenzmodell wurden dabei drei-, zwei- und eindimensionale Messmodelle spezifiziert und verglichen. Mit dem Softwareprogramm ConQuest (Wu et al. 2007) wurde die Abweichung (deviance) der drei konkurrierenden psychometrischen Modelle von der empirischen Datenmatrix ermittelt und einer statistischen Modell-Fit-Kontrolle unterzogen. Gesucht wurde das Modell, das mit möglichst wenig Parametern die geringste *deviance*, d.h. die beste Anpassung, aufweist.

Dimension	Testdesign	Rel. Grundkenntnisse	Rel. Deutungskompetenz	Rel. Partizipationskompetenz	deviance	Parameter	Chi^2-Differenzwert
1			87		141585.7	118	--
2	between	37	50		141371.8	120	213,9*
3	between	37	43	7	141364.0	122	221,7*

*p < .01

Tabelle 3.7 Prüfung der strukturellen Validität

Die Frage war, ob sich, wie sich schon in der Auswertung der RU-Bi-Qua-Pilotierungsstudie (vgl. 2.3) zeigte, das zweidimensionale Modell und das dreidimensionale Modell weiterhin signifikant bessere (Chi2 = 213,9/221,7, df = 2 , p < .001) Anpassungsgüte besitzen als das eindimensionale Modell und ob keine signifikanten Unterschiede zwischen der zweidimensionalen und der dreidimensionalen Lösung empirisch nachweisbar sind. Die Annahme einer dreidimensionalen Struktur des Kompetenzmodells konnte aufgrund der vorliegenden Daten, ähnlich wie in der Pilotierungsstudie, nicht eindeutig bestätigt werden. Vor dem Hintergrund der psychometrischen Kriterien und unter Berücksichtigung der kleinen Anzahl von brauchbaren Partizipationsitems wurde das zweidimensionale Modell als die beste Darstellungsweise der empirischen Daten gewählt, weil es die Struktur der empirischen Daten am sinnvollsten beschreibt. Als Ergebnis der Dimensionalitätsprüfung konnten deshalb zwei Raschskalen gebildet und normiert werden, mit denen religiöse Grundkenntnisse (RGK) und religiöse Deutungskompetenz (RDK) erfasst werden, wobei letztere auch sieben Testitems umfasst, die als religiöse Partizipationsaufgaben konzipiert waren (RPK). Da diese sieben Items jedoch selbst starke inhaltliche Anforderungen an das Deuten machen und empirisch keine signifikanten Unterschiede zwischen den Aufgaben zur Partizipations- und zur Deutungskompetenz nachgewiesen werden konnten, haben wir diese Aufgaben mit in die zweite Skala aufgenommen und für diese im Rahmen der empirischen Beschreibung des Modells den Begriff religiöse Deutungskompetenz (RDK) gewählt. Insgesamt lassen sich die zwei verbliebenen Dimensionen, mit einer latenten Korrelation von $r = .84$ empirisch gut trennen. Bei der dreidimensionalen Lösung betrugen die latenten Korrelationen zwischen RGK und RDK $r = .84$, zwischen RGK und RPK $r = .74$ und zwischen RPK und RDK $r = .88$.

Als Gesamtergebnis der Dimensionalitätsprüfung kann festgehalten werden, dass sowohl eine zwei- als auch eine dreidimensionale Lösung, die bildungstheoretisch neben Kenntnissen und Deutungskompetenz auch Partizipationskompetenz unterscheidet, sich gegenüber dem eindimensionalen Modell als signifikant bessere Lösungen erweisen. Das zweidimensionale Modell gibt die Daten ebenso gut wieder wie die dreidimensionale Lösung. Aufgrund dieses Ergebnisses kann die theoretisch postulierte dreidimensionale Kompetenzstruktur nicht eindeutig verworfen werden. Unter fachdidaktischer und bildungstheoretischer Perspektive kann man sich je nach Fragestellung für eine zwei- oder für eine dreidimensionale Modellierung entscheiden. Berücksichtigt man jedoch die geringe Anzahl von Partizipationsitems (N= 7), die zu diesem Zeitpunkt im Aufgabenpool liegen, ist eine dreidimensionale Lösung methodisch nicht reliabel genug. Ein besonderes Anliegen der KERK-Forschungsgruppe besteht daher weiterhin darin, den Aufgabenpool um Partizipationsaufgaben unterschiedlicher Schwierigkeit zu ergänzen.

3.4.3 Konstruktvaliditätsüberprüfung bezogen auf Schulformunterschiede

Als Ergebnis der durchgeführten psychometrischen Modellierung und Dimensionalitätsprüfung konnten zwei Raschskalen – eine für ‚Religiöse Grundkenntnisse'(RGK) und eine für ‚Religiöse Deutungskompetenz' (RDK) – gebildet werden, die sich mit einer Korrelation von r =.84 empirisch und theoretisch sinnvoll trennen lassen. Mit der Skala ‚Religiöse Grundkenntnisse' (RGK) wird der Kenntnisstand der Schülerinnen und Schüler im Hinblick auf Grundlagenwissen aus den drei Gegenstandsbereichen *Bezugsreligion, andere Religionen, Religion in Kultur und Gesellschaft* erfasst. Die Raschskala ‚Religiöse Deutungskompetenz' (RDK) bezieht sich dagegen auf Fähigkeiten des Verstehens, theologischen Interpretierens und Reflektierens von Texten, Bildern, Phänomenen etc. sowie auf in Gesellschaft und Kultur gegebene Situationen und Probleme mit religiösen Implikationen.

	Religiöse Deutungskompetenz nach Schulform				
		M	SD	N	d
Berlin	Gymnasium	553,0	92,9	464	1,4
	andere Schulform	433,9	83,3	505	
	Insgesamt	*490,9*	*106,2*	*969*	*--*
Brandenburg	Gymnasium	519,9	88,1	560	0,9
	andere Schulform	466,0	69,5	69	
	Insgesamt	*514,0*	*87,9*	*629*	*--*
KERK gesamt	Gymnasium	534,9	91,7	1.024	1,11
	andere Schulform	437,8	82,4	574	
	Insgesamt	*500,0*	*100,0*	*1.598*	*--*
	Religiöse Grundkenntnisse nach Schulform				
		M	SD	N	d
Berlin	Gymnasium	554,9	93,1	464	1,3
	andere Schulform	442,1	83,5	505	
	Insgesamt	*496,2*	*104,7*	*969*	*--*
Brandenburg	Gymnasium	510,0	93,4	560	0,5
	andere Schulform	472,4	73,0	69	
	Insgesamt	*505,9*	*92,1*	*629*	*--*
KERK gesamt	Gymnasium	530,4	95,9	1.024	0,9
	andere Schulform	445,8	82,8	574	
	Insgesamt	*500,0*	*100,0*	*1.598*	*--*

Tabelle 3.8 Länderspezifischen Mittelwertdifferenzen nach Schulform

Die Konstruktvalidität der beiden Kompetenzskalen wird im Folgenden hinsichtlich der Schulformunterschiede überprüft. Dabei werden die erreichten schulformbezogenen Leistungen sowohl länderübergreifend für die gesamte KERK-Stichprobe als auch länderspezifisch, differenziert für Berlin und

Brandenburg, verglichen. Tabelle 3.8 fasst die Ergebnisse zusammen. Wie bereits in Abschnitt 2.3 dargelegt, ist generell anzunehmen, dass an den Gymnasien deutlich höhere Leistungen sowohl mit Blick auf hermeneutische Fähigkeiten als auch bezüglich der religiösen Grundkenntnisse zu erwarten sind.

Die Überprüfung des korrelativen Zusammenhangs mit der Schulform ergab einen starken Zusammenhang für beide Skalen – für die Skala „Religiöse Deutungskompetenz" r = .47 und für die Skala „Religionskundliche Kenntnisse r = .41. Es zeichnete sich das erwartete Zusammenhangsmuster ab, das bereits in der ersten Konstruktvalidierungsstudie bestätigt werden konnte. Auf beiden Skalen religiöser Kompetenz haben die Gymnasiastinnen und Gymnasiasten länderspezifisch sowie länderübergreifend einen bemerkenswerten Leistungsvorsprung, der insgesamt etwa eine Standardabweichung beträgt. Der Schulformunterschied scheint dabei in Berlin besonders ausgeprägt zu sein. Auf der RDK-Skala betragen die durchschnittlichen Leistungsvorteile der Berliner Gymnasiastinnen und Gymnasiasten knapp anderthalb Standardabweichungen ($d = 1,4$) und können damit als erheblich interpretiert werden (M = 553 Skalenpunkte). Auf der RGK-Skala ist der Abstand mit einer Effektstärke von 1,3 Standardabweichungen ebenfalls deutlich ausgeprägt. Die durchschnittlichen Leistungen der Brandenburger Gymnasiastinnen und Gymnasiasten liegen mit einem Mittelwert von 520 Skalenpunkten ebenfalls bedeutsam über dem RDK-Niveau der anderen Schulformen in Brandenburg. Entsprechend beträgt der Leistungsabstand zwischen den beiden Vergleichsgruppen in Brandenburg knapp eine Standardabweichung ($d = 0,9$). Im Bereich der religiösen Grundkenntnisse sind die mittleren Schulformdifferenzen der Brandenburger Schülerinnen und Schüler zwar weniger stark ausgeprägt, bleiben jedoch mit einer Effektstärke von 0,5 substanziell bedeutsam.

Die Ergebnisse weisen auf einen hohen Differenzierungsgrad der beiden Skalen hin. Als interessanter Befund zeigt sich, dass im Bereich der hermeneutischen Fähigkeiten und unter Berücksichtigung der beiden Ländermittelwerte Brandenburg einen höheren Durchschnitt erreicht und eine homogenere Leistungsverteilung aufweist. Betrachtet man jedoch die Zusammensetzung der Schülerschaft in beiden Ländern, so wird ersichtlich, dass die repräsentative Stichprobe für Brandenburg zu 90 Prozent Gymnasialschülerinnen und Gymnasialschüler umfasst. Dieser Umstand ist darauf zurückzuführen, dass Religionsunterricht in Brandenburg überwiegend an Gymnasien stattfindet und erheblich weniger an anderen Schulformen. Um der ungleichen Schülerzusammensetzung Rechnung zu tragen, sollte der Ländervergleich schulformbezogen erfolgen. Vergleicht man die mittleren Leistungsniveaus religiöser Deutungskompetenz zwischen Berliner und Brandenburger Gymnasiastinnen und Gymnasiasten, so ergibt sich ein völlig anderes Bild. Tabelle 3.8 ist zu entnehmen, dass die Berliner Gymnasien mit einer bedeutsamen Effektstärke von 0,4 ein deutlich höheres Ergebnis erzielten als die Brandenburger Gymnasialschülerinnen und Gymnasialschüler. Mit Blick auf die anderen Schulformen zeichnet sich ein umgekehrtes Bild ab: Das Niveau der hermeneutischen

Kompetenzen Brandenburger Zehntklässlerinnen und Zehntklässler liegt mit einer Effektstärke von 0,4 deutlich über den Berliner Durchschnitt der nichtgymnasialen Schulformen. Allerdings ist hier zu berücksichtigen, dass die Brandenburger nichtgymnasiale Schulformen mit 69 Schülerinnen und Schüler eine sehr kleine Gruppe innerhalb der Gesamtpopulation der KERK-Studie darstellen.

Im Bereich der religiösen Grundkenntnisse ergibt sich ein ähnliches Befundmuster: während die Leistungen der Berliner Gymnasiastinnen und Gymnasiasten mit einer halben Standardabweichung ($d = 0.5$) über dem Brandenburger Gymnasialniveau liegen, fallen die Leistungen der anderen Schulformen in Berlin deutlich hinter die der vergleichbaren Brandenburger Schülerinnen und Schüler zurück.

Geht man den Gründen der festgestellten länderspezifischen Befundmuster nach, so lassen sich sowohl die Kontinuität und Dauer als auch die curricularen und themenspezifischen Anforderungen des erteilten Unterrichts als naheliegende Erklärungsfaktoren anführen. Die Überprüfung dieser Annahme muss jedoch späterer Forschung vorbehalten bleiben.

3.4.4 Konstruktvaliditätsüberprüfung bezogen auf Geschlechterunterschiede

Die Konstruktvalidität der Skalen soll auch im Hinblick auf Geschlechtsunterschiede analysiert werden. In der ersten Validierungsstudie (vgl. Abschnitt 2.3) zeigte sich, dass Geschlechterunterschiede in moderatem Ausmaß im Bereich der Deutungskompetenz nachweisbar waren. Es war daher zu erwarten, dass sich auch in KERK solche Zusammenhänge zeigen würden.

Die entsprechenden Kennwerte gibt Tabelle 3.9 wieder. Am Ende der zehnten Jahrgangsstufe kann sowohl für Berlin als auch für Brandenburg festgestellt werden, dass die Mädchen ein höheres Niveau im Bereich der religiösen Deutungskompetenz aufweisen als Jungen. Allerdings handelt es sich, wie erwartet, um moderate bis kleine Effekte. Für den Bereich religiöser Grundkenntnisse hingegen erreichen Jungen und Mädchen länderspezifisch sowie länderübergreifend vergleichbare Lernstände. Ein plausibles Ergebnismuster hierfür scheint zu sein, dass geschlechtsspezifische Zusammenhänge im Bereich des zum Deutens und Reflektierens von religiösen Texten lesesozialisationsbedingt und mit Verweis auf Werte in der allgemeinen Lesekompetenz zu erklären sind (vgl. PISA 2009, Naumann et al. 2010, S. 52). Einen Zusammenhang zwischen Geschlecht und religiösen Kenntnisstand zu vermuten, erscheint dagegen weniger sozialisationsbedingt begründbar zu sein.

	Religiöse Deutungskompetenz nach Geschlecht				
		M	SD	N	d
Berlin	Jungen	477,0	105,7	487	0,3
	Mädchen	504,2	105,7	466	
	Insgesamt	490,3	106,5	953	--
Brandenburg	Jungen	506,5	93,3	268	0,2
	Mädchen	519,7	83,3	360	
	Insgesamt	514,0	87,9	628	--
KERK gesamt	Jungen	487,5	102,4	755	0,2
	Mädchen	511,0	96,8	826	
	Insgesamt	499,8	100,2	1.581	--
	Religiöse Grundkenntnisse nach Geschlecht				
		M	SD	N	d
Berlin	Jungen	495,4	106,1	487	0,0
	Mädchen	495,3	103,6	466	
	Insgesamt	495,3	104,8	953	--
Brandenburg	Jungen	505,2	90,0	268	0,0
	Mädchen	506,2	93,8	360	
	Insgesamt	505,8	92,1	628	--
KERK gesamt	Jungen	498,9	100,7	755	0,0
	Mädchen	500,0	99,5	826	
	Insgesamt	499,5	100,1	1.598	--

Tabelle 3.9 Länderspezifische Mittelwerte nach Geschlecht

3.4.5 Sensitivität für außerschulische Einflüsse

Der Frage nach außerschulischen Einflüssen auf die erreichten religiösen Deutungskompetenzen sowie auf die erworbenen religiösen Grundkenntnisse wird nachfolgend deskriptiv nachgegangen. Unter Berücksichtigung der Schülerangaben zur Bezugsreligion, zu religiösen Erfahrungen in der Familie und in der Gemeinde sowie zum soziokulturellen Hintergrund soll festgestellt werden, ob und inwieweit hier Zusammenhänge mit den erreichten Leistungen nachweisbar sind.

Im Schülerfragebogen wurden Angaben zur Mitgliedschaft in einer Kirche bzw. Religionsgemeinschaft erhoben. Diese Frage wurde von insgesamt 1.557 Schülerinnen und Schülern bearbeitet. Tabelle 3.10 sind die prozentualen Anteile zu entnehmen.

Bezugsreligion	Anzahl	Prozent
evangelisch	680	43,7
bkatholisch	166	10,7
muslimisch	39	2,5
orthodox	14	0,9
jüdisch	4	0,2
andere	34	2,2
keine	620	39,8

Tabelle 3.10 Bezugsreligion der in KERK erfassten Schülerinnen und Schüler

Der Anteil von Schülerinnen und Schülern, die der evangelischen Kirche angehören, stellt mit nahezu 44 Prozent die höchste Prozentzahl unter den erfassten Schülerinnen und Schülern dar. Die zweitgrößte Gruppe (knapp 40 Prozent) bilden die Schülerinnen und Schüler ohne Religionszugehörigkeit. Eine deutlich geringere Schülerzahl weist die Gruppe der katholischen und nochmals deutlich weniger die Anzahl der muslimischen Teilnehmerinnen und Teilnehmer in der erhobenen Stichprobe des evangelischen Religionsunterrichts in der Jahrgangsstufe 10 auf. Die Anteile von Schülerinnen und Schülern der christlich orthodoxen sowie der jüdischen Religionsgemeinschaft bleiben unter einem Prozent. Schülerinnen und Schüler anderer Religionsrichtungen sind mit 2,2 Prozent ebenfalls nur gering vertreten. Aufgrund dieser prozentualen Verteilung wurden für die Mittelwertvergleichsanalyse die Gruppe der orthodoxen und jüdischen Schülerinnen und Schüler mit der Gruppe anderer Religionsgemeinschaften zusammengefasst.

Es stellt sich nun die Frage, ob und inwieweit Leistungsunterschiede zwischen den so definierten Schülergruppen feststellbar sind. Erzielen die Schülerinnen und Schüler ohne Mitgliedschaft in einer Religionsgemeinschaft bzw. Schülerinnen und Schüler, die einer anderen Religionsgemeinschaft oder Konfession als der evangelischen Kirche angehören, schlechtere Testergebnisse?

In Tabelle 3.11 sind die entsprechenden Kennwerte bezüglich der religiösen Deutungskompetenzskala dargestellt. Dabei wurden innerhalb der jeweiligen Schülergruppen differenzierte Lernstände nach Geschlecht ebenfalls berücksichtigt. Das Ausmaß der Unterschiede zwischen Jungen und Mädchen innerhalb der Gruppen wird in Tabelle 3.11 in Effektstärken ausgedrückt. Die Mittelwertdifferenzen (Effektstärken) zwischen den einzelnen Schülergruppen wurden gesondert in Tabelle 3.12 ausgewiesen.

Hinsichtlich der Skala RDK lassen sich die erwarteten Zusammenhänge wiederfinden. Schülerinnen und Schüler, die sich der evangelischen Kirche zurechnen, erzielten deutlich höhere Leistungen als solche Schülerinnen und Schüler, die keiner Religionsgemeinschaft zugehören ($d = 0.5$).

Religiöse Deutungskompetenz		Religionsgemeinschaft und Geschlecht			
		M	SD	N	d
evangelisch	Jungen	509,2	97,3	324	0,3
	Mädchen	540,1	91,7	343	
	Insgesamt	*525,1*	*95,7*	*667*	--
keine	Jungen	461,6	100,8	265	0,2
	Mädchen	482,6	93,2	352	
	Insgesamt	*473,6*	*97,1*	*617*	--
katholisch	Jungen	515,8	104,4	89	0,4
	Mädchen	551,0	88,2	73	
	Insgesamt	*531,6*	*98,7*	*162*	--
muslimisch	Jungen	431,2	58,7	21	-0,2
	Mädchen	420,9	53,3	18	
	Insgesamt	*426,4*	*55,8*	*39*	--
sonstige	Jungen	458,6	108,4	34	0,6
	Mädchen	516,6	82,6	18	
	Insgesamt	*478,7*	*103,2*	*52*	--

Tabelle 3.11 Mittelwerte nach Bezugsreligion und Geschlecht

Auch im Vergleich zu muslimischen Schülerinnen und Schülern ($d = 1,1$) oder Schülerinnen und Schülern anderer Religionsgemeinschaften ($d = 0.5$) scheint die evangelische Schülerschaft bessere religiöse Deutungskompetenzen aufzuweisen. Interessant ist, dass katholische und evangelische Schülerinnen und Schüler vergleichsweise ähnliche Leistungen erzielten, wobei die Deutungsfähigkeit der katholischen Schülerinnen und Schüler tendenziell höher lag als die der evangelischen Schülerschaft. Im Hinblick auf Geschlechtereffekte innerhalb der jeweiligen Religionszugehörigkeitsgruppen bestätigt sich erneut der Befund, dass Mädchen tendenziell bessere hermeneutische Kompetenzen erzielen als Jungen. Lediglich innerhalb der Gruppe der muslimischen Schülerinnen und Schüler lässt sich eine vergleichsweise bessere Leistung der Jungen feststellen. Allerdings handelt es sich hier um eine geringe Schülerzahl und somit um wenig belastbare Daten. Insgesamt weisen die in Tabelle 3.12 angeführten Mittelwertdifferenzen aus, dass Leistungsunterschiede in erheblichem Ausmaß nachweisbar sind, was auf eine hohe Sensitivität für außerschulische Einflüsse der RDK-Skala hindeutet.

Dieses Zusammenhangsmuster ist im Bereich der religiösen Grundkenntnisse sogar noch stärker ausgeprägt (vgl. Tabellen 3.13 und 3.14). Die festgestellten Leistungsdifferenzen zwischen evangelischen oder katholischen Schülerinnen und Schülern und solchen, die keiner Religionsgruppe zugehören betragen knapp eine Standardabweichung ($d = 0,9$) und sind damit.

Religiöse Deutungskompetenz	1.	2.	3.	4.	5.
1. evangelisch	-				
2. keine	0,5	-			
3. katholisch	-0.1	-0,6	-		
4. muslimisch	1,3	0,6	1,3	-	
5. sonstige	0,5	-0,1	0,5	-0,6	-

Positive Werte bedeuten höhere Werte in den Spalten, negative Werte repräsentieren höhere Werte in den Zeilen.

Tabelle 3.12 RDK: Mittelwertdifferenzen (Effektstärken) nach Religionsgemeinschaft

Religiöse Grundkenntnisse		Religionsgemeinschaft und Geschlecht			
		M	SD	N	d
evangelisch	Jungen	533,5	85,1	324	0,0
	Mädchen	536,3	96,6	343	
	Insgesamt	534,9	91,1	667	--
keine	Jungen	451,3	90,9	265	0,1
	Mädchen	462,7	83,0	352	
	Insgesamt	457,8	86,6	617	--
katholisch	Jungen	543,6	103,0	89	-0,0
	Mädchen	539,1	101,4	73	
	Insgesamt	541,6	102,0	162	--
muslimisch	Jungen	446,3	80,6	21	-0,4
	Mädchen	420,8	46,1	18	
	Insgesamt	434,5	67,4	39	--
sonstige	Jungen	474,9	118,8	34	0,4
	Mädchen	522,2	124,4	18	
	Insgesamt	491,3	121,7	52	--

Tabelle 3.13 RGK: Mittelwerte nach Religionsgemeinschaft

Zwischen den evangelischen und katholischen Schülergruppen zeigt sich erneut ein vergleichbares Kenntnisniveau, allerdings wieder mit leichtem Vorteil für die katholischen Schülerinnen und Schüler. Sehr markant erscheint der Leistungsunterschied im Kenntnisstand zwischen der evangelischen und katholischen Schülerschaft und den muslimischen Schülerinnen und Schülern ($d = 1{,}3$). Dies darf allerdings aufgrund der geringen Schülerzahl der muslimischen Schülerinnen und Schüler nicht überbewertet werden. Im Hinblick auf Geschlechterunterschiede innerhalb der einzelnen Schülergruppen ist Tabelle 3.13 zu entnehmen, dass die muslimischen Jungen deutlich bessere religiöse Kenntnisse haben als die muslimischen Mädchen.

In der Gruppe der sonstigen Religionsgemeinschaften zeigt sich der umgekehrte Zusammenhang. Hier sind die Mädchen besser informiert als die Jungen. Aufgrund der geringen Schülerzahlen in diesen Gruppen handelt es sich auch hier um keine belastbaren Daten. In den Gruppen der evangelischen, katholischen und nichtreligiösen Schülerinnen und Schüler, die mit größeren Schülerzahlen repräsentiert sind, können keine Geschlechterunterschiede im erreichten Kenntnisniveau festgestellt werden.

Religiöse Grundkenntnisse	*1.*	*2.*	*3.*	*4.*	*5.*
1. evangelisch	-				
2. keine	0,9	-			
3. katholisch	-0,1	-0,9	-		
4. muslimisch	1,3	0,3	1,3	-	
5. sonstige	0,4	-0,3	0,5	-0,6	-

Positive Werte bedeuten höhere Werte in den Spalten, negative Werte repräsentieren höhere Werte in den Zeilen.

Tabelle 3.14 RGK: Mittelwertdifferenzen (Effektstärken) nach Religionsgemeinschaft

Zusammenfassend lässt sich auch für die Skala der religiösen Grundkenntnisse eine ausgeprägte Sensitivität für Einflüsse der außerschulischen religiösen Lernumwelten erkennen.

Neben der Frage zur Bezugsreligion wurden auch Schülerangaben zum Besuch einer kirchlichen Gruppe wie Konfirmandenunterricht, Christenlehre, Junge Gemeinde u. a. m. erfasst. Knapp 60 Prozent der untersuchten Schülerinnen und Schüler (N = 941) gaben an, eine kirchliche Gruppe besucht zu haben, 38 Prozent hingegen (N = 602) nicht. Vier Prozent der erfassten Schülerschaft gaben keine Antwort auf diese Frage.

Auch hier kann ein deutlicher Zusammenhang zwischen dem Besuch der außerschulischen religiösen Gruppen und den erreichten Leistungsniveaus auf beiden Skalen festgestellt werden. Die Mittelwertdifferenz zwischen Teilnehmern und Nichtteilnehmern an einer kirchlichen Gruppe beträgt für die Deutungskompetenz eine halbe Standardabweichung ($d = 0{,}5$), im Bereich religiöse Grundkenntnisse sogar deutlich über eine halbe Standardabweichung ($d =

0,8). Geschlechterunterschiede zugunsten der Mädchen lassen sich erneut für den Bereich der Deutungskompetenz nachweisen. So erzielten Mädchen, die eine oder mehrere kirchlichen Gruppen besucht haben, um 0,4 Effektstärken bessere Deutungskompetenzen als Jungen. Innerhalb der Gruppe der Nichtteilnehmer an solchen kirchlichen Gruppen wie Konfirmandenunterricht oder Junge Gemeinde usw. fällt der Geschlechtereffekt zwar kleiner aus, kann jedoch ebenfalls nachgewiesen werden.

	Religiöse Deutungskompetenz	Besuch einer kirchlichen Gruppe			
		M	SD	N	d
mit Besuch	Jungen	504,1	101,3	457	0,4
	Mädchen	538,6	90,8	469	
	Insgesamt	*521,5*	*97,6*	*926*	--
kein Besuch	Jungen	459,4	98,4	273	0,2
	Mädchen	477,2	91,2	324	
	Insgesamt	*469,1*	*94,9*	*597*	*0,5*
	Religiöse Grundkenntnisse	Besuch einer kirchlichen Gruppe			
		M	SD	N	d
mit Besuch	Jungen	528,1	94,8	457	0,0
	Mädchen	531,3	97,9	469	
	Insgesamt	*529,7*	*96,4*	*926*	--
kein Besuch	Jungen	450,9	90,5	273	0,1
	Mädchen	460,2	83,7	324	
	Insgesamt	*456,0*	*86,9*	*597*	*0,8*

Tabelle 3.15 Mittelwertdifferenz nach Besuch einer kirchlichen Gruppe

Ferner wurde auch die Erfahrung mit Religion in der Familie erhoben. Auf der Basis von acht Items (Bsp: „Meine Eltern haben mir von Gott erzählt." Oder: „Bei uns zu Hause wurde/wird vor dem Essen gebetet oder ein Danklied gesungen." Oder: „Meine Eltern besuchten/besuchen mit mir die Kirche.") wurde eine Skala zum Vorkommen und zur Häufigkeit religiöser Erfahrungen in der Familie gebildet (Cronbach's Alpha=.87). Auf der Basis dieser Skala wurden zwei Gruppen von Schülerinnen und Schülern unterschieden – Schülerinnen und Schüler mit regelmäßiger religiöser Erfahrung in der Familie (31 Prozent) und Schülerinnen und Schüler mit wenig oder keiner religiösen Erfahrung in der Familie (69 Prozent). Es konnte belegt werden, dass zwischen Personen mit und ohne religiösen Hintergrund in der Familie klare Unterschiede in den erreichten Leistungen zu verzeichnen sind. Die Ergebnisse sind in Tabelle 3.16 dargestellt. Unter Berücksichtigung der Effektstärken lässt sich festhalten, dass es sich im Bereich der Deutungskompetenz um moderate Leistungsunterschiede zwischen den Schülerinnen und Schülern mit und ohne regelmäßige religiöse Erfahrungen im Elternhaus handelt. Deutlich ausgeprägter zeigt sich hingegen die Niveaudifferenz im Bereich der religiösen Grundkenntnisse. Diese Ergebnisse stimmen mit den Befunden der ersten Konstruktvalidierungsstudie überein.

	Religiöse Erfahrung in der Familie			
Religiöse Deutungskompetenz	M	SD	N	d
regelmäßig	530,6	102,1	457	0,4
selten oder nie	488,3	96,2	1.038	
	Religiöse Erfahrung in der Familie			
Religiöse Grundkenntnisse	M	SD	N	d
regelmäßig	547,2	106,5	457	0,7
selten oder nie	480,2	90,5	1.038	

Tabelle 3.16 Mittelwertdifferenz nach religiöser Erfahrung in der Familie

Was Zusammenhänge zwischen Leistungen und soziokulturellem Hintergrund betrifft, wurde gefragt, inwieweit sich differenzielle Kompetenzmuster im Hinblick auf die Bildungsnähe des Elternhauses, indiziert durch den Buchbesitz, nachweisen lassen. Darüber hinaus stellt sich die Frage, ob ein Zusammenhang mit dem Migrationshintergrund, hier indiziert durch die Familiensprache, nachweisbar ist. Insgesamt kann man davon ausgehen, dass auch im Bereich der religiösen Kompetenzen enge Zusammenhänge zwischen den soziokulturellen und sprachlichen Lernumwelten und den erreichten Leistungen bestehen.

Die Annahme kann, wie der Tabelle 3.17 zu entnehmen ist, generell bestätigt werden. Sowohl das Niveau der Deutungskompetenz als auch der fachbezogene Kenntnisstand der untersuchten Schülerinnen und Schüler hängt eng mit den vorhandenen kulturellen Ressourcen im Elternhaus zusammen.

Die Schülerinnen und Schüler, die einen überdurchschnittlichen Buchbestand angegeben haben, erreichen deutlich höhere religiöse Kompetenzen, die etwas mehr als eine ganze Standardabweichung über dem Mittelwert der Schülerinnen und Schüler aus bücherarmen Elternhäusern liegen können. Beide Skalen erweisen sich als gut geeignet, um Effekte der differenziellen Lernumwelten im Elternhaus nachzuzeichnen (vgl. Tabellen 3.18 und 3.19).

Religiöse Deutungskompetenz	M	SD	N
bis 20 Bücher	431,2	81,1	211
21-50 Bücher	473,4	78,6	232
51-100 Bücher	492,9	93,7	258
101-200 Bücher	510,9	100,4	255
über 200 Bücher	535,0	98,7	600
Religiöse Grundkenntnisse	M	SD	N
bis 20 Bücher	434,1	86,0	211
21-50 Bücher	463,6	87,0	232
51-100 Bücher	487,5	84,1	258
101-200 Bücher	508,3	98,2	255
über 200 Bücher	541,1	96,0	600

Tabelle 3.17 Mittelwerte nach Buchbesitz im Elternhaus

Religiöse Deutungskompetenz	1.	2.	3.	4.	5.
1. 0-20 Bücher	-				
2. 21-50 Bücher	0,5	-			
3. 51-100 Bücher	0.7	0,2	-		
4. 101-200 Bücher	0,9	0,4	0,2	-	
5. über 200 Bücher	1,2	0,7	0,4	0,2	-

Positive Werte bedeuten höhere Werte in den Zeilen, negative Werte repräsentieren höhere Werte in den Spalten.

Tabelle 3.18 RDK: Mittelwertdifferenzen (Effektstärken) nach Buchbesitz

Religiöse Grundkenntnisse	1.	2.	3.	4.	5.
1. 0-20 Bücher	-				
2. 21-50 Bücher	0,3	-			
3. 51-100 Bücher	0,6	0,3	-		
4. 101-200 Bücher	0,8	0,5	0,2	-	
5. über 200 Bücher	1,2	0,8	0,6	0,3	-

Positive Werte bedeuten höhere Werte in den Zeilen, negative Werte repräsentieren höhere Werte in den Spalten.

Tabelle 3.19 RGK: Mittelwertdifferenzen (Effektstärken) nach Buchbesitz

Tabelle 3.20 stellt die Ergebnisse des Zusammenhangs zwischen religiösen Kompetenzen und Familiensprache dar. Es handelt sich dabei um einen engen korrelativen Effekt, der im Bereich der Deutungskompetenz stärker ausfällt (r = .24) als im Bereich der religiösen Grundkenntnisse (r = .20). Angesichts dessen, dass zur Bearbeitung der Deutungsaufgaben Textverständnis und Interpretationsfähigkeit bezogen auf deutschsprachige Texte notwendig sind, erscheint dieses Befundmuster sehr plausibel.

Religiöse Deutungskompetenz	*M*	*SD*	*N*
nur Deutsch	514,9	96,1	977
meistens Deutsch, häufig auch eine andere Sprache	489,1	97,4	488
Meistens eine andere Sprache, aber häufig auch Deutsch	414,7	92,9	75
nur eine andere Sprache	392,3	88,0	13
Religiöse Grundkenntnisse	*M*	*SD*	*N*
nur Deutsch	511,4	96,2	977
meistens Deutsch, häufig auch eine andere Sprache	492,6	100,9	488
Meistens eine andere Sprache, aber häufig auch Deutsch	419,8	79,6	75
nur eine andere Sprache	416,4	106,5	13

Tabelle 3.20 Mittelwerte nach Familiensprache

In den Tabellen 3.21 und 3.22 sind noch einmal die ermittelten Leistungsdifferenzen zwischen den untersuchten Schülergruppen in Effektstärken beschrieben. Es wird ersichtlich, dass auf beiden Skalen Schülerinnen und Schüler, die meistens oder ausschließlich eine andere Sprache als Deutsch als Familiensprache sprechen, erheblich geringere Lernstände erzielten.

Religiöse Deutungskompetenz	*1.*	*2.*	*3.*	*4.*
1. nur Deutsch	-			
2. meistens Deutsch	0,3	-		
3. meistens eine andere Sprache	1.1	0,8	-	
4. nur eine andere Sprache	1,3	1,1	0,3	-

Positive Werte bedeuten höhere Werte in den Spalten, negative Werte repräsentieren höhere Werte in den Zeilen.

Tabelle 3.21 RDK: Mittelwertdifferenzen (Effektstärken) nach Familiensprache

Religiöse Grundkenntnisse	1.	2.	3.	4.
1. nur Deutsch	-			
2. meistens Deutsch	0,2	-		
3. meistens eine andere Sprache	1,0	0,8	-	
4. nur eine andere Sprache	0,9	0,7	0,0	-

Positive Werte bedeuten höhere Werte in den Spalten, negative Werte repräsentieren höhere Werte in den Zeilen.

Tabelle 3.22 RGK: Mittelwertdifferenzen (Effektstärken) nach Familiensprache

Fasst man die berichteten Ergebnisse zusammen, so kann festgestellt werden, dass sowohl mithilfe der Skala religiöse Deutungskompetenz (RDK) als auch der Skala religiöse Grundkenntnisse (RGK) differenzielle Kompetenzmuster in Abhängigkeit von den außerschulischen religiösen und soziokulturellen Lernmilieus erfasst werden können. Inwiefern diese Sensitivität auch in Bezug auf schulische Einflüsse nachweisbar ist, wird nachfolgend analysiert.

3.4.6 Sensitivität für Einflüsse der schulischen Bildung

Die Frage nach der Sensitivität der beiden Skalen religiöser Kompetenz für institutionelle Einflüsse der Schule wird im Folgenden zweifach untersucht. Zunächst wird hinsichtlich der Dauer des Besuchs von Religionsunterricht zwischen Schülerinnen und Schülern mit einer mehr oder weniger kontinuierlichen Teilnahme am Religionsunterricht sowie Schülerinnen und Schülern mit einer wenig intensiven bis gar keiner Erfahrung am Religionsunterricht unterschieden. Die mittleren Lernstände dieser Schülergruppen werden in Beziehung gesetzt und in Tabelle 3.23 vergleichend dargestellt. Die ermittelten Effektstärken können dabei als ein erster Hinweis auf Zusammenhänge zwischen religiöser Kompetenz und schulischen Einflüssen interpretiert werden. Da die Untersuchung des Einflusses des Religionsunterrichts an öffentlichen Schulen auf den Kompetenzerwerb jedoch eine Unterscheidung zwischen den individuellen Lernvo-raussetzungen (Individualebene), den außerschulischen und den schulischen Einflüssen (institutionelle Ebene) voraussetzt, bedarf es für seine angemessene Beantwortung einer mehrebenenanalytischen Modellierung (vgl. Ditton 1998), die in einem zweiten Schritt vollzogen wird.

Zum Zusammenhang von religiöser Kompetenz und Dauer der Teilnahme am schulischen Religionsunterricht

Die in der KERK-Studie untersuchten Zehntklässlerinnen und Zehntklässler in Berlin und Brandenburg stellen eine repräsentative Stichprobe der Teilnehmerinnen und Teilnehmer am Evangelischen Religionsunterricht dieser Jahrgangsstufe im Schuljahr 2008/09 dar. 65 Prozent der am Test teilnehmenden

Schülerinnen und Schüler besuchten den Religionsunterricht, der in diesen Ländern nicht an allen Schulen erteilt wird, sowohl in der Grundschule als auch in der Sekundarstufe. Weitere 23 Prozent haben Religionsunterricht nur in der Sekundarstufe besucht. Es gelang, wie bereits dargestellt, bei der Testdurchführung an einigen Schulen nicht nur, die Teilnehmerinnen und Teilnehmer am evangelischen Religionsunterricht, sondern den gesamten Jahrgang 10 zu erfassen. Hierauf ist zurückzuführen, dass rund 6 Prozent der Getesteten angaben, Religionsunterricht nur in der Grundschule besucht zu haben, und weitere 6 Prozent mitteilten, weder in der Grundschule noch in der Sekundarstufe Religionsunterricht besucht zu haben. Vor diesem Hintergrund war es möglich, tendenzielle Vergleiche der religiösen Kompetenzen zwischen Schülerinnen und Schülern mit kontinuierlicher Teilnahme an Religionsunterricht und solchen, die wenig bis gar nicht an Religionsunterricht teilgenommen haben, vorzunehmen.

Religiöse Deutungskompetenz	*M*	*SD*	*N*
in der Grundschule und in Sek I	519,8	93,2	1.006
nur in Sek I	500,0	96,7	348
nur in der Grundschule	413,2	84,6	96
keine Teilnahme am RU	418,0	85,0	85
Religiöse Grundkenntnisse	*M*	*SD*	*N*
in der Grundschule und in Sek I	523,3	95,0	1.006
nur in Sek I	486,3	90,3	348
nur in der Grundschule	411,4	77,9	96
keine Teilnahme am RU	415,5	78,3	85

Tabelle 3.23 Mittelwerte nach Teilnahme am Religionsunterricht

Insgesamt lassen sich also vier Gruppen von Teilnehmerinnen und Teilnehmern unterscheiden, deren Kennwerte in Tabelle 3.23 dargestellt sind. Die Ergebnisse lassen erkennen, dass der Religionsunterricht in einem bedeutsamen Ausmaß zur Förderung und Vermittlung von religiösen Kenntnissen und religiöser Deutungskompetenz beiträgt.
Die ermittelten Mittelwertdifferenzen (vgl. Tabellen 3.24 und 3.25) weisen darauf hin, dass die Schülerinnen und Schüler mit einer kontinuierlichen Teilnahme von der Grundschule bis zur Sekundarstufe I über eine deutlich höhere Deutungskompetenz sowie religiöse Grundkenntnisse verfügen als alle anderen Schülergruppen.

Religiöse Deutungskompetenz	*1.*	*2.*	*3.*	*4.*
1. in der Grundschule und in Sek I	-			
2. nur in Sek I	0,4	-		
3. nur in der Grundschule	1.3	0,9	-	
4. keine Teilnahme am RU	1,2	0,8	-0,1	-

Positive Werte bedeuten höhere Werte in den Spalten, negative Werte repräsentieren höhere Werte in den Zeilen.

Tabelle 3.24 RDK: Mittelwertdifferenzen (Effektstärken) nach Teilnahme am Religionsunterricht

Die Leistungsunterschiede in der religiösen Deutungskompetenz zwischen denjenigen, die regelmäßig und jenen, die wenig bis gar nicht an Evang. Religionsunterricht teilgenommen haben, sind beträchtlich und betragen mehr als eine Standardabweichung ($d = 1{,}3$ bzw. $d = 1{,}2$).

Religiöse Grundkenntnisse	*1.*	*2.*	*3.*	*4.*
1. in der Grundschule und in Sek I	-			
2. nur in Sek I	0,2	-		
3. nur in der Grundschule	1,0	0,8	-	
4. keine Teilnahme am RU	0,9	0,7	0,0	-

Positive Werte bedeuten höhere Werte in den Spalten, negative Werte repräsentieren höhere Werte in den Zeilen.

Tabelle 3.25 RGK: Mittelwertdifferenzen (Effektstärken) nach Teilnahme am Religionsunterricht

Auch die Wissensstände der Zehntklässler, die den Religionsunterricht sowohl in der Grundschule als auch in der Sekundarstufe besuchten, unterscheiden sich mit einer ganzen Standardabweichung bedeutsam von denen von Schülerinnen und Schülern, die nicht bzw. nur in der Grundschule am Religionsunterricht teilnahmen. Allerdings ist dieser Unterschied nicht so groß wie im Bereich religiöser Deutungskompetenz. Bei Schülerinnen und Schülern, die nicht in der Grundschule, sondern nur in der Sekundarstufe I den evangelischen Religionsunterricht besuchten, zeigen sich moderate bis kleine Effekte. Beide Gruppen erreichen eine deutlich höhere Deutungskompetenz und ein höheres Kenntnisniveau und liegen erheblich über den Werten der Vergleichsgruppe mit wenig bzw. ohne Religionsunterricht.

Diejenigen Schülerinnen und Schüler, die nur in der Grundschule Religionsunterricht besucht haben, erzielten hingegen in beiden Domänen vergleichbare Leistungsergebnisse mit der Gruppe der Schülerschaft ohne Teilnahme an Religionsunterricht. Das in den Grundschulen Gelernte scheint, wenn es nicht kontinuierlich weiter im Unterricht thematisiert und weiterentwickelt wird, in der Gefahr zu stehen, vergessen zu werden. Manche Fragen wären mit Grundschulwissen (in beiden beteiligten Bundesländern dauert die Grundschulzeit bis zum sechsten Schuljahr) durchaus beantwortbar gewesen. Dieser Effekt ist jedoch keine Besonderheit des Religionsunterrichts, sondern kann auch in anderen Schulfächern beobachtet werden. So stellte Baumert mit der BIJU-Studie (2006) für den naturwissenschaftlichen Lernbereich fest, dass mangelnde Konsistenz und Kohärenz zwischen den Fächern und den Themengebieten die Herausbildung eines vertieften naturwissenschaftlichen Verständnisses bei den Schülerinnen und Schülern erheblich erschwert hat. Insgesamt weisen die Befundmuster eindrucksvoll auf die Bedeutung der kontinuierlichen Teilnahme am Religionsunterricht hin und unterstreichen damit dessen beträchtliche Auswirkung auf die Leistungsniveaus religiöser Kompetenz.

Mehrebenenanalyse von Schulformeffekten

Die in den vorangegangen Abschnitten aufgeführten hohen korrelativen Befunde zwischen den gemessenen Kompetenzen und der besuchten Schulform sowie der Dauer der Teilnahme am Religionsunterricht zeigen eine hohe Sensitivität des entwickelten Testinstruments für schulische Einflüsse an. Eine detailliertere Untersuchung der fraglichen Zusammenhänge verlangt, die individuellen Lernvoraussetzungen von den schulischen Einflüssen abzugrenzen und empirisch getrennt abzubilden. Zur Untersuchung dieser Frage wurden deshalb mithilfe der Software HLM 6 mehrere Mehrebenenanalysen gerechnet (s. Tabelle 3.26 und Tabelle 3.27).

Parameter/Indizes	Modell 1	Modell 2
Adjustierte mittlere Kompetenz (*Intercept*)	**405.5**	**374.3**
Individualebene		
Kulturelle Ressourcen: Buchbestand	**11.3**	**10.5**
Familiensprache Deutsch	**44.7**	**44.2**
Geschlecht (*weiblich*)	**21.6**	**21.6**
Intensive rel. Erfahrungen in der Familie	**24.2**	**24.6**
RU in Sek I und in der GS	**16.0**	**17.1**
Schulabschluss-Aspirationen Abitur	**37.3**	**28.1**
Schulebene		
Schulform Gymnasium	-	**56.9**
Erklärte R^2 (*innerhalb von Schulen*)	*0,11*	*0,11*
Erklärte R^2 (*zwischen Schulen*)	*0,54*	*0,75*
Erklärte R^2 (insgesamt)	*0,24*	*0,30*

Parameterschätzungen mit HLM 6.02 (Raudenbush et al. 2004); signifikante Parameter fett.
Intraklasskorrelation im Nullmodell ρ= .28, in Modell 1 ρ_{res}= .12, in Modell 2 ρ_{res}= .08.
Skalenmetrik: M=500, SD=100.
Familiensprache, Intensität der rel. Erfahrungen in der Familie, Bildungsaspirationen, Besuch des Religionsunterrichts und Geschlecht *dummy-kodiert*; Buchbestand auf individueller Ebene z-standardisiert.

Tabelle 3.26   Mehrebenenmodelle *Religiöse Deutungskompetenz*

Dabei konnte genauer überprüft werden, welche Prozentanteile der erfassten Schülerleistungen im Bereich religiöser Deutungskompetenz sowie religiöser Grundkenntnisse auf Schulunterschiede zurückzuführen sind. Ferner wurde analysiert, welche Einflüsse die schulischen Faktoren unter Kontrolle von außerschulischen Hintergrundvariablen auf die erreichten Leistungen ausüben. In einem dritten Modellierungsschritt wurden dann unter Kontrolle der individuellen Lernvoraussetzungen auch die Effekte der gymnasialen Schulform untersucht.

Parameter/Indizes	Modell 1	Modell 2
Adjustierte mittlere Kompetenz (*Intercept*)	**416,2**	**391**
Individualebene		
Kulturelle Ressourcen: Buchbestand	**13.1**	**12.4**
Familiensprache Deutsch	**36.6**	**35.5**
Geschlecht (*weiblich*)	ns	ns
Intensive rel. Erfahrungen in der Familie	**44.8**	**45.2**
RU in Sek I und in der GS	**28.4**	**29.4**
Schulabschluss-Aspirationen Abitur	**29.2**	**21.0**
Schulebene		
Schulform Gymnasium	-	**47.4**
Erklärte R^2(*innerhalb von Schulen*)	*0,15*	*0,16*
Erklärte R^2(*zwischen Schulen*)	*0,57*	*0,71*
Erklärte R^2 (insgesamt)	*0,27*	*0,31*

Parameterschätzungen mit HLM 6.02 (Raudenbush et al. 2004); signifikante Parameter fett.
Intraklasskorrelation im Nullmodell ρ= .28, in Modell 1 ρ_{res}= .12, in Modell 2 ρ_{res}= .08.
Skalenmetrik: M=500, SD=100
Familiensprache, Intensität der rel. Erfahrungen in der Familie, Bildungsaspirationen, Besuch des Religionsunterrichts und Geschlecht *dummy-kodiert*; Buchbestand auf individueller Ebene z-standardisiert.

Tabelle 3.27 Mehrebenenmodelle *Religiöse Grundkenntnisse*

Die Berechnungen der Varianzzerlegung ergaben zunächst, dass ein erheblicher Varianzanteil, nämlich 28 Prozent der Gesamtvarianz auf der Skala RGK und 30 Prozent der Gesamtvarianz auf der Skala RDK, auf Schulformen zurückzuführen sind. Kontrolliert man den Effekt der gymnasialen Schulform, so entfallen im Bereich der Grundkenntnisse 13 Prozent und im Bereich der Deutungskompetenz 18 Prozent der Gesamtvarianz auf schulformspezifische Unterschiede. Dieses Ergebnis bestätigt die Annahme eines engen Zusammenhangs zwischen den erworbenen religiösen Kompetenzen und der besuchten Schule bzw. der besuchten Schulform.

In einem weiteren Modellierungsschritt wurde auch die Rolle der individuellen außerschulischen sowie schulischen Lernvoraussetzungen der Schülerinnen und Schüler überprüft. Es wurden die Effekte von sechs Einflussfaktoren auf der Individualebene kontrolliert: Geschlecht, Deutsch als Familiensprache,

Abitur als voraussichtlicher Schulabschluss, kulturelle Ressourcen zu Hause (Buchbesitz), Intensität der religiösen Erfahrungen in der Familie sowie Dauer der Teilnahme am Religionsunterricht. Im Ergebnis zeigte sich, dass im Bereich der religiösen Kenntnisse sowohl die religiösen und kulturellen Erfahrungen in der Familie als auch die schulischen Lernvoraussetzungen signifikante und eigenständige Zusammenhänge mit den erreichten Leistungen aufweisen. Im Einzelnen bedeutet dies, dass neben den außerschulischen Lernumwelten und unabhängig von diesen die Dauer der Teilnahme am Religionsunterricht sowie die Absicht, das Abitur zu erlangen, nachweisbare Effekte auf das erreichte Kompetenzniveau haben.

Im Bereich der religiösen Deutungskompetenz lässt sich auf der Individualebene auch unter simultaner Kontrolle der anderen Individualmerkmale ein signifikanter Effekt des Geschlechts messen. Bei Schülerinnen und Schülern mit sonst vergleichbaren Lernvoraussetzungen erzielen Mädchen nachweislich bessere Kompetenzniveaus als Jungen. Als wichtiges Ergebnis des zweiten Modellierungslaufs ist jedoch insbesondere der Nachweis festzuhalten, dass auch unter Kontrolle der außerschulischen Einflüsse die Effekte der auf der Individualebene modellierten schulischen Faktoren einen signifikanten Beitrag auf die erreichten religiösen Kompetenzen aufweisen.

Kontrolliert man in einem dritten Schritt die Schulformzugehörigkeit, so lässt sich feststellen, dass die angenommene Abhängigkeit religiöser Kompetenzen von institutionellen Einflüssen des öffentlichen Religionsunterrichts, die im Modell über die Schulform (Gymnasium vs. nichtgymnasiale Schulformen) modelliert wurde, eindrucksvoll belegt werden kann. Unter Berücksichtigung der individuellen Lernvoraussetzungen erreichen die gymnasialen Schülerinnen und Schüler um eine halbe Standardabweichung höhere religiöse Kompetenzen als die Zehntklässlerinnen und Zehntklässler an Haupt-, Real-, Ober- und Gesamtschulen. Die Befunde der mehrebenenanalytischen Untersuchungen weisen damit zum einen deutlich auf die Sensitivität der zwei Kompetenzskalen für institutionelle Einflüsse des Religionsunterrichts hin. Zum anderen zeigen sie auf, dass im Unterrichtsfach Ev. Religion mit erheblichen schulform- bzw. unterrichtsspezifischen Effekten zu rechnen ist, die für den fachspezifischen Kompetenzerwerb von entscheidender Bedeutung sind.

Um die berichteten Erkenntnisse über institutionelle Effekte des Religionsunterrichts an öffentlichen Schulen weiter zu vertiefen, werden im nachfolgenden Abschnitt abschließend einige Aspekte der Unterrichtsqualität aus Schülersicht beleuchtet.

3.4.7 Unterrichtsbezogene Einstellungen im Fach Religion

Die Forschergruppe interessierte sich nicht zuletzt auch für generelle Aspekte der Unterrichtsqualität. Unter dieser Perspektive wurden im Schülerfragebogen zum einen Angaben zum Unterrichtsklima sowie zur Unterrichtswirksamkeit aus Schülersicht erhoben. Zum anderen wurden Informationen darüber erhoben, inwieweit aus Schülersicht im Religionsunterricht interreligiöse Kompetenzen vermittelt werden. Ein weiterer Aspekt bezog sich auf die thematische Ausrichtung des Religionsunterrichts nach der Grundschulzeit. Im Folgenden wird ein knapper Überblick über die ermittelten Resultate gegeben.

Das Unterrichtsklima gehört zu einem der wichtigsten Qualitätsmerkmale in der Unterrichtsforschung. In der KERK-Studie wurde die Einschätzung der Offenheit des Unterrichtsklimas für Diskussionen erfasst. Auf der Basis von vier Items (Bsp.: „Der Lehrer/die Lehrerin achtet unsere Meinung und ermutigt uns, diese auch im Unterricht zu äußern"; „Der Lehrer/die Lehrerin stellt unterschiedliche Sichtweisen vor, wenn er/sie uns etwas erklärt") konnte eine Skala (Cronbach's Alpha =.83) gebildet werden. Im Durchschnitt gaben die getesteten Schülerinnen und Schüler an, dass im Ev. Religionsunterricht ein offenes Diskussionsklima üblich sei. Beispielsweise waren sich 80 Prozent der befragten Schülerinnen und Schüler darin einig, dass der Religionslehrer/die Religionslehrerin ihre Meinung achtet und sie ermutigt, diese im Unterricht zu äußern. Drei Viertel der Schülerinnen und Schüler (75 Prozent) bestätigen, dass der Religionslehrer/die Religionslehrerin unterschiedliche Sichtweisen vorstellt. Achtzig Prozent konnten zustimmen, dass der Religionslehrer/die Religionslehrerin seine/ihre Position zeigt und zugleich andere Positionen zulässt. Sogar 85 Prozent der Schülerschaft gaben an, dass sie im Unterricht dazu ermutigt werden, über Fragen zu diskutieren, zu denen es unterschiedliche Meinungen gibt.

Differenziert man diese Ergebnisse nach Schulform, so zeigt sich, dass der positive Zusammenhang mit einem offenen Diskussionsklima im Unterricht an den Gymnasien am deutlichsten ausgeprägt ist ($r = .27$). Fast zu 90 Prozent bekräftigen die Gymnasiastinnen und Gymnasiasten alle vier Fragen zur Offenheit des Religionsunterrichtsklimas für Diskussionen.

Ein weiterer Aspekt des in KERK erfragten Unterrichtsklimas bezieht sich auf Störfaktoren im Unterricht. Mit drei Fragen (Cronbach's Alpha = .83) wurde aus Schülerperspektive das Vorhandensein einer störfreien Unterrichtsatmosphäre erhoben. Im Durchschnitt waren sich die Schülerinnen und Schüler einig, dass ein lernförderliches Unterrichtsklima vorherrscht. Allerdings fällt der positive Zusammenhang weniger stark aus. Die Gymnasiastinnen und Gymnasiasten äußerten sich bezüglich dieser Skala weniger positiv als die Schülerinnen und Schüler anderer Schulform. Insgesamt verneinten mehr als die Hälfte der Schülerinnen und Schüler (55 Prozent) die Aussage, dass sie sich im Religionsunterricht mit allem Möglichen beschäftigten, nur nicht mit dem Unterrichtsgeschehen. Genau die Hälfte aller befragten Schülerinnen und Schüler waren der Meinung, dass im Religionsunterricht nicht „fortwährend laut gequatscht wird". Dennoch sind 60 Prozent der Zehntklässlerinnen und Zehntklässler der Auffassung, dass im Religionsunterricht viele Mitschülerinnen und Mitschüler nur halb bei der Sache sind. Allerdings wird diese Aussage nicht mit der Aussage zu anderen Fächern korreliert, was insofern interessant gewesen wäre, da es sich beim Religionsunterricht in beiden Ländern um ein freiwilliges Angebot handelt, das in Berlin kann nicht einmal, wie in Brandenburg, belegt werden kann, um ein anderes Fach (in Brandenburg LER) abzuwählen. Mit Blick auf die für die KERK-Untersuchung wichtige Frage der Bedeutung von Religionsunterricht für die Allgemeinbildung an der öffentlichen Schule wurde neben den durchgeführten Kompetenztests auch die Schülersicht zu dieser Frage erhoben. Zum einen wurde gefragt, was im Religionsunterricht mit Blick auf interreligiöse Themen und Bereiche gelernt wurde. Zum anderen wurden auch Informationen zu den am stärksten behandelten Themen im Religionsunterricht aus Schülersicht gesammelt.

Die große Mehrheit der befragten Zehntklässlerinnen und Zehntklässler (84 Prozent) waren sich sicher, dass sie im Ev. Religionsunterricht gelernt haben, Menschen einer anderen Konfession oder Religion zu verstehen. 71 Prozent stellen fest, im Religionsunterricht gelernt zu haben, Mitgefühl für andere zu entwickeln. 63 Prozent gaben an, dass sie im Religionsunterricht gelernt haben, mit Gleichaltrigen anderer Religionsrichtungen über ihren und deren Glauben zu diskutieren. Knapp 60 Prozent waren der Meinung, im Religionsunterricht gelernt zu haben, Inhalte aus anderen Fächern mit Inhalten des Religionsunterrichts zu verknüpfen und besser nachvollziehen zu können.

In Hinblick auf die thematische Ausrichtung des Religionsunterrichts in der Sekundarstufe wurden den befragten Schülerinnen und Schülern folgende Themen zum Ankreuzen vorgelegt:
1. biblische Geschichten erzählender Unterricht (z.B. über Abraham, Jesus);
2. an ethischen Fragen orientierter Unterricht (z.B. Zehn Gebote, Bioethik);
3. Unterricht zu anderen Konfessionen oder Religionen (z.B. katholische Kirche, Islam);
4. an Fragen der Schülerinnen und Schülern orientierter Unterricht (z.B. Drogen, Sexualität);
5. theologisch und philosophisch ausgerichteter Unterricht (z.B. Gerechtigkeit Gottes, Religionskritik);
6. sonstige Themen.

Die Ergebnisse lassen erkennen, dass interreligiöse und interkonfessionelle Themen im Vordergrund des Religionsunterrichts standen. Auch ein biblische Geschichten erzählender Unterricht bildet nach Angaben der Schülerinnen und Schüler unter den Im Fragebogen zur Auswahl stehenden thematischen Ausrichtungen einen wichtigen Schwerpunkt, gefolgt von einem an Fragen der Schülerinnen und Schüler orientiertem Unterricht. Seltener war nach Auffassung der Schülerschaft ein an ethischen Fragen orientierter Schwerpunkt, und am seltensten sahen sich die Schülerinnen und Schüler in der Sekundarstufe I mit einem theologisch-philosophisch ausgerichteten Unterricht konfrontiert. Hier wäre es interessant gewesen, die Ergebnisse aus KERK-Sekundarstufe I mit Ergebnissen einer entsprechenden Untersuchung für die Abiturstufe zu vergleichen und zu klären, in welchem Maße im Religionsunterricht der gymnasialen Oberstufe theologische und philosophische Themen in den Blick genommen werden. Die Ergebnisse zur thematischen Ausrichtung des Religionsunterrichts aus Schülersicht werden auch dann bestätigt, wenn man nur die Angaben der Gymnasiastinnen und Gymnasiasten berücksichtigt.

Zusammenfassend lässt sich festhalten, dass dem Religionsunterricht nach Auffassung der Schülerinnen und Schüler ein hoher Stellenwert für die Förderung und Vermittlung (inter-)religiöser Kenntnisse sowie religiöser Deutungs- und Partizipationskompetenzen beigemessen wird, als wichtige Facetten einer schulich zu fördernden Allgemeinbildung angesehen werden.

3.5 Zusammenfassende Betrachtung

Als Gesamtergebnis der Forschungsarbeiten zur Entwicklung, Validierung und Normierung eines Testinstruments für die Erfassung schulisch und außerschulisch erworbener religiösen Kompetenzen können folgende Punkte festgehaltenen werden:
1. Religiöse Kompetenz lässt sich theoretisch als domänenspezifische Kompetenz beschreiben und in einem Kompetenzmodell mit den vorgestellten Differenzierungen in Teilkompetenzen, Unterdimensionen und Gegenstandsbereiche darstellen.
2. Es wurde ein Pool von testfähigen Aufgaben für alle drei Gegenstandsbereiche erarbeitet, die sich auf die Dimensionen religiöse Grundkenntnisse, hermeneutische Fähigkeiten und reflexive Stellungnahme zu religiösen Partizipationsmöglichkeiten konzentrieren.
3. Die Auswertung der Hauptuntersuchung hat ergeben, dass sich reflexive Fähigkeiten von Schülerinnen und Schülern im Zusammenhang mit Themenstellungen aus dem Evangelischen Religionsunterricht durch zwei trennscharfe Skalen darstellen lassen. Die eine Skala erfasst eindeutig den Bereich religiöser Grundkenntnisse (Wissen), die andere die Fähigkeit zum religiösen Interpretieren, Deuten und Beurteilen.
4. Die religiösen Kompetenzen der Berliner und Brandenburger Schülerinnen und Schüler, die den Ev. Religionsunterricht in der Sekundarstufe I bis zum Ende der zehnten Jahrgangsstufe besucht haben, sind einerseits in einem beträchtlichen Ausmaß auf institutionell vermittelte Einflüsse, also auf den schulischen Religionsunterricht zurückzuführen. Mit den entwickelten Testinstrumenten können jedoch auch die Effekte außerschulischer Faktoren analysiert und beschrieben werden.
5. Um den schulischen Beitrag des Religionsunterrichts für den Erwerb und die Entwicklung von religiösen Kompetenzen noch präziser und umfassender zu beschreiben, ist es notwendig, die in Berlin und Brandenburg begonnene Forschungstätigkeit auf andere Bundesländer auszuweiten und weitere vergleichende Analysen und empirische Befunde vorzulegen.
6. Ein wichtiges und noch nicht angemessen bearbeitetes Forschungsziel bleibt die Untersuchung der Frage, inwieweit der religiöse Kompetenzbereich von der allgemeinen Lesekompetenz sowie von anderen Kompetenz-

domänen trennscharf unterschieden werden kann. Vor diesem Hintergrund ergeben sich weitere Forschungsperspektiven, denen anhand von Daten aus anderen Bundesländern nachgegangen werden soll.
7. Abschließend kann festgestellt werden, dass es mit der KERK-Studie erstmals gelungen ist, für eines der sogenannten weichen Fächer ein Kompetenzmodell im Zusammenspiel von Bildungstheorie, Fachdidaktik und empirischer Bildungsforschung zu entwickeln und zu validieren.

IV. Systematischer Ertrag und weiterführende Fragen

1. Die Entwicklung von Niveaustufen religiöser Kompetenz

Ein wesentliches Ziel von KERK war die Erarbeitung eines Modells religiöser Kompetenz mit einer Beschreibung von Anspruchsniveaudifferenzierungen. Letztere sollten mit Bezug auf das im Kapitel I vorgestellte theoretische Modell Niveaustufen für religiöse Deutungskompetenz, religiöse Partizipationskompetenz und religionskundliche Grundkenntnisse ausweisen. Aufgrund der zu geringen Zahl an Items, die religiöse Partizipationskompetenz erheben, konnte dieses Ziel für die Dimension religiöser Partizipationskompetenz nicht erreicht werden. Es werden daher im Folgenden zunächst die Stufen religiöser Deutungskompetenz und danach Probleme einer Niveaustufendifferenzierung in der Dimension religionskundlicher Grundkenntnisse vorgestellt.

1.1 Religiöse Deutungskompetenz

Die Anforderungsniveaus in der Dimension der religiösen Deutungskompetenz wurden auf der Grundlage der in Tests erhobenen Schwierigkeitsniveaus von Aufgaben beschrieben, die zuvor unter bildungstheoretischen, theologischen und religionspädagogischen Fragestellungen entwickelt worden waren. Die Niveaustufen wurden also nicht aus den theoretischen Prämissen der Aufgabenkonstruktion, sondern aus der teststatistischen Auswertung der Antworten von Schülerinnen und Schülern auf der Grundlage von Merkmalen erarbeitet, durch die sich schwere von leichteren Aufgaben unterscheiden lassen. Der empirisch erhobene Schwierigkeitsgrad ergab sich daraus, wie viele Schülerinnen und Schüler im Test in der Lage waren, die entsprechende Testaufgabe zu lösen bzw. nicht zu lösen. Die Abgrenzung von Anforderungsniveaus ergab sich hierbei nicht aus der teststatistischen Unterscheidung von Schwierigkeitsgraden, sondern erst auf der Grundlage einer hermeneutischen Interpretation der empirischen Ergebnisse. Dabei wurden Aufgaben mit unterschiedlichen Schwierigkeitsgraden so zu einzelnen Stufen zusammengefasst, dass für jede Stufe spezifische Fähigkeiten benannt wurden, über die Schülerinnen und Schüler, die die Aufgaben der jeweiligen Stufe lösen konnten, verfügen mussten. Sowohl die genauen Abgrenzungen zwischen den Stufen, als auch die Analyse der notwendigen Fähigkeiten, die jeder dieser Stufen zugeordnet wurden, stellen somit auf empirisch gewonnenen Daten basierende Ergebnisse von Interpretationen dar. Sowohl für die Abgrenzungen zwischen den Niveaustufen als auch für die Stufen selbst waren – abhängig von der Aufgabenstellung der Testaufgaben und den Gesichtspunkten der inhaltlichen Interpretation ihrer Schwierigkeitsgrade – unterschiedliche Beschreibungen möglich, die ihren Niederschlag bis in einzelne Publikationen von Projektergebnissen fanden. In der Arbeit mit unterschiedlichen Niveaustufenbeschreibungen verständigte sich das Team schließlich auf das folgende Niveaustufenmodell religiöser Deutungskompetenz, das die im Projekt unternommenen Abgrenzungs- und Systematisierungsversuche zusammenfasst:

Niveau I	Schülerinnen und Schüler können religiöse Texte und Rituale interpretieren, die Bezüge zu lebensweltlich bekannten religiösen Konventionen und Erfahrungen aufweisen.
Niveau II	Schülerinnen und Schüler können das religiöse Konzept erfassen, das religiösen Texten und Sachverhalten zugrunde liegt, auch wenn keine unmittelbaren Bezüge zu lebensweltlichen Erfahrungen gegeben sind.
Niveau III	Schülerinnen und Schüler können religiöse Texte und Sachverhalte aus verschiedenen Religionen erfassen, Perspektivenwechsel zwischen diesen vollziehen und Deutungsprobleme interreligiös sowie im öffentlichen Raum diskutieren.
Niveau IV	Schülerinnen und Schüler können religiöse Inhalte und Konzepte in religiösen und außerreligiösen Kontexten erfassen, konkurrierende Auslegungen durch Vollzug eines Perspektivenwechsels reflektieren und problematisieren sowie zu diesem Zwecke eigene Vorerwartungen hinterfragen.
Niveau V	Schülerinnen und Schüler können religiöse Inhalte und Sachverhalte von unterschiedlichen Fachlogiken (Ökonomie, Politik, Moral, Recht) her interpretieren und im Lichte solcher Fachlogiken mehrperspektivisch beurteilen.

Abb. 1: Niveaustufendifferenzierung religiöser Deutungskompetenz

IV. SYSTEMATISCHER ERTRAG UND WEITERFÜHRENDE FRAGEN 127

Die Struktur des als Summe der bisherigen Arbeit entwickelten Niveaustufenmodells zeigt ein Voranschreiten vom Konkret-Anschaulichen über ein Abstrakt-Begriffliches bis hin zu Operationen, in denen auf einer höchsten Niveaustufe abstrakt-begriffliche Problemstellungen auf konkrete Deutungs- und Urteils- sowie Partizipations- und Handlungsprobleme hin ausgelegt werden. Während Aufgaben auf der ersten Niveaustufe im Rückgriff auf lebensweltliche Erfahrungen gelöst werden können, muss auf den höheren Niveaustufen auf Kenntnisse und Fähigkeiten zurückzugegriffen werden, die nicht aus dem unmittelbaren lebensweltlichen Kontext bekannt und eingeübt sind. Auf den Niveaustufen III bis V wird darüber hinaus von den Testpersonen verlangt, Perspektivenwechsel zwischen verschiedenen Deutungsordnungen vorzunehmen sowie religiöse von anderen Deutungs- und Partizipationsmodi zu unterscheiden. Die Perspektivenwechsel verlangen zumindest ansatzweise, Strukturen unterschiedlicher konfessions- und religionskultureller Kontexte zu rekonstruieren (Niveau III) sowie die Abgrenzung unterschiedlicher Fachlogiken (Niveau IV: religiös und außerreligiös; Niveau V: multiperspektivische Interpretationen und Beurteilungen religiöser Inhalte und Sachverhalte von *unterschiedlichen* außerreligiösen Fachlogiken her) zwischen religiösen und außerreligiösen Fachlogiken zu unterscheiden. Auf der höchsten Niveaustufe wird der Bezug zum Konkret-Anschaulichen dann insofern wieder hergestellt, als abstrakt-begriffliche Problemstellungen auf konkrete Deutungs-/Urteils- und Partizipations-/Handlungsprobleme hin ausgelegt werden müssen.

Die nicht zu übersehenden Ähnlichkeiten zwischen der Struktur der Niveaustufen III bis V, insbesondere jene der Niveaustufen III und IV, werfen die Frage auf, ob diese Stufen nicht in einer Stufe zusammengefasst werden könnten. Damit hängt die weitere Frage zusammen, ob Perspektivenwechsel zwischen unterschiedlichen Religionen wirklich immer 'einfacher' sind als Perspektivenwechsel zwischen religiösen und außerreligiösen Betrachtungen eines Sachverhalts. Das empirische Material erlaubt es hier nur, Tendenzen aufzuzeigen. Möglicherweise ergibt sich die geringere Schwierigkeit der interreligiösen Items nicht daraus, dass sich diese auf interreligiöse Situationen beziehen, sondern daraus, dass die Items der Niveaustufe III gegenüber jenen der Stufe IV eine geringere Komplexität aufweisen, so dass für die Lösung der gestellten Aufgaben geringere allgemeine kognitive Fähigkeiten erforderlich sind. Möglich ist aber auch, dass der geringere Schwierigkeitsgrad sich daraus erklärt, dass sich Religionen nicht nur durch ihre Rituale und Praktiken, sondern auch durch ihre Weltsichten, Werturteile und Weltdeutungen unterscheiden. Dass gemeinhin als religiös bezeichnete und interpretierte Phänomene auch ökonomisch oder politisch interpretiert werden können und umgekehrt, ist weitaus weniger selbstverständlich als die Tatsache, dass sich religiöse Sachverhalte aus der Perspektive unterschiedlicher Religionen jeweils unterschiedlich darstellen und auslegen lassen.

Weiterhin klärungsbedürftig ist auch die Korrelation zwischen religiöser Deutungskompetenz und allgemeiner Lesekompetenz. Die Analyse der

Schwierigkeitsgrade der verschiedenen Items zeigt deutlich, dass zu den oben beschriebenen Merkmalen der fünf Niveaustufen als weiteres Kriterium für den Schwierigkeitsgrad eines Items hinzukommt, wie hoch die zu seiner Lösung erforderliche Lesekompetenz anzusetzen ist. Dies wird insbesondere in dem Niveaustufenmodell deutlich, das als Ergebnis von RU-Bi-Qua, dem Vorläuferprojekt von KERK, erstellt wurde (vgl. Benner/Krause et. al. 2007, S. 149). Die dort formulierten Beschreibungen unterscheiden Niveaustufen danach, ob für die Lösung eines Items religiöse Inhalte in einfachen oder komplexeren Textzusammenhängen wahrgenommen und interpretiert werden müssen und ob eine selbstständige Vernetzung der im Text gegebenen Informationen vorzunehmen ist. Dass Lesekompetenz auch eine Voraussetzung für die Lösung religionsbezogener Aufgaben ist, die Testpersonen in schriftlicher Form in einem Testheft vorgelegt werden, überrascht nicht und ist auch kein zureichendes Argument dafür, religiöse Deutungskompetenz als einen fachspezifischen Sonderfall einer allgemeinen Lesekompetenz auszugeben. Denn es lässt sich für verschiedene Beispiel-Items zeigen, dass deren Schwierigkeitsgrad nicht ausschließlich damit erklärt werden kann, welcher Grad an Lesekompetenz zu ihrer Beantwortung notwendig ist.

Der in PISA ermittelten Beschreibung der Niveaus von Lesekompetenz zufolge sind Schülerinnen und Schüler auf der ersten Stufe der Lesekompetenz lediglich in der Lage, einem Text Einzelinformationen zu entnehmen, das Hauptthema eines Textes zu erkennen oder eine einfache Verbindung zu Alltagskenntnissen herzustellen. Mit zunehmendem Schwierigkeitsniveau wächst dann die Fähigkeit, mehrere Informationen zu identifizieren und Verbindungen zwischen verschiedenen Textteilen sowie zu Alltagskenntnissen (und auf der höchsten Stufe auch zu Fachwissen) herzustellen, dabei sprachliche Nuancen zu erkennen und kritische Bewertungen vorzunehmen. Auf der obersten Kompetenzstufe (Stufe 5) verfügen die Schülerinnen und Schüler über die Fähigkeit, komplexere Texte tiefgreifend zu analysieren, Hypothesen zu bilden und dafür nicht nur auf Fachwissen zurückzugreifen, sondern auch mit Konzepten umzugehen, die im Widerspruch zu den eigenen Erwartungen stehen (OECD 2001, S. 41).

Eine der KERK-Testaufgaben stellt Fragen zur Geburtsgeschichte Jesu im Koran (Sure 19, 16-35; vgl. die Dokumentation dieses und der folgenden Items im Anhang) und scheint auf den ersten Blick eine einfache Aufgabe zu sein. Tatsächlich aber ist sie mit dem Schwierigkeitsgrad 526 eine überdurchschnittlich schwierige Aufgabe (die durchschnittliche Schwierigkeit lag bei 500 Punkten). Die Aufgabe steht im mittleren Teil des Testhefts. Ihr voran geht ein Abdruck der Geburtsgeschichte Jesu im Koran, auf die sich insgesamt fünf Aufgaben zur Testung des Textverstehens beziehen. Es folgen zwei Aufgaben zur (nicht abgedruckten) Geburtsgeschichte Jesu, wie sie das Lukas-Evangelium berichtet (Lukas 2,1-20). Diese Fragen leiten zum nächsten Fragenkomplex über, der sich mit zwei Aufgaben auf die (wiederum abgedruckte) Erzählung von der Ankündigung der Geburt Jesu (Lukas 1,26-36) bezieht. In zwei weiteren Aufgaben sollen die beiden abgedruckten Texte aus Koran und Bibel verglichen werden.

In diesem Kontext fragt also die Aufgabe mit dem Schwierigkeitsgrad 526, welche von neun vorgegebenen Beschreibungen aus dem Koran-Text auf Jesus zutreffen. Da alle zur Beantwortung der Frage notwendigen Informationen im Text vorkommen, war zu vermuten, dass diese Frage relativ leicht zu beantworten sei. Um die richtigen Antworten zu finden, war es nicht notwendig, Bezüge im Text zu erkennen, zu Alltags- oder gar Fachwissen herzustellen oder selbstständig eine Antwort zu formulieren. Jedoch konnte der ungewohnte sprachliche Stil des Korans Schwierigkeiten bereiten oder die Tatsache, dass die Schülerinnen und Schüler des evangelischen Religionsunterrichts, die Jesus als Gestalt des Christentums zu verstehen gelernt haben, durch die Erzählung über Jesu Geburt im Koran überrascht, wenn nicht sogar verwirrt wurden. Letzteres verweist darauf, dass die Lösung der Aufgabe von den Testpersonen verlangt, mit einer ihnen vertrauten Darstellung – der Geburt Jesu – in einem ihnen fremden Kontext umzugehen und dabei einen Perspektivenwechsel zu vollziehen, der eigene Vorurteilsstrukturen aufhebt.

Das Beispiel zeigt, dass sich der Schwierigkeitsgrad der Aufgabe nicht mit den für die Kalibrierung ‚reiner' Lesekompetenz geltenden Kriterien beschreiben lässt, sondern erst aus der domänenspezifischen Logik erkennbar wird. Die Befragten müssen über die Fähigkeit verfügen, speziell mit der Textgattung „Koransure" umzugehen. Religiöse Kompetenz würde demnach eine textgattungsspezifische Deutungskompetenz umfassen. Wenn es einen Teil der Schwierigkeit der Aufgabe ausmacht, dass sie sich auf einen Sachverhalt bezieht, der den Erwartungen der Befragten nicht entspricht (nämlich dass im Koran von der Geburt Jesu berichtet wird), so bedeutet dies, dass entweder entsprechende domänenbezogene (hier: religions-/islamkundliche) Kenntnisse und/oder die Fähigkeit gegeben sein müssen, von den eigenen Vorerwartungen abzusehen und den Text so zu lesen, dass eigene Vorstellungen zurückgestellt werden.

In der PISA-Studie wird die fünfte Stufe der Lesekompetenz durch die Formulierung definiert, „(m)it Konzepten umgehen können, die im Gegensatz zu eigenen Erwartungen stehen, und gestützt auf eine tiefgreifende Analyse langer oder komplexer Texte Rückschlüsse ziehen" (OECD 2001, S. 41). Die Beantwortung der hier vorgestellten Aufgabe erfordert zwar ebenfalls die Fähigkeit zum Umgang mit erwartungswidrigen Konzepten, aber keineswegs eine „tiefgreifende Analyse". Dies ist ein weiteres deutliches Indiz dafür, dass zwischen allgemeiner Lesekompetenz und religiöser hermeneutischer Kompetenz unterschieden werden muss.

Die Frage, ob die Ergebnisse aus KERK nahe legen, dass von einer ausweisbaren domänenspezifischen religiösen Kompetenz gesprochen werden kann, oder ob sie nur Varianten einer allgemeinen Lesekompetenz abbilden, kann damit so beantwortet werden: Ohne Zweifel spielt Lesekompetenz eine wichtige Rolle für die Beantwortung der Fragen in Testheften. Die Fähigkeit, mit Texten umzugehen, ist keine Spezialität eines bestimmten Unterrichtsfachs wie des Deutschunterrichts, sondern zentral für alle Unterrichtsfächer, den Religionsunterricht eingeschlossen. Domänenspezifisch sind die hermeneutischen Fähigkeiten der religiösen Deutungskompetenz daher nicht deshalb, weil sie strikt von allgemeiner Lesekompetenz zu trennen wären, sondern weil sie auf bestimmte, eben religiöse, Inhalte bezogen sind. Das Verständnis von religiösen Inhalten bzw. der Umgang mit ihnen bereitet aber spezifische Schwierigkeiten im Sinne einer eigenen Logik und erfordert eine domänenspezifische Kompetenz.

1.2 Religionskundliche Grundkenntnisse

Schwieriger als die Erarbeitung eines Niveaustufenmodells für religiöse Deutungskompetenz erwies sich die Formulierung von Kompetenzstufen im Blick auf religionskundliche Grundkenntnisse. Dies ist allerdings schon aus theoretischen Gründen nicht weiter erstaunlich. Wie in der Beschreibung des Kompetenzmodells im Kapitel I erläutert, sind Grundkenntnisse etwas anderes als Kompetenzen. Während Kompetenzen in bestimmten Anforderungssituationen erworben werden und sich dann auch an unterschiedlichen anderen Problemen und Herausforderungen bewähren können, lassen sich unbekannte Kenntnisse nicht aus bekannten Kenntnissen ableiten oder erschließen. Wer an dem einen Text das Lesen geübt hat, kann auch einen unbekannten Text eines vergleichbaren Schwierigkeitsniveaus lesen. Anders im Blick auf Kenntnisse: Wer den Namen eines buddhistischen Feiertags gelernt hat, kann daraus nicht den Namen eines anderen buddhistischen Feiertags oder auch eines muslimischen Fests ableiten. Definiert man den Schwierigkeitsgrad von Items so, dass diejenigen Items als schwieriger gelten, die von weniger Schülerinnen und Schülern richtig beantwortet werden, dann bedeutet das im Blick auf religionskundliche Kenntnisse, dass sich die Schwierigkeitsskala als Bekanntheitsskala lesen lässt: Je bekannter eine Information, nach der gefragt wird, umso leichter ist das Items, das nach dieser Information fragt.

Ist es im Blick auf Kompetenzen plausibel davon auszugehen, dass sich Kompetenzen kumulativ aufbauen, so gilt dies, wenn man die entsprechende Schwierigkeitsskala als Bekanntheitsskala interpretiert, im Blick auf religionskundliche Kenntnisse nicht oder nur in geringerem Maße. Hier bieten sich zwei Interpretationsmöglichkeiten von Schwierigkeitsniveaus im Bereich religionskundlicher Grundkenntnisse an: Die Skala der Schwierigkeiten lässt sich erstens unter der Perspektive beschreiben, dass der Schwierigkeitsgrad der Items jeweils identisch ist mit dem Bekanntheitsgrad der erfragten Sachverhalte. Diese Perspektive erscheint im Blick auf einen großen Teil der Items als angemessen.

Daneben kann die Skala aber auch unter einer zweiten Perspektive gelesen werden, unter der sich leichtere Items von schwierigeren aufgrund von Merkmalen der Aufgabenstruktur beschreiben lassen. Es lässt sich nämlich zeigen, dass die erste Erklärung der Schwierigkeitsgrade unter Rückgriff auf die Hypothese, dass es sich dabei lediglich um Bekanntheitsgrade handelt, an gewisse Grenzen stößt. Dies aber stützt dann Hypothesen und Überlegungen, nach denen weitere Faktoren den Schwierigkeitsgrad der Items bedingt haben können.

Zunächst also eine Interpretation der Skala 'religionskundliche Grundkenntnisse' unter der Perspektive, dass sich die Schwierigkeitsgrade aus den Bekanntheitsgraden der erfragten Inhalte ergeben. Interpretiert man die Skala in dieser Perspektive, dann bekommt man damit zumindest Hinweise darauf, ob die Inhalte, die im evangelischen Religionsunterricht von den Schülerinnen und Schülern erworben werden sollen, auch tatsächlich gelernt werden. Denn daneben besteht natürlich auch immer die Möglichkeit, dass die Schülerinnen und Schüler Kenntnisse außerhalb der Schule erworben haben, etwa über Massenmedien oder durch innerfamiliäre Tradierungen. Vor allem im Blick auf innerfamiliäre Tradierungen müssten dann bestimmte Kenntnisse ungleich verteilt sein, da sich das religiöse Selbstverständnis sowie die Formen und Intensitäten religiöser Praxis von Familie zu Familie unterscheiden.

Der Nutzen der Schwierigkeitsskala religionskundliche Grundkenntnisse ist unter dieser Perspektive vor allem, dass man aus dem Schwierigkeitsgrad eines Items die Schlussfolgerung ziehen kann, ob ein bestimmtes Wissen mehr oder weniger selbstverständlich ist. Die Ergebnisse sind, so betrachtet, teilweise verblüffend und waren in dieser Form nicht unbedingt zu erwarten.

Zunächst fällt auf, dass sich sechs der sieben leichtesten Kenntnis-Items *nicht* auf die Bezugsreligion beziehen. Das einfachste Kenntnis-Item überhaupt (Schwierigkeitsgrad 370 Punkte; durchschnittliche Schwierigkeit liegt bei 500 Punkten) ist dasjenige, das nach der Grundlage der jüdischen Speisegebote fragt. Hier stellt sich die Frage, ob dieses Item möglicherweise deshalb so leicht ist, weil die Distraktoren so formuliert sind, dass man über den Ausschluss der offensichtlich nicht richtigen Antworten die richtige finden kann. (Zur Frage „Was ist die Grundlage der jüdischen Speisegebote?" werden als falsche Antworten angeboten „Das Neue Testament", „Ein jüdisches Kochbuch aus dem Mittelalter" und „Ein Gesetzestext des Staates Israel". Die richtige Antwortformulierung ist „Die Tora".)

Das zweitleichteste Item (Schwierigkeit 394) ist, wiederum überraschend: „Woran wird an Chanukka erinnert?" Als Antworten werden angeboten: „Tempelzerstörung", „Tempelweihe", „Gesetzgebung", „Auszug aus Ägypten". Die Erklärung für die geringe Schwierigkeit dieses Items wird dadurch noch schwieriger, dass die Frage, warum Pessach gefeiert wird, zu den überdurchschnittlich schwierigen Items gehört. Das Pessach-Fest wird nun aber im Religionsunterricht sicherlich sehr viel häufiger behandelt als Chanukka. So hat die Thematisierung von Pessach ihren Ort nicht nur in Unterrichtsreihen zum Judentum, sondern auch im Kontext von Ostern bzw. der Passion Jesu. Ein Grund dafür, dass dennoch die Chanukka-Aufgabe sehr viel häufiger richtig beantwortet wurde, als die Pessach-Aufgabe, könnte sein, dass das Jüdische Museum in Berlin einen beliebten Chanukka-Markt veranstaltet. Allerdings hat vermutlich ein Großteil der getesteten Schülerinnen und Schüler aus Berlin, vor allem aber aus Brandenburg, diesen Chanukka-Markt nicht besucht. Verblüffend bleibt zudem, dass die Frage, ob Chanukka das Laubhüttenfest, Neujahrsfest, Versöhnungsfest oder Lichterfest bezeichnet, deutlich schwieriger ist, wenn auch immer noch unterdurchschnittlich schwierig (Schwierigkeit 457).

Angesichts der medialen Präsenz des Islam in den letzten Jahren, der zunehmenden Bedeutung des Themas im Religionsunterricht und des nicht unerheblichen muslimischen Bevölkerungsanteils in Berlin ist es nicht überraschend, dass die danach leichtesten Fragen (Schwierigkeitsgrad 408 bzw. 516) diejenigen waren, wohin Muslime pilgern (halboffene Frage; richtige Antwort: Mekka) und als was Mohammed im Islam verstanden wird (halboffene Frage; richtige Antwort: Prophet).

Ebenfalls noch unter den sieben leichtesten Kenntnis-Items (Schwierigkeitsgrade 417 bzw. 420) sind die Fragen nach der Bezeichnung einer Kopfbedeckung männlicher Juden (richtige Antwort: Kippa) und nach einem zentralen jüdischen Fachbegriff, wenn es um das Essen geht (richtige Antwort: koscher). Diese Kenntnisse sind unter Umständen ebenfalls massenmedial vermittelt, gehört aber auch zum Kernbestand der religionskundlichen Kenntnisse, wie sie in Unterrichtsreihen zum Judentum typischerweise gelernt werden. Erklärungsbedürftig bleibt nun, dass die Frage nach derjenigen Religion, deren Speisegebote den jüdischen am ähnlichsten sind, deutlich schwieriger ist (Schwierigkeitsgrad 488). Die höhere, wenn auch weiterhin unterdurchschnittlich hohe Schwierigkeit liegt hier vermutlich darin begründet, dass im Blick auf die vier angebotenen Antworten (Buddhismus, Christentum, Hinduismus, Islam) jeweils gewusst werden muss, ob bzw. welche Speisevorschriften es in diesen Religionen gibt. Es werden also quasi mehrere Kenntnisse gleichzeitig abgefragt, und die zu ziehenden Vergleiche machen ein über die reine Reproduktion von Kenntnissen hinausgehendes deutendes Moment zur richtigen Beantwortung nötig.

Das einzige Kenntnis-Item unter den sieben leichtesten, das sich auf die Bezugsreligion bezieht (Schwierigkeitsgrad 417), ist die Frage nach dem Ursprung des Osterfests: „Ostern ist ein christliches Fest, in dessen Zentrum ...." Als die richtige Ergänzung ist auszuwählen: „an die Auferstehung von Jesus erinnert wird". Einerseits leuchtet ein, dass dies ein leichtes Item ist, da Ostern und die Auferstehung Jesu im Zentrum des christlichen Glaubens stehen. Andererseits aber ist ein anderes Item, das sich auf Ostern bezieht, eines der schwierigsten Items überhaupt, nämlich die Frage, welches christliche Fest im Blick auf seine theologische Bedeutung zentral ist (Schwierigkeitsgrad 633). Eine Schwierigkeit dieser Aufgabe liegt sicherlich darin, dass alle angebotenen Antworten (Ostern, Weihnachten, Pfingsten, Himmelfahrt) christliche Feste bezeichnen und damit potentiell Antworten sind, die als richtig erschei-

IV. SYSTEMATISCHER ERTRAG UND WEITERFÜHRENDE FRAGEN 133

nen. Vor allem aber wird die Aufgabe vermutlich dadurch so schwierig, dass Weihnachten lebensweltlich viel wichtiger ist als Ostern und es daher naheliegt, Weihnachten als richtige Antwort anzusehen. Die Getesteten müssen also gerade von der lebensweltlichen Bedeutung der Feste abstrahieren, um zur richtigen Antwort zu gelangen. Hier geht es, ähnlich wie bei den schwierigeren Items zur Testung von Deutungskompetenz, darum, einen Perspektivenwechsel zu vollziehen und unterschiedliche Referenzsysteme (lebensweltliche Bedeutung – theologische Bedeutung) voneinander zu unterscheiden. Außerdem lassen sich natürlich auch Gründe dafür finden, das Fest der Menschwerdung Christi als theologisch zentral anzusehen.

Dass das Wissen über christliche Feste nicht unbedingt verbreitet ist, zeigen im übrigen zwei weitere Items (zu den Gründen unten näheres): zum einen ein Item, das fragt, welches Fest der Geburtstag der Kirche ist (Schwierigkeitsgrad 626; richtige Antwort: Pfingsten), zum anderen ein Item, das nach der richtigen Reihenfolge von Festen im Kirchenjahr fragt (Schwierigkeitsgrad 638; in den Antworten werden vier unterschiedliche Abfolgen der Feste Weihnachten, Ostern, Himmelfahrt und Pfingsten angeboten).

Aufschlussreich ist nun ein Vergleich der leichtesten und der schwierigsten Items: Waren die leichtesten Items nicht auf die Bezugsreligion bezogen, so sind dies die neun schwierigsten Items. Über die Gründe kann nur spekuliert werden. Eine Möglichkeit könnte sein, dass sich die didaktischen Herangehensweisen an Themen aus anderen Religionen von den Herangehensweisen unterschieden, mit denen man sich den Themen der Bezugsreligion nähert. Weil für andere Religionen als die Bezugsreligion meist nur kurze Überblicksreihen vorgesehen sind, könnte ein Akzent auf die Vermittlung von Kenntnissen gelegt werden (im Blick auf den Islam z.B. die Vermittlung von zentralen Begriffen wie Moschee oder Koran und der Fünf Säulen des Islam). Im Unterricht über Themen der Bezugsreligion dagegen werden eher Texte gelesen und interpretiert, Bilder beschrieben und analysiert, (kinder-) theologische und philosophische Gespräche geführt. Beim Einsatz solcher Methoden könnte die Vermittlung von einfachen Wissensbeständen zu kurz kommen, also die Vermittlung von Ergebnissen, die man 'schwarz auf weiß nach Hause tragen kann'. Möglich ist aber auch, dass die Verteilung der Items mit Blick auf ihre Bezüge zum (evangelischen) Christentum einerseits und zu anderen Religionen andererseits zufällig ist. So fällt auf, dass die schwierigen Items teilweise sehr spezielles Wissen erheben, z.B. fragen, welche Symbole den neutestamentlichen Evangelisten zugeordnet werden (Schwierigkeitsgrad 679). Entsprechend spezielle Kenntnisse im Blick auf Islam oder Judentum werden nicht abgefragt.

Vor diesem Hintergrund ist interessant, dass die einzige der leichten Aufgaben, die nicht lediglich isolierte Kenntnisbestände und einfache assoziative Verknüpfungen abfragt, sich auf die Bezugsreligion bezieht (Frage nach dem Ursprung des Osterfests: „Ostern ist ein christliches Fest, in dessen Zentrum ..."). Die richtige Beantwortung dieser Aufgabe setzt voraus, dass man zumindest in Grundzügen von der Auferstehung Jesu weiß. Anders bei den ähnlich einfachen Aufgaben, die sich auf den Islam beziehen: Wer auf die Frage, wohin Muslime pilgern, Mekka als richtige Antwort angibt, muss nicht unbedingt die Bedeutung von Mekka in vorislamischer Zeit oder für die Biographie Mohammeds kennen. Und wer weiß, dass Mohammed von Muslimen als Prophet gesehen wird, muss nicht wissen, was im Islam (oder in anderen Religionen) unter einem Propheten verstanden wird.

Hinzu kommt ein weiteres: Diejenigen der einfacheren Items, die auf Sinnzusammenhänge verweisen, beziehen sich i.d.R. auf die Bezugsreligion, und hier wiederum auf Feste, die von lebensweltlicher Relevanz für die meisten Schülerinnen und Schüler sein dürften (Ostern, Advent). Dies dürfte erklären, warum diese Aufgaben verhältnismäßig leicht sind, obwohl sie als Aufgaben, die nicht lediglich isolierte Kenntnisbestände abfragen, eigentlich schwieriger sein müssten. Und der Schwierigkeitsgrad der Aufgabe, die nach der Reihenfolge von Festen im Kirchenjahr fragt (Schwierigkeitsgrad 638), dürfte sich so erklären, dass zur Beantwortung dieses Items mehrere Kenntnisbestände miteinander verknüpft werden müssen, nämlich jeweils die Kenntnis, wann welches Fest gefeiert wird, oder die Kenntnis der entsprechenden biblischen Geschichten, aus denen sich die Reihenfolge zumindest teilweise ableiten lässt (die Himmelfahrt des Auferstandenen und das Pfingstereignis folgen der zu Ostern gefeierten Auferstehung). Ähnlich lässt sich die Schwierigkeit der Aufgabe erklären, in welchem Teil der Bibel sich der im Testheft abgedruckte und dort lediglich als „Lied" bezeichnete Psalm 23 befindet: Wer diese Frage beantworten kann, wird in der Regel nicht als isolierten Kenntnisbestand gelernt haben, dass genau diese Worte im Alten Testament stehen, sondern er oder sie wird sie als Psalm identifizieren (der Begriff erscheint nicht im Testheft) und wissen, dass die Psalmen Teil des Alten Testaments sind.

Weitere Faktoren, die darüber entscheiden, als wie schwierig sich eine Aufgabe erweist, könnten die Formate der Aufgaben und die Formulierungen der Attraktoren bzw. Distraktoren sein.

Ein Blick auf die Formate der Aufgaben könnte erklären, warum das Item, wie viele Evangelien im Neuen Testament stehen (Schwierigkeitsgrad 556), überdurchschnittlich schwierig ist. Der Grund könnte darin liegen, dass hier eine Ziffer eingetragen werden muss und nicht aus mehreren Antwortvorgaben ausgewählt werden kann. In weiteren Untersuchungen könnte getestet werden, ob sich der Schwierigkeitsgrad verändert, wenn dieses Item als Multiple-Choice-Aufgabe formuliert wird. Allerdings ist es nicht so, dass halboffene Aufgaben grundsätzlich schwierig zu lösen sind: Unter den vier leichtesten Kenntnis-Items sind nämlich ebenfalls zwei halboffen formulierte Items (Frage danach, wohin Muslime pilgern und als was Mohammed im Islam gilt).

Auch bei einer weiteren Aufgabe dürfte das Aufgabenformat für den sehr hohen Schwierigkeitsgrad (634) zumindest mitverantwortlich sein. In dieser Aufgabe geht es darum, Gebetsformulierungen als solche zu identifizieren. Das Item dürfte unter anderem deshalb von nur so wenigen Getesteten gelöst worden sein, weil mehrere Antworten als die richtigen erkannt werden mussten und nicht angegeben war, wie viele richtige Antworten insgesamt zu finden sind. Denn die entsprechenden Items, die mit denselben Antwortvorgaben nicht nach Gebetsformulierungen, sondern nach den religiösen Sprachformen Segen und Glaubensbekenntnis gefragt haben, hatten jeweils nur einen Attraktor und wurden von deutlich mehr Getesteten gelöst (Schwierigkeitsgrade 578 bzw. 458).

Die Formulierung der Attraktoren wiederum kann ein weiterer Faktor sein, um die Schwierigkeitsgrade der drei gerade erwähnten Items zu erklären, die sich mit religiösen Sprachformen beschäftigen. Dass ausgerechnet dasjenige Item mit Abstand am leichtesten ist, das nach einem Glaubensbekenntnis fragt, dürfte daran liegen, dass in diesem Fall im Attraktor, nicht aber in den Distraktoren, das Verb 'glauben' vorkommt. In den Items, die nach Gebeten und Segensformulierungen fragen, begegnen dagegen die Verben 'beten' bzw. 'segnen' weder in den Attraktoren, noch in den Distraktoren.

Zusammenfassend lässt sich deshalb festhalten, dass die folgenden Faktoren den Schwierigkeitsgrad der Items erklären können:
- Bekanntheitsgrad: Diejenigen Items sind leichter, die sich auf Stoff beziehen, der im Religionsunterricht intensiv behandelt wird, die sich auf lebensweltlich relevante oder auf massenmedial präsente Sachverhalte beziehen.
- Items sind schwieriger, wenn sie nicht lediglich isolierte Kenntnisbestände abfragen, sondern wenn mehrere Kenntnisse gleichzeitig nötig sind, um das Item zu lösen, wenn Sinnzusammenhänge gewusst werden müssen und/oder wenn unterschiedliche Perspektiven aufeinander bezogen bzw. Perspektivenwechsel vollzogen werden müssen.
- Die Formulierungen der Attraktoren bzw. Distraktoren: Items sind dann leichter, wenn zentrale Begriffe aus der Frage auch in der Formulierung des Attraktors (und gleichzeitig nicht in den Formulierungen der Distraktoren) verwendet werden.
- Der Schwierigkeitsgrad der Items hängt ab von den Aufgabenformaten: Items im Multiple-Choice-Format mit einem Attraktor sind i.d.R. leichter als halboffene Frageformate oder Multiple-Choice-Aufgaben mit mehreren richtigen Antworten, die genau alle zu finden sind.

2. Interreligiöse Kompetenz und interreligiöse Kenntnisse

Mit den Daten der KERK-Untersuchung können, über die Evaluation des Modells und der empirisch begründbaren Unterscheidung von Niveaustufen hinausgehend, auch erste Aussagen zur Leistungsfähigkeit des Religionsunterrichts getroffen werden. Interessant in diesem Zusammenhang ist, dass die Daten auch andere Skalierungen erlauben, welche die im Projekt entlang der Unterscheidung von Grundkenntnissen, religiöser Deutungs- und Partizipationskompetenz vorgenommene ergänzen. So ist es beispielsweise möglich, bestimmte Aufgabentypen zusammenzufassen und die Ergebnisse dieser Aufgabentypen mit den erhobenen Hintergrunddaten und -informationen zu korrelieren. Auf diese Weise können u. a. empirisch gestützte Aussagen über Beziehungen zwischen den Vorerfahrungen von Schülerinnen und Schülern und der Leistungsfähigkeit des Religionsunterrichts in besonderen Bereichen religiöser Kompetenz gemacht werden. An einem Beispiel wird dies im Folgenden erläutert.

In der Auseinandersetzung um den Status des Religionsunterrichts in Berlin (vgl. Schluß 2010b) wurden Ergebnisse aus KERK herangezogen, um das Potential des Religionsunterrichts mit Blick auf die in Berlin geführte Diskussion zu bestimmen. In dem Berliner Streit ging es u. a. darum, welchen Beitrag der konfessionelle Religionsunterricht zur Entwicklung von interreligiöser Kompetenz erbringt. Ein Argument für das obligatorische Unterrichtsfach Ethik, das gegen das von den Kirchen und Teilen der Elternschaft favorisierte Modell einer Fächergruppe Ethik/Religion vorgebracht wurde, lautete, konfessioneller Religionsunterricht sei nicht hinreichend in der Lage, ein wechselseitiges Verständnis von Angehörigen unterschiedlicher Religionen und Kulturen zu fördern.

Aufgrund der Kompetenzerhebungen in den Bereichen Bezugsreligion, andere Religionen und Religion in gesellschaftlich-öffentlichen Zusammenhängen war das Team von KERK in der Lage, sowohl eine Skala zu interreligiös relevanten Kenntnissen als auch eine Skala zur interreligiösen Kompetenz zu bilden. Auf deren Grundlage wurden in einem zweiten Schritt Korrelationen zwischen den Testergebnissen und den Befunden aus dem begleitenden Fragebogen hergestellt, der neben Aussagen zum soziodemographischen Hintergrund der Schülerinnen und Schüler auch deren Einschätzungen zu Inhalt, Themen und Qualität des Religionsunterrichts erhob. Die Frage nach interreligiöser Kompetenz ist nicht nur mit Bick auf bestimmte, inzwischen historisch zu nennende Situationen relevant, sondern besitzt darüber hinaus Bedeutung für die Frage, ob sich Religionsunterricht überhaupt als Teil öffentlicher Bildung ausweisen und legitimieren lässt (vgl. Willems 2011).

Die zur Klärung dieser Frage entwickelte Skala ‚Interreligiös relevante Kenntnisse' umfasst 35 Testaufgaben, die das im Religionsunterricht erworbene oder vertiefte interreligiös relevante Wissen von Schülerinnen und Schüler erfassen und mit Blick auf grundlegende Fragen, Traditionen und Orientierungen des Christentums, des Judentums und des Islams erheben.

Die Skala ‚Interreligiöse Kompetenz' basiert auf 44 Testaufgaben. Mit ihr wird nicht nur das Wissen, sondern vielmehr das Können bzw. die Fähigkeit der Schüler und Schülerinnen erfasst, religiöse Sachverhalte sowie Problemsituationen innerhalb eines religiösen Kontextes aus unterschiedlichen Weltzugängen zu erkennen und angemessen zu interpretieren. Diese Skala bezieht sich auch auf die Fähigkeit der Schülerinnen und Schüler, an einer Handlung

IV. SYSTEMATISCHER ERTRAG UND WEITERFÜHRENDE FRAGEN

reflexiv teilzuhaben, einen Handlungsverlauf begründet planen sowie Handlungsentscheidungen und Ergebnisse aus verschiedenen Perspektiven nachvollziehen zu können. Zusammengenommen erlauben beide Skalen Aussagen darüber, in wieweit die Heranwachsenden, die am Religionsunterricht teilnehmen, in der Lage sind, sich zu religiösen Sachverhalten oder Phänomenen mit religiösen Aspekten reflexiv und interaktiv zu verhalten.

Neben Kenntnissen und Fähigkeiten wurden auch die Schülermeinungen im begleitenden Fragebogen erhoben, so z. B. inwieweit das Unterrichtsklima im Religionsunterricht so gestaltet wurde, dass offene Diskussionen, die Äußerung eigener Meinungen, das Abwägen unterschiedlicher Sichtweisen und die Auseinandersetzung mit interreligiösen Lerninhalten möglich war.

Als Ergebnis der Auswertung kann festgehalten werden, dass 80% der Schülerinnen und Schüler meinen, dass die den Religionsunterricht erteilenden Lehrer/Lehrerinnen ihre Meinungen geachtet und sie ermutigt haben, diese auch im Unterricht zu äußern. 75% der Befragten stellten fest, dass der Lehrer/die Lehrerin im Religionsunterricht unterschiedliche Sichtweisen vorgestellt haben. 80% der Schüler und Schülerinnen bestätigten, dass der Lehrer/Lehrerinnen im Religionsunterricht ihre eigenen Positionen zeigen und zugleich andere Positionen zulassen. 85% gaben an, durch ihre Religionslehrer dazu ermutigt worden zu sein, über religiöse oder religionsbezogene Fragen zu diskutieren, zu denen es unterschiedliche Meinungen gibt. 84% der befragten Zehntklässler äußerten, im Religionsunterricht gelernt zu haben, Menschen einer anderen Konfession oder Religion zu verstehen. 71% stellten fest, dass sie im Religionsunterricht gelernt haben, Mitgefühl für andere zu entwickeln. 63% gaben an, mit Gleichaltrigen anderer Religionsrichtungen über ihren Glauben diskutieren zu können. 59% waren der Meinung, im Religionsunterricht gelernt zu haben, Inhalte aus anderen Fächern mit Inhalten des Religionsunterrichtes zu verknüpfen.

Die Testergebnisse erlauben auch Aussagen über den Einfluss der Dauer des Besuchs des Religionsunterrichts und legen hier nahe, vier Gruppen von Schülerinnen und Schülern zu unterscheiden: 6% haben den evangelischen Religionsunterricht weder in der Grundschule noch in der Sekundarstufe I, weitere 6% haben ihn nur in der Grundschule besucht; 23% besuchten ihn nur in der Sekundarstufe I; 65% der Schülerinnen und Schüler besuchten Religionsunterricht sowohl in der Grundschule als auch in der Sekundarstufe. Für Berliner Schüler, die nicht Schulen in konfessioneller Trägerschaft besuchen, gilt, dass für sie Ethik Pflichtfach ist. Für Brandenburger Schülerinnen und Schüler gilt, dass diejenigen, die in den Klassen 5-10 nicht am Religionsunterricht teilnehmen, obligatorisch den LER-Unterricht besuchen.

Die Auswertung des Fragebogens und die Ergebnisse des Tests belegen, dass der Religionsunterricht sowohl interreligiös relevante Kenntnisse als auch interreligiöse Fähigkeiten vermittelt und fördert. Die Wissensstände und die Kompetenzen von Zehntklässlerinnen und Zehntklässlern, die den Religionsunterricht kontinuierlich besucht haben, zeigen einen Vorsprung von drei bis vier Lernjahren gegenüber denjenigen, die nicht bzw. nur in der Grundschule am Religionsunterricht teilgenommen haben. Im Vergleich zu der Schülergruppe, die nur in der Sekundarstufe I am Religionsunterricht teilnahm, zeigen Schülerinnen und Schüler, die kontinuierlich von der Grundstufe bis zur Sekundarstufe I Religionsunterricht hatten, deutlich höhere Kenntnisse. In Bezug auf die interreligiösen Kompetenzen sind die Unterschiede bei diesen beiden Gruppen allerdings nicht bedeutsam. Beide erreichen hohe interreligiöse Kompetenzwerte, die deutlich über den Werten der beiden anderen Vergleichsgruppen liegen.

Der Test ergab auch, dass Schülerinnen und Schüler, die lediglich in der Grundschule den Religionsunterricht besuchten, als Zehntklässler kaum mehr Kenntnisse und sogar etwas weniger Kompetenzen im interreligiösen Bereich vorweisen als Altersgenossen, die nie den Religionsunterricht besucht haben. Auch kleineren Differenzen, die auf den ersten Blick nicht besonders bedeutsam erscheinen, kommt bei großen Stichproben, wie sie in der Schulleistungsforschung üblich sind, häufig eine nicht zu vernachlässigende Bedeutung zu. So können statistische Signifikanztests auch bei kleinen Unterschieden einen signifikanten Unterschied anzeigen. Die Mittelwerte der ersten Gruppe (Religionsunterricht nur in der Grundschule) sind signifikant schlechter als die von Gruppe zwei (Religionsunterricht in Grundschule und Sekundarstufe I) und drei (Religionsunterricht nur in der Sekundarstufe I) und unterscheiden sich nicht signifikant von jenen der Gruppe vier (kein Religionsunterricht) (vgl. Abb. 4 und 5).

Als Erklärung bietet sich an, dass Bildungsinhalte, die im weiteren Lernprozess nicht mehr gebraucht werden, vergessen werden. Hinzukommt, dass der interreligiöse Bereich schwerpunktmäßig nicht in der Grundschule, sondern erst in der Sekundarstufe I thematisiert wird. Die Bildungsforschung spricht in solchen Zusammenhängen von Effektstärke. Diese zeigt in dem vorgestellten Beispiel an, dass eine Konzentration des Religionsunterrichts auf die Grundschule und ein Rückzug aus der Sekundarstufe I, wie er der Landeskirche zuweilen nahegelegt wurde, für den gesellschaftlich wichtigen Bereich der interreligiösen Kompetenz kontraproduktiv wäre, denn die Mittelwerte beider Skalen der zweiten Gruppe (Religionsunterricht in Grundschule und Sekundarstufe I) sind signifikant besser als die aller anderen Gruppen. Und die Mittelwerte der dritten Vergleichsgruppe (Religionsunterricht nur in Sekundarstufe I) sind signifikant besser als die der Gruppen eins und vier und signifikant schlechter als die der Gruppe zwei.

Es muss allerdings in diesem Zusammenhang darauf hingewiesen werden, dass die Schülergruppe, die überhaupt keinen Religionsunterricht besucht hat, in der hier vorgestellten Untersuchung relativ klein war. Der Grund für die geringe Anzahl von Schülern, die nie Religionsunterricht besuchten, liegt darin, dass die Erhebung repräsentativ nur diejenigen erfasste, die am Religionsunterricht teilnahmen, an einzelnen Schulen jedoch so durchgeführt wurde, dass ganze Klassen in die Erhebung einbezogen wurden, in denen sich auch Schü-

IV. SYSTEMATISCHER ERTRAG UND WEITERFÜHRENDE FRAGEN 139

lerinnen und Schüler befanden, die nie oder zum damaligen Zeitpunkt nicht am Religionsunterricht teilgenommen hatten.

Interreligiöse Kenntnisse

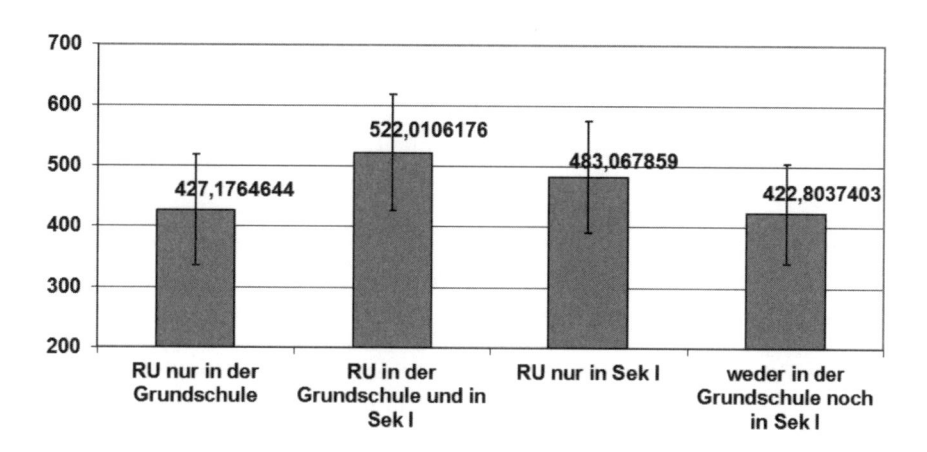

- RU nur in der Grundschule: 427,1764644
- RU in der Grundschule und in Sek I: 522,0106176
- RU nur in Sek I: 483,067859
- weder in der Grundschule noch in Sek I: 422,8037403

Abb. 2: Mittelwert und Streuung

Interreligiöse Kompetenz

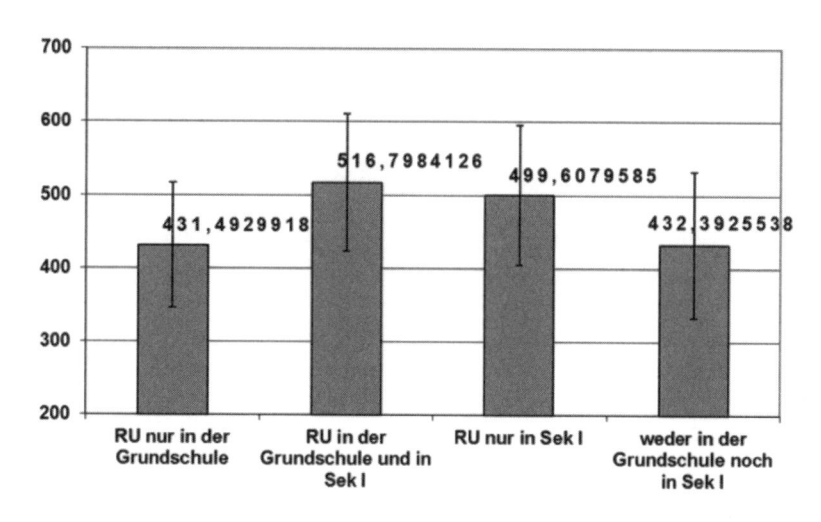

- RU nur in der Grundschule: 431,4929918
- RU in der Grundschule und in Sek I: 516,7984126
- RU nur in Sek I: 499,6079585
- weder in der Grundschule noch in Sek I: 432,3925538

Abb. 3: Mittelwert und Streuung

Die Anzahl der Schülerinnen und Schüler betragen für die vier Gruppen: Gruppe 1: Religionsunterricht nur in der Grundschule = 97; Gruppe 2: Religionsunterricht in der Grundschule und in der Sekundarstufe I = 1007; Gruppe 3: Religionsunterricht nur in der Sekundarstufe I = 348; Gruppe 4: Religionsunterricht weder in der Grundschule noch in der Sekundarstufe I = 85; Total = 1537.)

Die Testergebnisse lassen innerhalb aller vier Vergleichsgruppen große Streuungen sowohl hinsichtlich der Kenntnisse als auch im Hinblick auf die Kompetenzen erkennen. Dies kann darauf verweisen, dass es im gegenwärtigen Religionsunterricht beträchtliche Qualitätsunterschiede gibt, aber auch Ausdruck von sehr unterschiedlichen Ausgangslagen sein. Große Streuungen in der Kompetenzverteilung belegen auch andere Schulleistungsuntersuchungen, die regelmäßig ein viel heterogeneres Bild von der Leistungsfähigkeit der Schülerinnen und Schüler zeigen, als es das auf Homogenität abzielende vielgliedrige deutsche Schulsystem suggeriert.

Unabhängig hiervon ist jedoch festzustellen, dass durch den Religionsunterricht die Entwicklung interreligiöser Kompetenzen deutlich gefördert wird. Hieraus folgt, dass die dem Religionsunterricht irriger Weise zugeschriebenen Defizite in diesem Bereich nicht zur Begründung eines obligatorischen Schulfachs Ethik herangezogen werden können. Für den Ethikunterricht bedeutet dies, dass seine Legitimation nur mit Blick auf die öffentliche Funktion eines solchen Unterrichtsfachs, nicht aber mit Verweis auf Defizite des Religionsunterrichts begründet werden muss.

3. KERK und die Diskussion über eine bildungs- und kompetenztheoretisch fundierte Religionspädagogik

3.1 Kompetenzorientierung in der Religionspädagogik

Die Frage, welche Kompetenzen Schülerinnen und Schüler tatsächlich im Religionsunterricht erwerben, ist erstaunlicherweise in den letzten Jahrzehnten kaum oder gar nicht untersucht worden. Seit der Ende der 1960er Jahre durch Klaus Wegenast angestoßenen „empirische[n] Wendung in der Religionspädagogik" (Wegenast 1968) standen andere Fragen im Zentrum der empirisch arbeitenden Religionspädagogik, etwa die Frage nach den Verstehensvoraussetzungen und -horizonten von Schülerinnen und Schülern im Blick auf unterschiedliche Themen des Religionsunterrichts (z.B. Fuchs 2010; Rodegro 2010) und die Frage nach der Haltung von Kindern und Jugendlichen gegenüber Kirche und Religion (z.B. Ziebertz et al. 2003; Ziebertz et al. 2009), die Frage nach dem Rollenverständnis von (angehenden) Religionslehrkräften (Feige et al. 2006; Feige et al. 2007; Liebold 2004), die Frage nach Beliebtheit, Akzeptanz bzw. Ablehnung des Religionsunterrichts (z.b. Bucher 1996; Hanisch/Pollack 1997) oder die für die Unterrichtsforschung grundlegende Frage nach den Prozessen und Interaktionen, die sich im Religionsunterricht vollziehen (Fischer et al. 2003).

Ungeachtet einiger früher Versuche, religiöse Kompetenz zu bestimmen (v.a. Hemel 1988), wurde erst im Zuge der nach dem 'PISA-Schock' initiierten Diskussion über Bildungsstandards, fachspezifische Kompetenzen und eine Output-Orientierung des Unterrichts auch innerhalb der Religionspädagogik der Blick stärker auf die Frage gelenkt, welche Kompetenzen Schülerinnen und Schüler eigentlich im Religionsunterricht erwerben sollen und faktisch erworben haben.

Sowohl die Versuche der Religionspädagogik, den Paradigmenwechsel von der Input- zur Output-Orientierung fachspezifisch durchzuspielen, als auch die vorgebrachten Bedenken und Kritikpunkte, zeigen eine große Nähe zu den Diskussionen in anderen Fachdidaktiken vor allem der sog. 'weichen' Fächer, für die keine nationalen Bildungsstandards von der KMK erarbeitet werden. Das ist in den letzten Jahren vielfach dargestellt worden und muss an dieser Stelle nicht wiederholt werden (vgl. Rothgangel/ Fischer 2004; Pirner 2006; Sajak 2007; Obst 2009; Feindt et al. 2009). Vielmehr soll es hier darum gehen zu zeigen, welchen Beitrag das Projekt KERK und seine Ergebnisse zu dieser religionspädagogischen Diskussion leisten.

3.2 Was leistet KERK – und was nicht?

Fragt man nach dem Output oder Outcome von Religionsunterricht und den im Religionsunterricht zu erwerbenden bzw. erworbenen Kompetenzen, so muss man klären, wie religiöse Kompetenzen evaluiert werden können. In diesem Zusammenhang ist KERK das bislang einzige religionspädagogische Forschungsprojekt, das mit den Methoden quantitativer Bildungsforschung untersucht, welche religiösen Kompetenzen im Religionsunterricht tatsächlich erworben werden, und damit eine empirische Grundlage für die Entwicklung empirisch kontrollierbarer und nicht lediglich 'gefühlter Bildungsstandards' legt (vgl. Schieder 2007; Fischer/Elsenbast 2007, S. 6). Die religionspädagogische Fachdiskussion verfolgt daher das Projekt mit Interesse und verknüpft mit ihm entsprechende Erwartungen (vgl. z.B. Rothgangel 2008; Schweitzer 2008, S. 15; Dressler 2009, S. 23; Ritzer 2010, S. 392).

Um das Outcome von Religionsunterricht zu evaluieren, wurde in KERK ein Modell religiöser Kompetenz entwickelt, das bildungstheoretisch und fachdidaktisch argumentiert und eine empirische Testung religiöser Kompetenz mit den Methoden quantitativer Bildungsforschung erlaubt. Die zweifache Problemstellung des Projekts wies von Anfang an ein gewisses Spannungsverhältnis auf. Um für evaluative Zwecke einsetzbar zu sein, musste das Modell so einfach wie nur möglich gehalten werden. Die Folge war, dass es die Komplexität religiöser Kompetenz, wie sie aus fachdidaktischer Perspektive beschrieben werden kann, nicht abzubilden vermag. Denn entsprechend komplexes Kompetenzmodell würde eine dermaßen große Anzahl an Testitems erfordern, um die unterschiedlichen Dimensionen abzubilden, und damit eine so lange Testdauer beim Einsatz des Testinstruments nötig machen, dass dies die zeitlichen und finanziellen Ressourcen sowie die organisatorischen Möglichkeiten im Rahmen empirisch-religionspädagogischer Projekte übersteigt. Insofern stellt Gabriele Obst zu Recht im Blick auf KERK fest, dass sich „die Schlichtheit des Modells offenbar weniger dem Bemühen verdankt, der Differenziertheit der Kompetenzen religiöser Bildung gerecht zu werden als vielmehr ein handhabbares Instrument für empirische Untersuchungen entwickeln zu können" (Obst 2009, S. 93). Obsts Befürchtung, dass „sich die empirische Überprüfbarkeit zum alleinigen Konstruktionsprinzip von Kompetenzen und Standards aufschwingt und damit der Zwang zur Vereinfachung und Operationalisierung die Sachproblematik überlagert" (ebd.), erscheint dagegen als nicht angemessen. Denn die „Schlichtheit des Modells" (s.o.) impliziert ja nicht, dass zu anderen Zwecken nicht komplexe Kompetenzmodelle eine höhere Berechtigung haben. In diesem Kontext bietet es sich daher an, zwischen Modellen zur Evaluation von Kompetenz und Kompetenzmodellen zur Planung, Durchführung und Reflexion von Unterricht zu unterscheiden (vgl. Willems 2011, S. 108-110).

Die beschriebene Spannung zwischen geforderter Einfachheit und geforderter Komplexität könnte man dadurch einseitig aufzulösen versuchen, dass man den Sinn von Evaluation religiöser Bildungsprozesse grundsätzlich bestreitet mit dem Argument, eine solche Evaluation wäre ihrem Gegenstand ohnehin nicht angemessen. In der Tat wird immer wieder vorgebracht, das Beste am Religionsunterricht lasse sich nicht mit Standards messen. Diese Ansicht vertritt etwa Friedrich Schweitzer (2008, S. 18), der gleichwohl dafür plädiert, das, was sich evaluieren lasse, auch tatsächlich zu evaluieren (a.a.O., S. 20).

In diesem Sinne geht es bei KERK darum, die Grenzen dessen auszuloten, was sich evaluieren lässt. Dies geschieht, wie in diesem Band gezeigt, dadurch, dass zunächst ein bildungstheoretisch und fachdidaktisch ausgewiesenes Modell religiöser Kompetenz sowie ein Instrument zur Testung dieses Modells entwickelt wurden. In der empirischen Phase des Projekts wurde dann das Modell religiöser Kompetenz einer Testung unterzogen, und es konnten auf der Grundlage der empirischen Ergebnisse Niveaustufen religiöser Kompetenz beschrieben werden.

Jede Wahl einer Perspektive impliziert zugleich, dass man sich gegen andere Perspektiven entscheidet. In KERK wurde ein besonderes Augenmerk auf das Outcome von Religionsunterricht, nicht aber auf die Qualität von Unterrichtsprozessen oder die Interessen und Verstehensvoraussetzungen von Schülerinnen und Schülern gelegt. Deshalb erhebt KERK auch nicht den Anspruch, ein Instrument entwickelt zu haben, das die Qualität von Religionsunterricht umfassend zu messen erlaubt. So hat Friedrich Schweitzer darauf aufmerksam macht, dass „zwischen Produkt- und Prozessqualität" unterschieden werden muss: „Ein Unterricht, der bei Tests zu guten Ergebnissen führt, muss deshalb noch lange nicht 'gut' sein – manches gute Abschneiden bei Leistungsvergleichen lässt sich auch durch gleichsam militärischen Drill erreichen. Wege oder Mittel und Ziele dürfen pädagogisch gesehen nicht auseinanderfallen." (Schweitzer 2008, S. 17)

Zu Recht wird innerhalb der religionspädagogischen Debatte darauf hingewiesen, dass die Rede von religiöser Kompetenz nicht dazu führen dürfe, auf religiöse Bildung im anspruchsvollen Sinne zu verzichten. Besonders pointiert bringen dieses Anliegen Werner H. Ritter (2007) und Bernhard Dressler (2007, 2010) zum Ausdruck (zur Auseinandersetzung mit Kritiken an Modellen religiöser Kompetenz aus Sicht von KERK vgl. Nikolova/Schluß/ Weiß/Willems 2007, S. 70f., S. 74f.). An Ritter ist allerdings die Rückfrage zu richten, ob er nicht unnötigerweise Bildungsstandards und Kompetenzorientierung als Gegensatz zu einer Orientierung am Bildungsbegriff auffasst. Wenn Ritter betont, Religionsunterricht müsse dazu beitragen, dass Schülerinnen und Schüler „zu ihrer Religion, zu ihrem Glauben kommen können, die bzw. der ihnen 'Gott und die Welt' erschließt (2007, S. 31), dann weist er als religiöse Bildung aus, was sich genau das als religiöse Kompetenz, nämlich als religiöse Deutungskompetenz, beschreiben lässt. Der Hinweis, die Religionspädagogik solle lieber zu „Nachdenklichkeit, Langsamkeit und Besinnung auf das, was wirklich wichtig ist" finden, statt „allen Ernstes überall mitzuspielen" (a.a.O., S. 35), ist nicht unbedingt hilfreich. Denn gerade eine anspruchsvolle Konzeptualisierung religiöser Kompetenz versucht ja darzulegen, was religionspädagogisch als zentral anzusehen ist. Der Versuch, Kompetenzevaluation mit dem Hinweis als überflüssig zu erklären, weil „der Religionsunterricht in empirischen Untersuchungen seit Jahren wirklich nicht schlecht ab[schneide]" (a.a.O., S. 29), übersieht zudem, dass Anton Bucher (1996) in einer Studie, auf die Ritter anspielt, zwar die Beliebtheit von Religionsunterricht erhebt, nicht aber, ob Schülerinnen und Schüler im Religionsunterricht tatsächlich die von Ritter gewünschte Bildung erwerben (vgl. zur Kritik an Ritter auch Rothgangel 2009).

Die Beschreibung der Niveaustufen religiöser Kompetenz, die ein wesentliches Ergebnis von KERK darstellt (s.o. Kap. IV.1.), zeigt, dass in KERK Gemessene zum Kern religiöser Bildung gehört.

3.3 Religiöse Bildung und Niveaustufen religiöser Kompetenz

In der jüngeren religionspädagogischen Diskussion hat es vor allem Bernhard Dressler unternommen, ausführlich das Verhältnis von Religion und Bildung zu klären. In seinem Buch mit dem Titel „Unterscheidungen" (Dressler 2006) geht es Dressler darum, Bildung zu beziehen auf den jeweils sachangemessenen Umgang mit den verschiedenen Modi der Welterschließung, von denen einer der religiöse Modus ist. Der moderne Mensch müsse immer wieder zwischen unterschiedlichen gesellschaftlichen Funktionssystemen, Perspektiven, Eigenlogiken und Rationalitätsformen wechseln und diese unterscheiden. Für diese „Lebensführung in Übergängen" (S. 150) benötige er „Übergangsfähigkeit" und „Differenzkompetenz" (S. 153). Religion erlaube in diesem Zusammenhang „dem Subjekt, das durch alle Differenzen hindurch den Zusammenhalt einer Lebensführung repräsentieren soll, den eigenen Grund und die eigenen Grenzen zu deuten", und zwar so, „dass auf diese Weise der holistische Anspruch von Religion Geltung behält, ohne dass sie damit einen Allzuständigkeitsanspruch erhebt" (S. 154).

Vor diesem Hintergrund müsse es im Religionsunterricht darum gehen, Religion tatsächlich als Religion, also „unter dem Aspekt der Eigenlogik religiöser Fragen und Erfahrungen zu erschließen und dann auch, in zweiter Linie, die anderen Bereiche menschlichen Handelns unter religiösen Fragestellungen zu thematisieren, ohne sich dabei fundamentalistisch die Aufgabe anzumaßen, die 'wahren' Voraussetzungen und Ziele dieser anderen Handlungsbereiche zu kennen oder zu definieren." (S. 132f.) Dazu bedürfe es der Fähigkeit zu Perspektivenwechseln, die zwischen unterschiedlichen Deutungen der Welt stattfinden. So werde nicht nur eine religiöse Perspektive in das Ensemble der allgemeinen Bildung eingespielt, sondern ebenso angeleitet zum methodisch kontrollierten Wechsel zwischen der Binnenperspektive und der Außenperspektive einer Religion, zwischen religiöser Rede und Rede über Religion (S. 135). Die Reflexion dieser Perspektivenwechsel legt offen, dass es in der religiösen Rede um Deutungen geht, nicht etwa um Rekonstruktionen von Wahrheiten. Insofern haben religiöse Bildungsprozesse „die schwierige Aufgabe, symbolische und metaphorische Kommunikation vor den Missverständnissen zu bewahren, die die Religion mit Sachverhaltsspekulationen, mit verdinglichenden Richtigkeitserwartungen […] identifizieren. Sie haben andererseits dafür zu sorgen, dass die Struktur von Deutungen, etwas 'als etwas' zu sehen, nicht als im Vergleich zur Tatsachenbehauptung defizitäre Wirklichkeitserschließung gilt oder dass die 'als-ob'-Struktur von Referenzen nicht als Lizenz zur Beliebigkeit missverstanden wird." (S. 143)

Ein solcher deutungstheoretischer Ansatz, der Unterscheidungen von Perspektiven als zentral ansieht für religiöse Bildungsprozesse, liegt im übrigen unterschiedlichen neueren religionsdidaktischen Konzepten zugrunde. So geht es einer theoretisch reflektierten 'Performativen Religionsdidaktik' darum, durch subtile Unterscheidungen von Nähegraden zu religiösen Phänomenen Erkundungen im Bereich des religiösen Modus der Welterschließung und deren Reflexionen zu ermöglichen (vgl. Dressler 2003). Auch Konstruktivistische (Büttner 2006) und Semiotische Religionsdidaktiken (Meyer-Blanck 2002) sowie neuere Überlegungen zur interreligiösen Didaktik (Willems 2011) wissen sich einem deutungstheoretischen Ansatz verpflichtet.

Betrachtet man vor dem Hintergrund dieser Überlegungen die durch KERK erarbeiteten Niveaustufen religiöser Kompetenz, so zeigen sich deutlich die

Anschlussmöglichkeiten an ein deutungstheoretisches Konzept religiöser Bildung: Mit jeweils einer Steigerung des Niveaus steigt die Fähigkeit, zu lebensweltlichen Bezügen in Distanz zu treten und Perspektivenwechsel vorzunehmen: Wechsel zwischen den Perspektiven unterschiedlicher Religionen, zwischen religiösen und nichtreligiösen Perspektiven sowie zwischen unterschiedlichen Fachlogiken.

Daher lässt sich die Beschreibung von Niveaustufen religiöser Kompetenz durch KERK als eine empirische Bestätigung entsprechender bildungstheoretischer Überlegungen innerhalb der Religionspädagogik und Religionsdidaktik lesen. Zugleich wird deutlich, dass es offensichtlich durchaus möglich ist, auch bildungstheoretisch und fachdidaktisch anspruchsvolle Kompetenzmodelle zu entwerfen. Vor diesem Hintergrund erscheinen die Befürchtungen als unbegründet, dass eine religionsdidaktische Kompetenzorientierung zu einer Verkümmerung des Faches führen müsse, weil Kompetenzorientierung letztlich die Wiederkehr eines verkürzt verstandenen problemorientierten Ansatzes bedeute, der Religion in ihrer Eigenlogik nicht in den Blick zu nehmen vermöge (so Nipkow 2005 Bd. 1, S. 133, zitiert in Obst 2009, S. 47).

3.4 Praktische Konsequenzen

In der religionspädagogischen Debatte um Kompetenzorientierung geht es neben den Fragen der Konzeptualisierung und Evaluierung religiöser Kompetenz darum, wie durch eine kompetenzorientierte Unterrichtsvorbereitung und den Einsatz kompetenzfördernder Unterrichtsmaterialien und didaktischer Aufgaben die Schülerinnen und Schüler beim kumulativen Aufbau religiöser Kompetenzen unterstützt werden können (vgl. Obst 2009; Ziener 2009; Michalke-Leicht 2011). Zur Wirksamkeit von kompetenzorientiertem Religionsunterricht kann KERK allerdings keine Aussagen machen, da dies nicht im Fokus der empirischen Erhebung lag. Die in KERK erhobenen Daten bieten auch keine empirische Grundlage dafür, Kompetenzen so detailliert zu operationalisieren, wie es nötig wäre, um davon ausgehend etwa neue kompetenzorientierte Schulbücher oder Lehrpläne zu verfassen.

Vor dem Hintergrund der skizzierten religionspädagogischen Überlegungen und mit Blick auf die in KERK entwickelten Niveaustufen religiöser Kompetenz lassen sich jedoch Hinweise geben, welchen Kriterien didaktische Aufgaben zur Förderung religiöser Kompetenz genügen müssen. Zunächst gelten natürlich für kompetenzorientierten Religionsunterricht Gütekriterien, die in der Religionsdidaktik und Allgemeinen Didaktik außerhalb des Diskurses über Kompetenzorientierung erarbeitet wurden (vgl. Schröder 2009, S. 50-53). Darüber hinaus legt die Beschreibung von Niveaustufen religiöser Kompetenz nahe, dass es in didaktischen Aufgaben zur Kompetenzförderung darum gehen muss, den Schülerinnen und Schülern die Einnahme, Klärung, Unterscheidung und Reflexion unterschiedlicher Perspektiven zu ermöglichen: religiöser Perspektiven und Perspektiven auf Religion, Perspektiven auf nichtreligiöse Phänomene et si Deus datur nichtreligiöse Perspektiven auf religiöse Phänomene, Perspektiven unterschiedlicher religiöser Traditionen und Perspektiven unterschiedlicher nichtreligiöser Weltanschauungen.

4. Weiterhin zu klärende Beziehungen zwischen Wissens- und Kompetenzorientierung

Die Projekte RU-Bi-Qua und KERK traten von Anfang an nicht für eine Ablösung der traditionellen Wissens- durch eine neuartige Kompetenzorientierung von Unterricht, sondern für eine Erweiterung ersterer durch letztere ein. Um zu diskutieren, was unter einer angemessen Erweiterung der traditionellen Wissensorientierung durch auf die Ordnung des Unterrichts bezogene Aspekte einer zeitgemäßen Kompetenzorientierung verstanden werden kann, ist zunächst einmal zu fragen, worin der legitime Sinn und Anspruch der Wissensorientierung von Unterricht liegt, den es zu bewahren gilt und der durch eine Umstellung der Wissens- auf eine Kompetenzorientierung nicht verloren gehen darf.

Zu den bis auf Platon und Aristoteles zurückzuverfolgenden und in der systematischen Didaktik von Herbart bis Klafki wirksamen grundlagentheoretischen Überlegungen zur Ordnung eines bildenden Unterrichts gehört, dass erziehender Unterricht, um erfolgreich zu sein, Welterfahrung und zwischenmenschlichen Umgang auf ebenso künstliche wie kunstvolle Weise erweitern muss. Aufgabe von Unterricht ist es nicht, vorunterrichtliche Welterfahrungen durch neue Erfahrungen anzureichern, sondern bildende Blickwechsel in Gang zu setzen, die erfahrungserweiternd wirken und nach der Ordnung der Erfahrung fragen lehren. Entsprechende Blickwechsel aber können Lehrer bei Lernenden nur fördern und in Gang setzen, wenn sie diese selbst vollzogen und ein Wissen davon erworben haben, worin die bildende Struktur und Funktion einer pädagogischen Praxis liegt, die nicht unmittelbar auf die Vermittlung eines Könnens ausgerichtet ist, sondern durch Unterricht zu erziehen versucht. Was im Unterricht erlernt wird, soll anschließend niemals bloß gewusst, sondern so erworben worden sein, dass es von denen, die durch bildenden Unterricht erzogen worden sind, auf unterschiedliche Anwendungs-, Deutungs- und Partizipationskontexte appliziert werden kann.

In ihrer kritischen Studie „Die Krise der Erziehung" hat Hannah Arendt Versuche, Erziehung und Unterricht ohne den Umweg über die Aneignung von Wissen unmittelbar an Performativität und diese an zu erwerbende Kompetenzen zurückzubinden, einer dreifachen Kritik unterzogen, welche sie als Kritik an „ruinösen" Grundüberzeugungen und unhaltbaren reformpädagogischen Optionen verstanden wissen wollte. Die dritte Kritik ist im Zusammenhang der hier zu diskutierenden Fragen besonders bedeutsam. Arendts erste Kritik lautet, es sei verhängnisvoll, „die Welt des Kindes" und die „Gesellschaft, welche die Kinder unter sich bilden", zu einer kindlichen Eigenwelt zu stilisieren, die es pädagogisch zu achten und zu schützen gilt. In der Erziehung komme es nicht darauf an, für Kinder den Schein einer eigenen Welt zu erzeugen, sondern sie durch künstliche, eben unterrichtliche Lehr-Lernprozesse in eine gemeinsame, intergenerationelle Welt einzuführen, die sich unter modernen Bedingungen durch Sozialisation und unmittelbare Teilhabe nicht von selbst tradiert. Die zweite von Arendt kritisierte Grundüberzeugung ist die, dass das Lehren „unter dem Einfluss der modernen Psychologie" als ein Gegenstand betrachtet werde, der sich „völlig vom eigentlichen Lehrstoff emanzipiert" untersuchen lasse. Zusammengenommen favorisierten beide Grundüberzeugungen Vorstellungen von einem „Lernen durch Tun", nach denen „man nur wissen und erkennen könne, was man selbst gemacht habe". Diese Ideologie verbinde sich mit einer Fehlinterpretation des Pädagogischen, nach welcher der moderne Lehrer nicht mehr sein Fach beherrschen müsse, um bloß „totes Wissen" an seine Schüler weiterzugeben, sondern „bewusst kein Wissen lehren, sondern bloß eine Geschicklichkeit einüben" solle, so „als sei die Schule eine Lehre, in der man ein Handwerk lernt" (Arendt 1958, S. 262ff.).

Während die erste und zweite Kritik sich gegen bestimmte reformpädagogische Verkürzungen des Pragmatismus richten, kritisiert die dritte eine Kompetenzorientierung von Erziehung und Unterricht, die das Bildungsziel Wissen durch das Bildungsziel Kompetenz ersetzen zu können meint. Aufgabe schulischer und hier insbesondere über Unterricht vermittelter Bildung ist es nicht, im Unterricht etwas zu vermitteln, das auch in einer Einheit von Denken und Tun erlernt werden könnte, sondern erfahrungs- und umgangserweiternde Bildungsprozesse zu ermöglichen, die nur jenseits einer solchen Einheit möglich, sinnvoll und realisierbar sind.

Will man die traditionelle Wissensorientierung von Unterricht mit einer legitimen Kompetenzorientierung verbinden, so darf man die eine nicht durch die andere ersetzen wollen. Vielmehr muss man die Wissensorientierung so definieren, dass sie Voraussetzungen für einen Kompetenzerwerb sichert, der ohne sie nicht möglich wäre. Vergleichbares gilt dann allerdings auch für die Kompetenzorientierung. Sie ist nicht als eine allumfassende Orientierung schulischen Lehrens und Lernens zu verstehen, sondern fügt zur Wissensorientierung etwas hinzu, was aus dieser allein nicht gewonnen werden kann, die Fähigkeit nämlich, die Welt kommunikativ deuten und partizipativ mit anderen teilen zu können.

Zusammenhänge von Wissen und Kompetenz gibt es im Unterricht sowohl auf Seite der Unterrichtenden als auch auf Seite der Unterrichteten. Hier wie dort sind Wissen und Kompetenz – und zwar in jeweils spezifischer Weise – so aufeinander bezogen, dass das didaktische Können der Lehrer und das durch Unterricht bewirkte Können der Schüler über die Aneignung von Wissen und ein reflexives Überschreiten von Vorerfahrungen und Überzeugungen vermittelt bzw. zu vermitteln sind. Für die Ausbildung von Lehrern bedeutet dies, dass ihre pädagogische Kompetenz weder unmittelbar aus jenen Formen der Erziehung und Unterweisung hervorgeht, welche sie als Schüler erfahren haben, noch unmittelbares Resultat einer wissenschaftlichen Lehrerausbildung ist und auch nicht als ein Habitus entsteht, der sich in der Praxis gleichsam von selbst entwickelt, sondern vermittelt über ein wissenschaftliches Studium entsteht, das eine reflexive Auseinandersetzung mit der eigenen Sozialisation und eine distanzierte Auseinandersetzung mit den Formen und Inhalten der zurückliegenden Erziehung und Unterricht allererst möglich macht. Dies gilt übrigens für die pädagogische Seite der Ausbildung für den Lehrerberuf in einem durchaus vergleichbaren Sinne wie für die domänenspezifische fachwissenschaftliche und fachdidaktische Ausbildung. Für alle drei Ausbildungsbereiche gilt, dass die wissenschaftlich distanzierte Befassung mit dem Lehrerberuf, der jeweiligen Bezugswissenschaft des Unterrichts und dessen Fach- und Bereichsdidaktik ein reflexives Wissen hervorbringen kann, das in den angehenden Lehrern ein Bewusstsein dafür schärft, dass Unterricht und Unterrichten nicht linear auf Kompetenzerwerb, sondern auf eine Einlassung auf Sachen, Inhalte und Probleme zielen, die erst einmal um ihrer selbst willen angeeignet, bearbeitet und erkannt werden müssen, um anschließend hilfreich und nützlich in den Verwendungssituationen des Lebens und des Berufs eingesetzt oder verwendet werden zu können.

Dies gilt in einem durchaus analogen Sinne auch für unterrichtliche Lehr-Lernprozesse auf Seiten des Schülerinnen und Schüler. Wer Schreiben, Lesen und Rechnen lernt, muss zuvor ein auf Lernen und Wissen bezogenes Interesse für Zeichen, Zahlen und Maße entwickelt und sich mit Dingen und Sachen befasst haben, um diese zu klären und zu verstehen. Dies sollte für allen schulischen Unterricht von den Elementartechniken bis hin zu den bereichsspezifischen Kunden und den Anfangsgründen der Wissenschaften gelten. Hier wie dort muss Unterricht Interesse an einem Lernen wecken und entwickeln, das zunächst einmal auf Wissen und Verstehen und erst in zweiter Hinsicht auf Anwendung und Bewältigen von Lebenssituationen ausgerichtet ist. So sollte niemand Geschichte lernen, um über sie mit anderen reden und durch solches Reden Eindruck erwecken zu können, sondern damit er die nicht unmittelbar sichtbare Vergangenheit seiner Gegenwart kennen und diese in ihren wirkungsgeschichtlichen Vergangenheits- sowie ungewissen Zukunftsaspekten verstehen lernt. Es wäre ebenso absurd, wenn sich jemand mit Literatur und Dichtung nur vordergründig befasste, um diese rezitieren und daraus Gewinn ziehen zu können.

Vergleichbares gilt auch für die Religion und den ganzen Bereich einer unterrichtlich zu erweiternden religiösen Erfahrung. Das Interesse an Religion muss im Religionsunterricht zunächst einmal als ein Interesse an religiösen Inhalten und Sachverhalten verstanden und geweckt werden, um hernach auch praktisch folgenreich und bedeutsam genutzt werden zu können. Die praktische Relevanz religiöser Unterweisung soll über Aufklärung und Bildung vermittelt sein und darf nicht als ein unmittelbares Resultat unterrichtlicher Belehrung angestrebt werden. Die Basismaxime eines erziehenden und bildenden Unterrichts lautet darum nicht, so zu unterrichten, dass aus Unterricht unmittelbar ein Können erwächst, sondern unterrichtliche Lehr-Lernprozesse so zu konzeptualisieren, dass sie über den Umweg der Entwicklung reflexiver Wissensstrukturen zur Entwicklung von Kompetenzen beitragen.

Wenn die Hoffnungen, die staatliche Bildungspolitik an eine Umstellung einer traditionellen, angeblich bloßen Wissens- auf eine neuartige Kompetenzorientierung geknüpft hat, einmal zerronnen sind, werden die Irrtümer dieser leichtfertigen Umstellung, auf die erziehungswissenschaftliche Grundlagenforschung schon früh aufmerksam gemacht hat, als solche erkannt werden und die Einsicht wieder eine deutlichere Anerkennung finden, dass im Zentrum des Unterrichts nicht der Erwerb unmittelbar einsetzbarer Kompetenzen, sondern die Vermittlung eines reflexiven und distanzierten Wissens steht, das sich auf Blickwechsel zwischen lebensweltlichen, historischen, szientifischen und ideologiekritischen Wissensformen gründet und kompetenzorientierte Übergänge in pragmatische Formen des Handelns stützt, in denen Grenzen des Wissbaren und Machbaren bedacht und Abstimmungsprobleme zwischen ökonomisch-technischen, moralisch-rechtlichen, pädagogischen, politischen, ästhetischen sowie religiösen Handlungslogiken, -mustern und -aspekten erörtert werden (vgl. Benner 2008; 2011).

Wendet man sich von hierher noch einmal den in den Abschnitten 1 bis 3 dieses Kapitels kommentierten Befunden der Projekte RU-Bi-Qua und KERK zu, so drängt sich die Frage auf, wie sich die in diesen unterschiedenen Dimensionen und Niveaustufen religiöser Kompetenz aus der Sicht einer auf erziehenden Unterricht bezogenen Bildungskonzeption diskutieren lassen.

Mit der Beschreibung religiöser Kompetenz durch die Dimensionen religionskundliches Wissen, religiöse Deutungs- und religiöse Partizipationskompetenz wählten die Projekte einen Ansatz, der die traditionelle Wissensorientierung nicht durch eine neuartige Kompetenzorientierung zu ersetzen sucht, sondern am Bildungsziel Wissen festhält und dieses dreifach als Grundwissen, Deutungskompetenz und Partizipationskompetenz auslegt. Während Grundwissen, wie in Abschnitt 1 gezeigt, für sich genommen nahezu ausschließlich Niveaudifferenzierungen vor allem nach dem Bekanntheitsgrad des zu Wissenden zulässt, lassen sich für Deutungskompetenz und vermutlich auch für Partizipationskompetenz Niveaustufendifferenzierungen ermitteln, die in objektiven Schwierigkeiten der unterschiedlichen Wissensformen und ihrem kompetenten Gebrauch begründet sind. Insofern Wissen in Deutungs- und Partizipationsaufgaben nicht einfach als solches, sondern mit Blick auf eine Bearbeitung von sachlich ausgewiesenen Fragen erhoben wird, bewegen sich die in RU-Bi-Qua und KERK entwickelten und eingesetzten Aufgaben jenseits des Duals einer reinen Wissens- und einer reinen Kompetenzorientierung. Sie tragen dem Sachverhalt Rechnung, dass sich nicht alle Aspekte und

Leistungen der traditionellen Wissensorientierung von Unterricht in eine Kompetenzorientierung überführen lassen und dass domänenspezifische Kompetenzen auf domänenspezifische Kenntnisse, Wissen, Deutungen und Interpretationen angewiesen sind, die den Bereich der in Kunden anzusiedelnden Grundkenntnisse bei Weitem überschreiten.

Darum ist es sinnvoll, zwischen Kompetenzen, die durch Erfahrung erlernt und weitergegeben werden, und Kompetenzen, die im Kontext unterrichtlicher und damit künstlicher Tradierungsprozesse erworben werden, zu unterscheiden. Tradierungsprozesse, in denen Weltdeutungen und Partizipationsformen kunstvoll und innovatorisch weitergeführt werden, verlangen nach einer über Unterricht vermittelten Bildung, die auf mehr als der Aneignung eines vorgegebenen Wissens, aber auch auf mehr als evaluierbaren Teilkompetenzen basiert und die Fähigkeit einschließt, andere unterrichten oder besser, mit anderen erfahrungs- und umgangserweiternd kommunizieren zu können. Erfahrungs- und umgangserweiternde Kommunikation kann auf diese Weise auch in außerunterrichtlichen Situationen stattfinden, bleibt aber dabei darauf angewiesen, dass die, die an ihnen teilnehmen, zuvor in unterrichtlichen Situationen jene Blickwechsel künstlich vollzogen und eingeübt haben, die im Raum unmittelbarer Alltagserfahrung nicht von selbst stattfinden und, einmal erworben, diesen zu überschreiten erlauben.

Man muss sich die Fähigkeit, den Zirkel von Welterfahrung und zwischenmenschlichem Umgang zu überschreiten, nicht als didaktische Kompetenz eines berufserfahrenen Lehrers vorstellen. Es handelt sich bei ihr nicht primär oder gar ausschließlich eine professionelle Kompetenz, sondern um die Fähigkeit, mit anderen am öffentlichen Leben teilzunehmen, in ausdifferenzierten Wissensformen zu denken und zu urteilen sowie so an der Beratung eigenlogischer Problemstellungen aus unterschiedlichen Handlungsfeldern mitwirken zu können. Diese Fähigkeit kann sich ohne den Umweg über künstlichen Unterricht nicht entwickeln, geht aber aus diesem unmittelbar nicht schon hervor, sondern verlangt nach wiederkehrenden Übergängen zwischen schulisch institutionalisierten Lehr-Lernprozessen und Erfahrungen, die im außerschulischen Feld gemacht werden. An sie muss Unterricht anknüpfen, um erfahrungserweiternd über sie immer wieder hinauszuführen. Zugleich gilt freilich, dass auch der Übergang aus unterrichtlichen in gesellschaftliche Handlungsfelder konstitutiv für Bildungsprozesse ist. Die in solchem Übergang zu erwerbenden Kompetenzen liegen aber jenseits der durch Unterricht zu fördernden Fähigkeiten und wohl auch bereits jenseits der Einflusssphäre öffentlicher Erziehung.

Religiöse Bildung, wie sie sich im konkreten Leben einer Religionsgemeinschaft entwickelt und in interreligiösen Diskursen und Kommunikationsformen entfaltet, kann durch Unterricht gefördert werden, vollzieht sich im Grunde aber jenseits unterrichtlicher Lehr-Lernprozesse. Dies ist der Grund, warum in den Projekten RU-Bi-Qua und KERK religiöse Bildung als Teil öffentlicher Bildung, nicht aber als das Insgesamt und die Fülle einer lebenslangen religiösen Bildung von der Geburt bis zum Tod gefasst wurde.

Religiöse Grundkenntnisse, religiöse Deutungs- und religiöse Partizipationskompetenz wollen und können als Dimensionen öffentlicher Bildung zwar nicht die ganze Fülle religiöser Bildung erfassen, weisen aber gleichwohl, wie alle Bildung, die diesen Namen verdient, eine welt- und eine subjektbezogene Seite auf. Die in RU-Bi-Qua und KERK konstruierten und eingesetzten Aufgaben erfassen vornehmlich die weltbezogene Seite religiöser Bildung, die einer evaluativen Überprüfung und Beurteilung zugänglich ist. Um Zusammenhänge zwischen individuellen Aneignungsprozessen, wie sie sich nicht zuletzt auch im Unterricht vollziehen, und der Entwicklung von Deutungs- und Partizipationskompetenz zu erforschen, sind andere Forschungsansätze und Verfahren von Bedeutung, die im Raum einer stärker qualitativ ausgerichteten Bildungsforschung – wie den „cognitive laboratories" – entwickelt wurden. Die in RU-Bi-Qua und KERK eingesetzten Verfahren der empirischen Bildungsforschung müssen an diese anschlussfähig gemacht werden und umgekehrt.

Von den Ergebnissen der hier vorgestellten Projekte würde eine weiterentwickelte Niveaustufendifferenzierung auch der religiösen Partizipationskompetenz inhaltlich anspruchsvolle Anknüpfungsmöglichkeiten eröffnen. Aber auch die für die religiöse Deutungskompetenz gefundenen Niveaustufen weisen schon auf qualitative Merkmale einer über unterrichtliche Wissensaneignung vermittelten religiösen Kompetenzbildung hin. Sie führen von einer untersten, erfahrungsnah ausgeprägten Stufe über zunehmend abstraktere Stufen hin zu einer höchsten Stufe, in der religiöse Fragen und Sachverhalte fallbezogen von unterschiedlichen Fachlogiken her diskursiv und mehrperspektivisch erörtert werden können. Anders als in Kohlbergs Stufenmodell moralischer Urteile ist die höchste Stufe im Berliner Modell religiöser Kompetenz keine prinzipielle, sondern eine solche, welche die Vielfalt der in den vorausgegangenen Stufen präsentierten Blickwechsel fallbezogen zur Geltung bringt. Insofern die unteren und mittleren Stufen in der obersten präsent bleiben, kann von dieser vielleicht gesagt werden, dass sie unter den ausdifferenzierten Anspruchsniveaus gar keine höchste, sondern allenfalls die umfassendste Stufe präsentiert.

5. Religionspolitische und religionspädagogische Konsequenzen

Religionsunterricht an öffentlichen Schulen auf der Grundlage von Artikel 7(3) des Grundgesetzes bleibt trotz seiner starken Verankerung in der Verfassung umstritten. Vorwürfe des Anachronismus, der Privilegierung der Kirchen, der unzulässigen Missionierung von Schülerinnen und Schülern begleiteten den konfessionellen Religionsunterricht seit seiner Etablierung. Mit der sukzessiven Einführung eines islamischen Religionsunterrichts an öffentlichen Schulen in Deutschland hat sich eine Vielzahl dieser Einwände erledigt. Der Streit verlagert sich vom politisch Grundsätzlichen hin zur pädagogischen Qualitätsfragen. Kann ein Unterricht, auf den die Religionsgemeinschaften einen wesentlichen Einfluss ausüben, den pädagogischen Anforderungen genügen, die an jeden schulischen Unterricht zu stellen sind? Der Verdacht, dass in einem solchen Unterricht nicht gebildet, sondern indoktriniert wird, ist noch weit verbreitet. Gleichwohl muss es als ein Fortschritt betrachtet werden, wenn der Streit um den Religionsunterricht nicht mehr mit kulturkämpferischen Mitteln auf dem politischen Feld geführt wird, sondern sich auf das pädagogische Feld verlagert hat. Die entscheidende Frage lautet jetzt, ob der konfessionelle Religionsunterricht einen wesentlichen Beitrag zur Allgemeinbildung der Schülerinnen und Schüler leistet. Die diesen Unterricht finanzierende Gesellschaft hat Anspruch auf eine fundierte Antwort.

Es ist also zu begrüßen, wenn all jene, die sich für schulische Bildung interessieren, auch den konfessionellen Religionsunterricht kritisch auf seine Leistungen hin befragen. Sich dieser Rückfragen unter Verweis auf die unverfügbaren Wirkungen des Heiligen Geistes oder auf die Unfassbarkeit des Religiösen entziehen zu wollen, wäre ungefähr so sinnvoll wie die Weigerung eines Deutschlehrers, den Leistungsstand seiner Schüler unter Hinweis auf die Unverfügbarkeit des Faszination von und der Liebe zur Literatur zu verweigern. Bei aller Spezifik religiöser Bildung teilt sie doch mit allen schulischen Unterrichtsfächern das gemeinsame Bemühen, Schülerinnen und Schülern die Semantik, die Grammatik und die Pragmatik ihrer Lebenswirklichkeit zu erschließen.

Es ist mithin kontraproduktiv, dem Religionsunterricht seines Unterrichtsgegenstandes wegen einen nachgerade exempten Status an der Schule zuzuschreiben. Mit dem Musik- und dem Kunstunterricht teilt der Religionsunterricht ein performatives Interesse, mit dem Geschichtsunterricht die Konstruktion einer partizipationsfähigen Tradition, mit dem Deutschunterricht ein philologisches Interesse und mit den Naturwissenschaften die Arbeit an einer konsistenten Metaphysik. Die rechtliche Sonderstellung des Religionsunterrichts ist also nicht pädagogisch, sondern lediglich politisch begründet. Nicht umsonst findet der Religionsunterricht im Rahmen der Aufzählung der Abwehrrechte des Individuums gegenüber dem Staat seine prominente Erwähnung. Weder Schülerinnen und Schüler noch Lehrkräfte dürfen zum Religionsunterricht gezwungen werden, noch darf der Staat einen staatseigenen Religionsunterricht ohne Mitwirkung der Religionsgemeinschaften etablieren. Diese politischen Abwehrrechte bedeuten aber nicht, dass sich der Religionsunterricht plausiblen schulpädagogischen Erwartungen und Erfordernissen entziehen dürfte.

IV. SYSTEMATISCHER ERTRAG UND WEITERFÜHRENDE FRAGEN

Man kann durchaus unterschiedlicher Meinung darüber sein, ob ausgerechnet der Kompetenzbegriff dazu geeignet ist, bei der Konstruktion von domänenspezifischen Bildungsstandards einen produktiven Beitrag zu leisten. Denn im Kompetenzbegriff selbst sind immer schon viele Dimensionen des Lernens gebündelt. Sein enormer bildungspolitischer Vorzug besteht jedoch darin, die Aufspaltung in Stoffpläne und Lehrziele aufzuheben. Denn Kompetenzen sind Problemlösungsfähigkeiten. Kompetenzorientierte Lehrpläne müssen deshalb ihre Themen daraufhin überprüfen, ob sie geeignet sind, die Problemlösungsfähigkeiten von Schülerinnen und Schülern zu fördern. Der Eindruck einiger Kritiker, dass mit dem Einzug des Kompetenzbegriffs in die Religionspädagogik unter der Hand der „problemorientierte Religionsunterricht" wiederkehre, ist insofern ganz richtig, als kompetenzorientierte Lehrpläne nur solche Stoffe zur Behandlung empfehlen können, die sich als eine altersgemäß relevante Herausforderung für Schülerinnen und Schüler identifizieren lassen. Anders als der problemorientierte Religionsunterricht der Siebzigerjahre wird heute jedoch niemand mehr auf die Idee kommen, nur solche Stoffe als relevant für den Religionsunterricht anzusehen, die möglichst wenig mit Religion zu tun haben. Die berechtigte Kritik am problemorientierten Religionsunterricht bezog sich ja nicht auf die Problemorientierung als solche, sondern auf die Bevorzugung modischer und säkularer und die Vernachlässigung religiöser und theologischer Themen. Gerade weil die Verfechter des problemorientierten Unterrichts an einen Prozess zunehmender Säkularisierung glaubten, meinten sie den Schülerinnen und Schülern spezifisch theologische Themen ersparen zu können.

Ein an domänenspezifischen Kompetenzen orientierter Religionsunterricht wird die Probleme, für deren Lösung der Religionsunterricht einen Beitrag leisten will, anders beschreiben. Er wird zunächst schlicht konstatieren können, dass das Problem im bloßen Faktum der Vorfindlichkeit von Religion in der Welt der Heranwachsenden besteht. Sie werden mit Religiosität in ihrem privaten wie im öffentlichen Leben ebenso konfrontiert wie mit einer Vielzahl von Religionsgemeinschaften und Weltanschauungen. Darauf müssen sie sich einen Reim machen, und dazu müssen sie sich verhalten. Eine verantwortliche Religionspädagogik wird darüber hinaus darauf hinwirken, dass diese Deutungs- und Partizipationskompetenzen immer differenzierter werden und die Schülerinnen und Schüler zur kritischen Selbstreflexion und zur Empathie befähigt werden. Dieses Ziel erreicht man umso besser, je „pünktlicher" die Anregungen für die jeweiligen Altersstufen in den Unterricht eingebracht werden.

Dazu bedarf es freilich noch weitaus mehr empirischer Untersuchungen. Das Material, das die KERK-Studie gesammelt hat, ist ein wichtiger Anfang und erlaubt eine ganze Reihe von Metaanalysen. Aber die Beschränkung auf 15-Jährige erlaubt es nicht, empirisch fundierte und empirisch kalibrierte kompetenzorientierte Lehrpläne für alle Altersklassen auf Grundlage der empirischen Erhebung zu entwickeln. Gleichwohl kann das im Test erprobte Modell Grundlage einer Lehrplanentwicklung auch über die getestete Altersklasse hinaus sein, weil dieses Modell den „Stresstest" bestanden hat. Insofern entsprechen solche Rahmenlehrpläne der von Klieme et al. geforderten Testbarkeit der Standards am besten, die sich auf ein Modell beziehen, das selbst bereits einen umfangreichen empirischen Test bestanden hat. Für die bereits weit fortgeschrittene Umschreibung der Lehrpläne für Evangelische Religionslehre auf Kompetenzerwerb in allen Bundesländern ist die Weiterarbeit an empirisch fundierten Kompetenzmodellen unerlässlich. Die Kritik am Berliner Modell wird sich also auf die Entwicklung und Durchführung eines weiterentwickelten, aber gleichwohl empirisch fundierten Modells hin weiterentwickeln müssen.

Dafür kann man sich in Zukunft die Publikation von Kompetenzmodellen ersparen, die lediglich eine Sammlung alles gegenwärtig Wünschbaren darstellen. Jüngstes Beispiel einer solchen Wunschliste ist der EKD-Text 96, der unter dem Titel „Theologisch-religionspädagogische Kompetenz" „professionelle Kompetenzen und Standards für die Religionslehrerausbildung" auflistet, ohne im geringsten darauf Rücksicht zu nehmen, ob diese Kompetenzen unter den gegenwärtigen Lehr- und Lernbedingungen an den Universitäten und in der Zweiten Ausbildungsphase tatsächlich gewährleistet werden können (EKD 2008). Es ist natürlich aller Ehren wert, wenn die EKD von den Religionslehrkräften „religionspädagogische Reflexionskompetenz", „religionspädagogische Gestaltungskompetenz", „religionspädagogische Förderkompetenz", „religionspädagogische Entwicklungskompetenz" und „religionspädagogische Dialog- und Diskurskompetenz" (S. 20f.) erwartet. Die dringlich zu beantwortende Frage besteht aber darin, wie das Erreichen dieser Kompetenzen überprüft werden soll. Sechs Möglichkeiten der Überprüfung schlägt das Papier vor: Selbstbeobachtung, Fremdbeobachtung, Feedback durch Schülerinnen und Schüler, Testverfahren, Modulprüfungen und schließlich das Staatsexamen. Aber ausgerechnet bei den „Testverfahren" bleibt das Papier merkwürdig unbestimmt: „Punktuelle Tests, die nicht nur das angeeignete Wissen abfragen, sondern fallbezogene Lösungsstrategien abrufen, können ... Hinweise darauf geben, ob bestimmte Standards erreicht worden sind." (S. 26) Diesem Satz kann man einen Informationsgehalt bescheinigen, der gegen Null geht.

KERK schlug einen anderen Weg ein: Die Tests dienten nicht in erster Linie dazu, das Erreichen erwünschter, am grünen Tisch festgelegter Standards zu überprüfen – sie dienten im Gegenteil dazu, die Formulierung erreichbarer Standards überhaupt erst zu ermöglichen. Das Auseinanderklaffen von erhofften und erreichbaren Kompetenzen kann auf Dauer nicht hingenommen werden. Es herrscht eine große Unklarheit darüber, welche Kompetenzen Lehramtsanwärter am Ende ihrer Ausbildungszeit tatsächlich erworben haben. Aufschluss darüber kann nur eine intensivierte empirische Forschung geben. Wer die zehnseitige Liste von „Kompetenzen und Standards für Lehrerinnen und Lehrer mit dem Fach Evangelische Religionslehre" im EKD-Text 96 liest, dem wird schon beim Lesen schwindelig. Überprüfbar sind sie in dieser Form

IV. SYSTEMATISCHER ERTRAG UND WEITERFÜHRENDE FRAGEN 155

jedenfalls nicht. Dem Berliner Modell ist zuweilen seine „Schlichtheit" zum Vorwurf gemacht worden. Dabei wurde aber übersehen, dass ohne eine komplexe Schlichtheit bei der Modellierung eine empirische Forschung nicht möglich ist. Das EKD-Modell ist zweifellos nicht schlicht – es ist aber auch nicht überprüfbar.

Die religiösen und theologischen Deutungs- und Partizipationskompetenzen von Lehramtsanwärtern sind für den Erfolg des Religionsunterrichts entscheidend. Nach dem Abschluss unseres Projektes kann man sich in der Tat fragen, ob wir nicht – wie so häufig in der Pädagogik – das Pferd von hinten aufgezäumt haben. Anstatt zunächst die Kompetenzen von Lehrkräften zu testen, testeten wir Schülerinnen und Schüler der 10. Klassen. Wie sollen aber Schülerinnen und Schüler Kompetenzen erwerben, die ihre Lehrkräfte möglicherweise gar nicht besitzen? Wenn man bedenkt, wie schwer es manchen Theologiestudierenden fällt, die historisch-kritische Methode nicht als Angriff auf ihren persönlichen Glauben zu deuten, dann scheinen sich wichtige religionsbezogene Kompetenzen erst im späten Jugendalter auszubilden. Es ist deshalb dringend notwendig, dass wir mehr über die Kompetenzen der Religionslehrkräfte erfahren. Dabei ist die Fähigkeit, eine Standortbestimmung des eigenen Unterrichtens vorzunehmen, besonders interessant. Worin sehen sie die großen Herausforderungen unserer gegenwärtigen Lage? Wie definieren sie ihre Situation und die ihrer Schülerinnen und Schüler? Welche theologischen Deutungen bieten sie an? Stützen sie ihre Deutungen auch auf Ergebnisse anderer wissenschaftlicher Disziplinen?

Eine Religionsunterrichtsstunde lässt sich mit einem Segeltörn vergleichen. Die Religionslehrkraft als Skipper macht sich mit einer mehr oder weniger motivierten Crew bei mehr oder weniger gutem Wetter von A nach B auf. Die Reisebedingungen sind immer wieder anders. Es gibt Stunden, da hat man das Gefühl, man segelt bei herrlichem Sonnenschein hoch am Wind und hat schneller als erwartet sein Ziel erreicht – und es gibt Stunden, da herrscht Flaute, „es zieht sich" und die Stimmung an Bord ist miserabel. Bei ungünstigem Wind muss man kreuzen – mit entsprechend hohem Navigations- und Zeitaufwand. Ganz schlimm ist es, wenn man im Nebel herumstochert, das Ziel aus den Augen verliert, orientierungslos herumirrt oder gar auf Grund läuft.

Guter Religionsunterricht ist also voraussetzungsreich. Die Lehrkraft muss ihren Unterricht – wie ein Skipper seinen Törn – sorgfältig planen. Wer mit seinem Boot den sicheren Hafen verlässt, muss vorher ein erreichbares Ziel bestimmt haben. Die ETA (estimated time of arrival) ist zu schätzen – im Unterricht wie auf hoher See. Die Navigationssysteme sind zu überprüfen und das Kartenmaterial ist auf den neuesten Stand zu bringen, damit man den Kurs bestimmen sowie Untiefen und Hindernisse umschiffen kann. Man muss spüren, woher der Wind weht. Ist man schließlich in See gestochen, dann gehört die regelmäßige Standortbestimmung zu den verantwortungsvollsten Aufgaben eines Schiffsführers. Denn wer seinen Standort nicht kennt, der kann auch kein Ziel erreichen, so leuchtend es ihm auch vor Augen stehen mag. Die Standortbestimmung liegt der Zielbestimmung stets voraus.

Religionslehrkräfte müssen sich also Klarheit darüber verschaffen, in welches religionskulturelle Koordinatensystem sie ihren Unterricht einzeichnen. Mit dem Niedergang der vermeintlichen Alternativlosigkeit des Säkularisierungsnarrativs ist die Aufgabe der Standortbestimmung nicht einfacher geworden. Konkurrierende Deutungen der gegenwärtigen religiösen Lage müssen miteinander verglichen werden. Häufig sind die Deutungsangebote, die es bis in die Schulbücher und Lehrpläne geschafft haben, nicht auf dem neuesten Stand. Lehrkräfte, die sich allein auf Lehrpläne und überkommene Lehrmaterialien verlassen, müssen notwendig scheitern, weil sie zwar ein Ziel, aber nicht den Ausgangspunkt bestimmen können. Den hermeneutischen Fähigkeiten der Lehrkräfte, mithin ihrer Deutungskompetenz, kommt also eine Schlüsselrolle zu.

Damit soll nun aber gerade nicht einer missionarischen Überforderung der Religionslehrkräfte das Wort geredet werden, die gern im Gewand einer Forderung nach einer wie auch immer gearteten „Authentizität" daherkommt. Es reicht voll und ganz aus, wenn Lehrkräfte ihren Schülerinnen und Schülern zeigen können, wie man sich im Meer des Religiösen zurechtfindet. Die Vorbildfunktion besteht also in der Orientierungsfähigkeit, nicht in der Glaubensintensität. Eines Tages müssen sich Schülerinnen und Schüler ihren Weg in einer Vielzahl von religiösen Strömungen mit ihren Untiefen und Risiken, aber auch mit der Ermöglichung von „ozeanischen Gefühlen" und tiefen Einsichten alleine finden. Wenn sie den Gebrauch von Karte und Kompass, von Windmesser und Wetterbericht erlernt haben, um ihren Standort selbständig bestimmen und von dort aus ein erreichbares Ziel ansteuern können, dann hat sie der Religionsunterricht mit den notwendigen Kompetenzen ausgestattet.

Zwanglos ließe sich übrigens die lange Kompetenzliste der EKD ohne Komplexitätsverlust in Deutungs- und Partizipationskompetenzen unterscheiden: Die genannten Reflexions- und Entwicklungskompetenzen können als Deutungskompetenzen verstanden werden, die Gestaltungs-, Förder- und Diskurskompetenzen unter Partizipationskompetenzen rubriziert werden. Worin bestünde der Vorteil dieses Verfahrens? Es könnte ein Testinstrument entwickelt werden, das auf den Erfahrungen von KERK aufbaut. Das würde viele Entwicklungskosten sparen. Aus entwicklungspsychologischer Sicht wäre es spannend, die Daten der Lehramtsanwärter mit denen der Schülerinnen und Schüler der 10. Klassen zu vergleichen. Wie lässt sich der Wandel beschreiben? Lässt sich tatsächlich eine höhere Differenzierungsfähigkeit im Sinne der Niveaustufen von KERK beobachten? Gibt es Entwicklungen, die der religionspädagogischen Forschung bisher verborgen geblieben sind? Das KERK-Material bietet eine ganze Reihe von Anknüpfungspunkten.

Die empirische Erforschung des Religionsunterrichts heißt selbstverständlich nicht, dass er auf eine eigene theologische Begründung in, mit und unter aller schultheoretischen Begründung verzichten müsse. Beide müssen aber dialektisch aufeinander bezogen bleiben. Das lässt sich an folgendem bildungstheoretischen Paradox exemplifizieren: Dass religiöse Bildung der Fundamentalismusprophylaxe dient, ist eine allseits akzeptierte Annahme. Dagegen kann freilich ein schwer wiegender Einwand erhoben werden. Es waren nämlich in den vergangenen Jahren gerade die gebildeteren jüngeren Muslime, die sich zum Islamismus bekannten. Das macht uns auf einen wichtigen Sachverhalt im Bildungsgeschehen aufmerksam. Pädagogik heißt immer auch, der heranwachsenden Generation eine Welt zu versprechen und Verantwortung für die vorhandene Welt zu übernehmen (Hannah Arendt). Wenn die versprochene Welt mit der realen Welt nicht mehr in Einklang zu bringen ist, dann erziehen wir im günstigen Fall junge Reformer, im ungünstigen Fall junge Revolutionäre, die glauben, nur noch mit Gewalt sei die Welt zu retten. Wer jedoch nicht nur kleine Technokraten produzieren will, der muss dieses Risiko der Bildung eingehen. Auch der Religionsunterricht würde seine Seele verlieren, wenn er die Hoffnung auf ein kommendes Reich Gottes nicht von Generation zu Generation weitergeben würde. Die Diskrepanz zwischen dem, wie Gott diese Welt gewollt hat und wie wir sie vorfinden, kann nicht eingeebnet werden. Im Religionsunterricht muten wir den Schülerinnen und Schülern zu, diese kognitive Dissonanz auszuhalten und sie in Glaube, Hoffnung und Liebe zu transformieren. Der Religionsunterricht bietet eine „lectio difficilior" der Welt. Das ist ein riskantes und zugleich unaufgebbares und zuweilen auch ein beglückendes Unterfangen. Eine kompetenzorientierte empirische Religionsunterrichtsforschung will zum Gelingen dieses Unternehmens einen bescheidenen Beitrag leisten.

6. Ausblick auf die Sekundarstufe II

Wie bereits im Kapitel I beschrieben, wurde der Antrag auf eine Ausweitung der KERK-Untersuchung auf die Abiturstufe von der DFG abgelehnt. Das ist insbesondere deshalb bedauerlich, weil das deutsche Bildungssystem seine höchste Leistungsfähigkeit bekanntlich in der Abiturstufe zur Geltung bringt. Insbesondere die wissenschaftspropädeutischen Problemstellungen hätten in KERK-Abiturstufe eine Bearbeitung gefunden, die nicht nur für den Religionsunterricht der Oberstufe, sondern auch für andere Fächer und Lernbereiche von innovativer Bedeutung gewesen wäre, weil hier erstmals Fragestellungen aus den Traditionen bildungskategorialer Didaktik mit den Mitteln der empirischen Bildungsforschung bearbeitet worden wären. Die Ablehnung des Antrags traf das Projektteam deshalb unerwartet, weil in diesem die methodische Ausrichtung des Vorhabens und die zu klärenden Forschungsfragen auf der Grundlage von Erfahrungen aus RU-Bi-Qua und KERK präzise angegeben und auch der Horizont der erwarteten Ergebnisse detailliert beschrieben worden waren. Auf Nachfrage stellen wir den Antrag, aus dem im Folgenden, ohne dies kenntlich zu machen, ausführlich zitiert wird, gern zur Verfügung. Das Team von KERK-Abiturstufe hat erhebliche Zweifel, ob die grundlagentheoretische Ausrichtung von KERK-Abiturstufe bei der Ablehnung des Antrags angemessen gewürdigt worden ist.

Im Folgenden werden in Abschnitt 6.1 zunächst die zentralen Zielsetzungen des Projektantrags vor- und dann im Abschnitt 6.2 Bezüge der Projektkonzeption zum ‚Vorläufigen Kerncurriculum für den Evangelischen Religionsunterricht in der Qualifikationsphase in der EKBO' hergestellt, die deutlich machen, dass das Vorhaben nicht nur im Bereich der Grundlagenforschung, sondern auch hinsichtlich seiner Reformrelevanz innovativ ausgerichtet war.

6.1 Darstellung des Projektdesigns

Zu den Bildungszielen der Sekundarstufe II und der Abiturstufe gehören gemäß einer Definition der KMK (vgl. KMK 1972/2006) eine vertiefte Allgemeinbildung, eine allgemeine Studierfähigkeit und eine wissenschaftspropädeutische Bildung. Eine Auslegung dieser Ziele auf religiöse Bildung muss sich auf altersspezifische Problemstellungen einer auch religiösen Lebensführung beziehen, welche Antworten auf Fragen des guten Lebens nicht aus religiösen Dogmen ableitet, sondern unter Einbeziehung religiöser Fragestellungen reflektiert. Ferner müssen die öffentliche Funktion und Bedeutung religiöser Bildung im Kontext moderner Gesellschaften mit ausdifferenzierten Teilsystemen und Praxisfeldern erfasst und thematisiert sowie Problemstellungen einer umfassenden Wissenschaftspropädeutik auf fachspezifische Themen des Religionsunterrichts unter Berücksichtigung naturwissenschaftlicher, hermeneutischer, religionswissenschaftlicher und theologischer Fragestellungen ausgelegt werden.

Das Projekt KERK-Abiturstufe wollte ein Testinstrument zur Erfassung religiöser Kompetenz und Kompetenzniveaus für die Abiturstufe erarbeiten, das diesen Anforderungen an den Unterricht in der Abiturstufe Rechnung trägt. Es sollte die in RU-Bi-Qua und KERK-Sekundarstufe I begonnene Arbeit fortsetzen und ein gegenüber den genannten Vorhaben erweitertes Kompetenzmodell entwickeln, das mit Hilfe von Testaufgaben spezifische Themen und Sachverhalte der Sekundarstufe II erfassen und analysieren kann. Zu den über KERK-Sekundarstufe I hinausgehenden Themen gehörten u. a.

- die Erfassung und Abgrenzung fundamentaler und fundamentalistischer Formen des Religiösen in Geschichte und Gegenwart (u. a. mit Blick auf Religion als Medium von Gewaltexzessen und Gewaltbegrenzung),
- Beziehungen zwischen Religion und Politik in Gesellschaft, Staat und Öffentlichkeit,
- Beziehungen zwischen Religion, Aufklärung und Wissenschaft (u. a. mit Blick auf Evolution, Schöpfung und Kreationismus),

- Funktionen der Religion im Kontext individueller Lebensführung (u. a. mit Blick auf Willensfreiheit und Verantwortung),
- Aspekte und Momente des Religiösen in Bereichen von Ethik und Ästhetik
- sowie quer dazu Unterscheidungen zwischen lebensweltlichen, szientifischen, historischen, ideologiekritischen und anwendungsbezogenen Formen des Wissens.

Das in KERK-Abiturstufe zu entwickelnde Testinstrument und Kompetenzmodell sollte Kompetenzniveaus religiöser Bildung für die Sekundarstufe II religionspädagogisch und bildungstheoretisch ausweisen und empirisch valide beschreiben. In dem Projekt sollten
- Aufgaben für die Abiturstufe entwickelt werden, die es erlaubten, religiöse Kompetenzen nach fachdidaktischen, bildungstheoretischen und kompetenztheoretischen Gesichtspunkten für die Abiturstufe zu erfassen,
- diese Aufgaben in Expertengesprächen einer inhaltlichen Validierung unterzogen
- sowie anschließend einer Prepilotierung und Pilotierung mit kleineren Stichproben aus Berlin, Brandenburg und Hamburg zugeführt werden
- und am Ende ein vorläufiges Kompetenzmodell mit hypothetischen Kompetenzniveaus erstellt werden, die fachdidaktisch, bildungs- und kompetenztheoretisch ausgewiesen sind.

Zur Modellentwicklung von KERK-Abiturstufe wurde im Antrag ausgeführt, dass an die Stelle der religionskundlichen Kenntnisse in KERK-Sekundarstufe I in KERK-Abiturstufe Kenntnisse aus den Bereichen Theologie und Religionswissenschaft erhoben werden sollten. Auch die Horizonte der Deutungskompetenz wurden entsprechend erweitert und auf Fragen der Lebensführung, der Religionskritik sowie einer domänenspezifisch auszulegenden Wissenschaftspropädeutik ausgerichtet. Und die Partizipationskompetenz sollte für die Abiturstufe insbesondere mit inter- und intrareligiösen Diskursen sowie Diskursen zwischen Ethik, Religion und Politik bzw. deren wissenschaftliche Referenzdisziplinen rückgekoppelt werden

Religiöse Deutungskompetenz	Religiöse Partizipationskompetenz
Theologische und religionswissenschaftliche Kenntnisse	
Lebensführung	Inter- und intrareligiöse Diskurse
Religionskritik	Diskurse zwischen Ethik und Religion
Wissenschaftspropädeutik	Diskurse zwischen Religion und Politik

Abb. 4: Kenntnisse, Deutungs- und Partizipationskompetenz der Abiturstufe

Das erweiterte Modell von KERK-Abiturstufe bot die Chance, durch Einbeziehung anspruchsvoller Aufgaben aus KERK-Sekundarstufe I (Kompetenzniveaus 4 und 5) eine im Ansatz längsschnittartige Erfassung von durch Religionsunterricht geförderten Kompetenzen anzubahnen, auf deren Grundlage künftig nicht nur Lernstände, sondern auch kontinuierliche Lernentwicklungen hätten nachgezeichnet werden können. Die fachspezifische religiöse Kompetenz auf dem Niveau der Abiturstufe hätte für den Bereich der religiösen Deutungskompetenz dabei zumindest folgende Schwerpunkte aufweisen müssen.

Religion und Reflexion der Lebensführung

Im Bereich der Sekundarstufe II kommt Religion verstärkt als die Auseinandersetzung mit Leitfragen der Theologie in den Blick. Es geht weniger um einen Religionsunterricht im vorwissenschaftlichen Sinne, wie er noch für den Bereich der Sekundarstufe I, zumindest in den unteren Jahrgangsstufen, die Regel ist. Für die Evaluation der Sekundarstufe II hätte dies eine Schwerpunktverschiebung in den Fragestellungen bedeutet. Verstärkt wären Grundfragen der wissenschaftlichen Theologie in den Focus der Erhebungen gerückt worden. Die Frage der Relevanz von Religion und religiöser Bildung für die eigene Lebensführung wäre im Bereich der Teilkompetenz Deuten auf Kontingenz- und Transzendenzfragen, im Bereich der Teilkompetenz Partizipieren auf Möglichkeiten und Formen einer individuellen und gemeinsamen Führung eines auch religiös akzentuierten Lebens appliziert worden.

In KERK-Abiturstufe wären Fähigkeiten erhoben worden, die religiöse Kompetenz in Anknüpfung, Vertiefung und Erweiterung von KERK-Sekundarstufe I als eine reflexive Kompetenz ausweisen und zwischen ökonomischen, moralischen, politischen, ästhetischen und religiösen Aspekten der individuellen Lebensführung unter bildungstheoretischen, theologischen und szientifischen Fragestellungen zu unterscheiden sowie Querbezüge herzustellen erlauben. KERK-Abiturstufe hätte zeigen können, inwieweit sich solche Differenzierungen und Bezüge für die Abiturstufe feststellen und nach Kompetenzniveaus ordnen lassen. Hierfür wären anspruchsvolle Testaufgaben zu konstruieren gewesen, die an das in KERK-Sekundarstufe I erreichte Niveau anschließen und es altersspezifisch und wissenschaftspropädeutisch neu justieren.

Religion und Öffentlichkeit: Religionspolitik

Die Gewährleistung von Religionsfreiheit erlaubt es den Religionsgemeinschaften in demokratischen Gesellschaften, unter anderem auch auf den politischen Prozess Einfluss zu nehmen. Die so auszulegende Freiheit steht aber unter dem unausgesprochenen Vorbehalt der Anerkennung religiöser Pluralität. Religionsfreiheit ist nicht nur eine solche von Christen, sondern zugleich Religionsfreiheit von Muslimen, Juden, Buddhisten, Atheisten, Agnostikern u. a. m. Freiheitsrechte dieser Art schließen individuelle Abwehrrechte ein. Mit ihrer Gewährung erkennt der Staat die relative Selbständigkeit einer gesellschaftlichen Sphäre an, die ihrerseits noch einmal ausdifferenziert werden kann. Während sich der freiheitlich säkulare Staat in Wahrheitsfragen der Entscheidung enthält, lebt die Gesellschaft gerade vom lebendigen Gebrauch der garantierten Freiheiten.

So verstandene Religionsfreiheit impliziert die Anerkennung von Religionskonkurrenz. Nur solche Religionsgemeinschaften sind zur Koexistenz in diesem System fähig, die ihren Mitgliedern den Wechsel der Konfession gestatten, willens sind, religionspolitische Konflikte für produktiv zu halten und Konflikte auf friedliche Weise austragen. Schülerinnen und Schüler der Abiturstufe sollten die Fähigkeit besitzen, zwischen friedensfördernden und den Frieden gefährdenden Weisen der Wahrnehmung des religiös Anderen zu unterscheiden. Da auf dem religionspolitischen Feld gegenwärtig Dilemmageschichten nicht erst erfunden werden müssen, sondern die Gerichte häufig mit schwierigen Abwägungsfragen konfrontiert sind, liegt für die Entwicklung von Testaufgaben in den Bereichen Religion und Politik sowie Religion und Recht ein umfangreiches Material von praxisnahen Themen vor, das es zu nutzen gilt.

Bei der Aufgabenentwicklung und der Beurteilung der Antworten müssen die Komplexitätsniveaus der Lösungswege evaluiert werden. Von Bedeutung sind hierbei u. a. Fragen wie die folgenden: Wurden beim Finden einer Lösung beispielsweise wesentliche religionsrechtliche Prinzipien berücksichtigt? Waren die theologischen Differenzen der Konfliktpartner hinreichend präsent? Wurde die Position eines selbstwidersprüchlichen prinzipiellen Relativismus ebenso vermieden wie ein nicht minder selbstwidersprüchlicher Absolutheitsanspruch des eigenen Glaubens? Sind die Schülerinnen und Schüler imstande, die Entstehungsbedingungen ihres eigenen Glaubens und die Kontingenz seiner Gründe zu reflektieren?

Hier sollte untersucht werden, ob bei der Wahrnehmung von Religionsfreiheit im kirchengebundenen wie im kirchenungebundenen Raum (vgl. Feige 2009) Schüler der Abiturstufe in der Lage sind, religiöse Überzeugungen zu kontextualisieren und eigene Überzeugungen so zu vertreten, dass sie dabei mit der Möglichkeit rechnen, sich zu irren oder religiöse Wahrheit auch bei Andersgläubigen zu entdecken.

Wissenschaftspropädeutik

Während die Didaktik sich seit einigen Jahrzehnten im Bereich der Naturwissenschaften darum bemüht, im Anschluss an den naturwissenschaftlichen Unterricht, Auslegungen szientischer, hermeneutischer, phänomenologischer, historischer und ideologiekritischer Methoden, Wissens- und Reflexionsformen zur Geltung zu bringen, verfügt der Lernbereich Religion spätestens seit Galilei über eine lange Tradition von Diskursen und Kontroversen, an denen diese Wissensformen beteiligt sind. Obwohl zahlreiche religionspädagogische Arbeiten zum Verhältnis von Religion und Naturwissenschaft vorliegen (vgl. z. B. Rothgangel 1999; 2006), sind Religionspädagogik und Religionsdidaktik bisher noch nicht bis zur Definition und Messung der für wissenschaftspropädeutische Diskurse erforderlichen Kompetenzen vorgedrungen. Dies liegt vor allem daran, dass der Anschluss der Religionspädagogik an die allgemeine Diskussion um unterrichtlich zu erwerbende Kompetenzen noch recht neu ist. Mit Hilfe neuerer Ansätze der Bildungstheorie und der systematischen Didaktik (vgl. Benner 2009 a-d) sollte hierfür, bezogen auf ausgewählte Themen und Problembereiche, ein Kompetenz-Modell für die Abiturstufe entwickelt werden, das auf die genannten Wissensformen ausdrücklich Bezug nimmt, die im Oberstufencurriculum verankert und für öffentliche Diskurse ebenso wie für die individuelle Lebensführung bedeutsam sind. Besonders zu nennen sind an dieser Stelle Sachverhalte im Schnittpunkt von Evolutionstheorie und Schöpfungslehre, Aufklärung und Kirchengeschichte sowie Wissenschaft und Glaube. Ziel ist es somit, religiöse Kompetenz so zu definieren, dass sie nicht hinter den Stand des Wissens der Wissenschaften zurückfällt, die Grenzen des szientifischen Paradigmas zu reflektieren erlaubt, die Spielräume für religiöse und theologische Deutungen ausloten und die Abstimmungsprobleme zwischen Religion, Politik, Moral und Ökologie unter Verzicht auf einen Primat religiöser Deutungsmuster angehen kann.

6.2 Relationen des Projektkonzepts zum Vorläufigen Kerncurriculum für den Evangelischen Religionsunterricht in der Qualifikationsphase in der EKBO

Die Erhebung in der Abiturstufe wäre auch in reformerischer Hinsicht von erheblicher Relevanz gewesen, da die Evangelische Kirche Berlin-Brandenburg-schlesische Oberlausitz (EKBO) zeitgleich mit der Antragstellung an einem Curriculum für den Evangelischen Religionsunterricht arbeitete, das in zentralen Problemstellungen hohe Affinitäten zur Konzeption von KERK aufweist. Wie in den Rahmenlehrplan für die Sekundarstufe I sind auch in das Curriculum für die Qualifizierungsphase der Sekundarstufe II Anregungen aus dem Berliner Modell eingegangen. Dabei nimmt das Kerncurriculum der EKBO für die Sekundarstufe II besonders im Hinblick auf wissenschaftspropädeutische Themen eine Weiterentwicklung des Rahmenlehrplanes für die Sekundarstufe I vor (siehe EBKO 2009). KERK-Abiturstufe hätte nicht nur für die Evaluation des Kerncurriculums zumindest implizit wichtige Dienste leisten können, sondern in dessen zweijähriger Erprobungsphase an eine Reformpraxis anknüpfen können, die projektaffine Erhebungen deutlich erleichtert hätte.

Der Religionsunterricht ist in Berlin und Brandenburg in der Qualifizierungsphase der Sekundarstufe II von vergleichbaren heterogenen Bedingungen betroffen wie in der Grundschule und der Sekundarstufe I. Auch in der Abiturstufe ist der Religionsunterricht in Berlin und Brandenburg kein ordentliches Unterrichtsfach. Hinzukommt, dass in der Abiturstufe Brandenburgs das Pendant LER fehlt, da dieses Fach in der Sekundarstufe II nicht vorgesehen ist.

Evangelischer Religionsunterricht an den staatlichen Gymnasien Berlins und Brandenburgs beruht deshalb in besonderer Weise auf dem Freiwilligkeitsprinzip. Schülerinnen und Schüler können sich selbst an- und abmelden. Religionsunterricht wird nicht an allen Abiturstufen angeboten. Wo er stattfindet, wird er meist klassenübergreifend erteilt, ohne dass dies für seine Attraktivität von Nachteil wäre. An den Gymnasien in evangelischer Trägerschaft ist die Situation insofern eine andere, als hier Religionsunterricht auch in der Abiturstufe ein ordentliches und verbindliches Unterrichtsfach ist. In Berlin ist er an diesen Schulen sogar als Leistungsfach wählbar, seit der Einführung des neuen Kerncurriculums und seiner positiv abgeschlossenen Kompatibilitätsprüfung mit den Einheitlichen Prüfungsanforderungen (EPA) im Fach Evangelische Religion durch das Bildungsministerium ist dies auch in Brandenburg der Fall. An Schulen, die die alten Sprachen anbieten und in denen Schülerinnen und Schüler oft kontinuierlich von der Eingangsklasse an am Religionsunterricht teilnehmen, erreicht das Niveau der Leistungskurse Religion zuweilen sogar das von universitären Proseminaren. Die genannten heterogenen Bedingungen werden im Kerncurriculum beachtet, das vom Standard-Konzept Gebrauch macht und in wenigen Standards verbindlich vorschreibt, welche Kompetenzen im Religionsunterricht erworben werden sollen, ansonsten aber den Lehrkräften viel Spielraum in der Gestaltung ihres Unterrichts lässt (vgl. EKBO 2009, S. 5).

Abschließend sei noch einmal festgestellt, dass KERK-Abiturstufe über Berlin und Brandenburg hinaus von allgemeinem Interesse gewesen wäre. Es hätte mit den Mitteln der empirischen Bildungsforschung bildungstheoretisch ausgewiesene Fragestellungen untersucht, die im Bereich der Religionspädagogik an Kompetenzmodellierungen der EKD und des Comenius-Instituts sowie an die EPA der KMK (2006) anschlussfähig sind. Und es hätte wegen der Berücksichtigung unterschiedlicher Wissensformen darüber hinaus auch für andere Lernbereiche bedeutsam werden können.

V. ANHANG
BEISPIELE FÜR TESTAUFGABEN

1. Aufgaben zur Erfassung religiöser Grundkenntnisse

Was ist Chanukka?

- A ☐ das Laubhüttenfest
- B ☐ das Neujahrsfest
- C ☐ der Versöhnungstag
- D ☐ das Lichterfest

Woran wird an Chanukka erinnert?

- A ☐ Tempelzerstörung
- B ☐ Tempelweihe
- C ☐ Gesetzgebung
- D ☐ Auszug aus Ägypten

Weshalb feiern jüdische Familien bis heute das Pessach-Fest?

- A ☐ An diesem Fest werden alle Sünden des Volkes Israel vergeben.
- B ☐ Es ist ein Fest, welches an die Wüstenspeisung durch Manna erinnert.
- C ☐ Man erinnert sich daran, dass Abraham seinen Sohn nicht opfern musste
- D ☐ Es ist ein Fest zur Erinnerung an den Auszug aus Ägypten

Was ist die Grundlage der jüdischen Speisegebote?

- A ☐ Das Neue Testament
- B ☐ Ein jüdisches Kochbuch aus dem Mittelalter
- C ☐ Die Tora
- D ☐ Ein Gesetzestext des Staates Israel

Welches österliche Symbol hat einen Bezug zum Neuen Testament?

- A ☐ Osterei
- B ☐ Osterlamm
- C ☐ Osterhase
- D ☐ Osterwasser
- E ☐ Osterfeuer

Kreuze die richtige Reihenfolge der Feste nach dem Kirchenjahr an!

- A ☐ Weihnachten, Ostern, Pfingsten, Himmelfahrt
- B ☐ Ostern, Pfingsten, Himmelfahrt, Weihnachten
- C ☐ Weihnachten, Ostern, Himmelfahrt, Pfingsten
- D ☐ Ostern, Himmelfahrt, Pfingsten, Weihnachten

V. ANHANG

Ostern ist ein christliches Fest, in dessen Zentrum...

A ☐ die Wiedergeburt von Jesus begangen wird.

B ☐ die Erscheinung von Jesus auf Erden gefeiert wird.

C ☐ der Leidensweg von Jesus nachempfunden wird.

D ☐ an die Auferstehung von Jesus erinnert wird.

Im Gottesdienst gibt es verschiedene religiöse Ausdrucksformen, wie z. B. Gebet, Segen, Glaubensbekenntnis, aber auch Erzählung, Lied, Predigt. Welche der folgenden Aussagen stellen Gebete dar? Kreuze die richtigen Antworten an!

A ☐ Mein Gott, mein Gott, warum tust Du mir das an?

B ☐ Ich glaube an Gott, den Vater, den Allmächtigen.

C ☐ Der dreieinige Gott, Vater, Sohn und Heiliger Geist sei mit Euch.

D ☐ Herr, wie herrlich ist Deine Schöpfung!

E ☐ Dank sei Dir für Deine Gnade und Barmherzigkeit

F ☐ Jesus nahm das Brot und sprach: „Nehmt hin und esst; das ist mein Leib."

G ☐ Aus tiefer Not schreie ich zu dir.

Welche der folgenden Aussagen stellt ein Glaubensbekenntnis dar?

A ☐ Mein Gott, mein Gott, warum tust Du mir das an?

B ☐ Ich glaube an Gott, den Vater, den Allmächtigen.

C ☐ Der dreieinige Gott, Vater, Sohn und Heiliger Geist sei mit Euch.

D ☐ Herr, wie herrlich ist Deine Schöpfung!

E ☐ Dank sei Dir für Deine Gnade und Barmherzigkeit

F ☐ Jesus nahm das Brot und sprach: „Nehmt hin und esst; das ist mein Leib."

G ☐ Aus tiefer Not schreie ich zu dir.

> Die nächsten fünf Fragen beziehen sich auf das folgende Lied.
> Bitte lies den Text und beantworte anschließend die Fragen!

Der Herr ist mein Hirte,
mir wird nichts mangeln.
Er weidet mich auf einer grünen Aue
und führet mich zum frischen Wasser.
Er erquickt meine Seele
Er führt mich auf rechter Straße um seines Namens willen.
Und ob ich schon wanderte im finstern Tal,
fürchte ich kein Unglück;
denn du bist bei mir
Dein Stecken und Stab trösten mich.
Du bereitest vor mir einen Tisch
im Angesicht meiner Feinde.
Du salbest mein Haupt mit Öl
und schenkest mir voll ein.
Gutes und Barmherzigkeit werden mir folgen mein Leben lang
und ich werde bleiben im Hause des Herrn immerdar.

> Dieses Lied befindet sich in der Bibel. Schreibe auf, in welchem der beiden Teile: ……………………………..

[Hinweis: Es folgen weitere Fragen.]

> Muhammad wird im Islam verstanden als …………………………
>
> Muslime sollen einmal in ihrem Leben nach ………………… pilgern

2. Aufgaben zur Erfassung religiöser Deutungskompetenz

Bitte lies den Text „Der barmherzige Samariter" aus dem Neuen Testament und beantworte die anschließenden Fragen.

[Es folgt der Text aus Lukas 10, 25-37 nach der Luther-Übersetzung]

Wie ordnen Jesus und der Schriftgelehrte die Gottes-, die Selbst- und die Nächstenliebe einander zu?

A ☐ Du sollst Gott so lieben, dass nichts an diese Liebe heranreicht.

B ☐ Du sollst Gott, Deinen Nächsten und Dich selbst lieben.

C ☐ Du sollst Gott so lieben, dass Du ewiges Leben bekommst.

D ☐ Du sollst Deinen Nächsten mehr lieben als Dich.

> Moscheebau: Lies bitte die folgenden Texte und beantworte im Anschluss daran die gestellten Fragen.

In einer deutschen Großstadt leben einige Zehntausend Muslime. Es gibt mehrere Moscheen in umgebauten Wohnungen und Fabriketagen. Nun will ein muslimischer Verein eine große Moschee bauen, die zum Zentrum für die muslimischen Gläubigen der Stadt werden soll. Von den Anwohnerinnen und Anwohnern wird die Nachricht unterschiedlich aufgenommen.

Herr Brauer aus der Veilchenstraße hat noch nichts von den Plänen gehört, dass in seinem Viertel eine Moschee gebaut werden soll. Er schaut sich gerade im Fernsehen eine Sendung über weltweiten islamistischen Terrorismus an. Da kommt seine Frau ins Zimmer und reicht ihm die Regionalzeitung. Herr Brauer liest die Schlagzeile: Geplanter Moscheebau in der Veilchenstraße. „Unglaublich", sagt er zu seiner Frau, „jetzt machen sich diese Terroristen schon bei uns im Stadtteil breit!"

Frau Schwarz ist Nachbarin von Herrn Brauer. Sie erfährt abends in ihrer Stammkneipe von den Plänen zum Moscheebau. „Toll", sagt Frau Schwarz, „dann wird unser Viertel endlich etwas bunter. Es ist doch immer eine Bereicherung, wenn Menschen aus vielen Kulturen zusammenleben."

Herr Öztürk wohnt ebenfalls in der Veilchenstraße. Über die Moschee, die in der Nähe gebaut werden soll, freut er sich jetzt schon. Dann muss er nicht mehr so weit fahren, wenn er mit seinen Glaubensbrüdern beten will.

Frau Schwarz meint, Konflikte ließen sich mit gegenseitiger Toleranz lösen. Was könnte sich dabei als Problem herausstellen?

A ☐ Die Muslime fordern zwar Toleranz, weigern sich aber selbst, andere zu tolerieren.

B ☐ Toleranz allem gegenüber kann dazu führen, dass man auch Unterdrückung toleriert.

C ☐ Wer andere toleriert, kann selbst keine eigene Meinung mehr vertreten.

D ☐ Toleranz gibt es eigentlich gar nicht. In Wirklichkeit wollen alle Menschen sich durchsetzen.

Fundamentalismus

In dem Theaterstück „Nathan der Weise" von Lessing wird die Frage, welche Religion die wahre ist, an folgendem Beispiel diskutiert: Ein Vater besitzt einen Ring (die Wahrheit) und möchte diesen seinen drei Söhnen (den drei Religionen: Judentum, Christentum, Islam) vererben. Er lässt zwei weitere Ringe herstellen, so dass jeder Sohn einen Ring nach dem Tod des Vaters erhält. Da die Ringe nicht voneinander zu unterscheiden sind, streiten die Söhne vor Gericht, welcher der drei Ringe der echte ist. Der Richter trifft eine Entscheidung. Auf die drei Schlussaussagen aus dieser Entscheidung, die im Folgenden sinngemäß wiedergegeben werden, beziehen sich die unten stehenden drei Fragen.

Der Richter führt aus, dass sich die drei Söhne einander ohne Vorurteile und in Freundschaft, Liebe und Aufrichtigkeit begegnen können. Er fordert sie auf, ihre Beziehung so zu verstehen und Gott um Unterstützung zu bitten. Vielleicht zeige sich dann, wie vom Vater ersehnt, die Kraft des Ringes in jedem Ring.
Welche Auffassung kommt der Aussage des Richters am nächsten?

A ☐ Wenn jede Religion ihren eigenen Glauben hat, hat sie auch das Recht, den Glauben der anderen Religionen bewerten zu können.

B ☐ Wenn jede Religion Gott um Unterstützung bittet, wird es irgendwann nur noch eine, und zwar die richtige Religion geben.

C ☐ Wenn jede Religion auf ihren eigenen Glauben achtet, kann es nicht zu Vorurteilen gegenüber anderen Religionen kommen.

D ☐ Wenn jede Religion den Glauben der anderen respektiert, kann der Austausch der Religionen fruchtbar sein.

> Nachfolgend wirst Du über die Geburtsgeschichte von Jesus lesen, wie sie im Koran und im Neuen Testament steht. Anschließend sollst Du jeweils über das Fragen beantworten, was Du gelesen hast.

Koran (aus Sure 19)
16. Und gedenke im Buch der Maria, als sie sich von ihren Angehörigen an einen östlichen Ort [Jerusalem] zurückzog.
17. Sie nahm sich einen Vorhang vor ihnen. Da sandten Wir unseren Geist zu ihr. Er erschien ihr im Bildnis eines wohlgestalteten Menschen [Engel Gabriel].
18. Sie sagte: „Ich suche beim Erbarmer Zuflucht vor dir, so du gottesfürchtig bist."
19. Er sagte: „Ich bin der Bote deines Herrn, um dir einen lauteren Knaben zu schenken."
20. Sie sagte: „Wie soll ich einen Knaben bekommen? Es hat mich doch kein Mensch berührt, und ich bin keine Hure."
21. Er sagte: „So wird es sein. Dein Herr spricht: Das ist Mir ein Leichtes. Wir wollen ihn zu einem Zeichen für die Menschen und zu einer Barmherzigkeit von Uns machen. Und es ist eine beschlossene Sache."
22. So empfing sie ihn. Und sie zog sich mit ihm zu einem entlegenen Ort zurück.
23. Die Wehen ließen sie zum Stamm der Palme gehen. Sie sagte: „O wäre ich doch vorher gestorben und ganz und gar in Vergessenheit geraten!"
24. Da rief er [Jesus] von unten her zu: „Sei nicht betrübt. Dein Herr hat unter dir Wasser fließen lassen.
25. Und schüttle den Stamm der Palme gegen dich, so lässt sie frische, reife Datteln auf dich herunterfallen.
26. Dann iss und trink und sei frohen Mutes. Und wenn du jemanden von den Menschen siehst, dann sag: Ich habe dem Erbarmer ein Fasten gelobt, so werde ich heute mit keinem Menschen reden."
27. Dann kam sie mit ihm zu ihrem Volk, indem sie ihn trug. Sie sagten: „O Maria, du hast eine unerhörte Sache begangen.
28. O Schwester Aarons, nicht war dein Vater ein schlechter Mann, und nicht war deine Mutter eine Hure."
29. Sie zeigte auf ihn. Sie sagten: „Wie können wir mit dem reden, der noch ein Kind in der Wiege ist?"
30. Er sagte: „Ich bin der Diener Gottes. Er ließ mir das Buch zukommen und machte mich zu einem Propheten.
31. Und er machte mich gesegnet, wo immer ich bin. Und Er trug mir auf, das Gebet und die Abgabe (zu erfüllen), solange ich lebe,
32. und pietätvoll gegen meine Mutter zu sein. Und Er machte mich nicht zu einem unglückseligen Gewaltherrscher.

33. Und Friede sei über mir am Tag, da ich geboren wurde, und am Tag, da ich sterbe, und am Tag, da ich wieder zum Leben erweckt werde."
34. Das ist Jesus, der Sohn Marias. Es ist das Wort der Wahrheit, woran sie zweifeln.
35. Es steht Gott nicht an, sich ein Kind [Sohn] zu nehmen. Preis sei Ihm! Wenn Er eine Sache beschlossen hat, sagt Er zu ihr: Sei!, und sie ist.

Welche drei der folgenden Beschreibungen treffen auf Jesus zu, wie ihn der oben abgedruckte Korantext zeigt?
Kreuze die richtigen Antworten an!

A ☐ Gott ließ ihm das Buch zukommen.

B ☐ Sohn Gottes

C ☐ Zum Leben erweckt

D ☐ Gewaltenherrscher

E ☐ König

F ☐ Sohn des Höchsten

G ☐ Rechtsgelehrter

H ☐ Diener Gottes

I ☐ Josefs Sohn

3. Aufgaben zur Erfassung religiöser Partizipationskompetenz

Die nächsten vier Fragen beziehen sich auf die folgende Todesanzeige.

[Es folgt der Abdruck einer Todesanzeige.]

Stell Dir vor, Dein Freund Thomas ist der Enkel des Verstorbenen und er würde Dich fragen, wie er sich auf der Trauerfeier verhalten soll. Was würdest Du ihm raten, wenn Du darauf Rücksicht nehmen wolltest, welche Verhaltensweisen von den Trauernden als angemessen empfunden werden?

A ☐ Für die Feier in der Trauerhalle eine Kopfbedeckung aufzusetzen.

B ☐ Für die Feier in der Trauerhalle seine Kopfbedeckung abzusetzen.

C ☐ In der Trauerhalle Weihrauchstäbchen abbrennen.

D ☐ In der Trauerhalle die Schuhe ausziehen.

Gesprächskreis:

Stell Dir vor: Gleich nach den Weihnachtsferien hast Du im Religionsunterricht über die drei großen Buchreligionen gesprochen und Dir sind einige Gemeinsamkeiten und einige Unterschiede aufgefallen. Um näher an das Thema heranzukommen, hast Du die Idee, einmal mit gleichaltrigen Schüler/innen der beiden anderen Religionen über Gemeinsamkeiten und Unterschiede zu diskutieren. Du schlägst Deiner Lerngruppe vor, einen Gesprächskreis außerhalb des Unterrichtes zum Thema: „Judentum – Christentum – Islam: Uns verbindet etwas!?" zu organisieren. Ihr gründet dafür eine Arbeitsgruppe.

Nun verfasst Ihr gemeinsam eine Einladung an muslimische und jüdische Schüler/innen. Dazu hast Du die folgenden Sätze zur Auswahl. Welche Sätze sind für Eure Einladung passend?
Kreuze die <u>richtigen</u> Antworten an!

A ☐ Wir hoffen, dass ein gemeinsames Gespräch uns allen etwas bringt.

B ☐ Wir wollen gemeinsam sehen, ob Eure religiöse Überzeugung stimmt.

C ☐ Wir wollen Euch Fragen über Eure Religion stellen, da es bei uns noch Unklarheiten gibt.

D ☐ Da Ihr einer religiösen Minderheit angehört, sollt Ihr auch einmal die Gelegenheit haben mit uns zu sprechen.

E ☐ Wir sollten in eine gemeinsame Zukunft blicken und die Vergangenheit ignorieren.

F ☐ Wir möchten von Euch erfahren, was Euch an unserer Religion irritiert.

V. ANHANG 177

In den folgenden Fragen findest Du Aussagen aus den drei Religionen Judentum, Christentum, Islam, die sich auf diese selbst oder auf interreligiöse Gespräche beziehen. Einige betonen stärker das, was einer bestimmten Religion besonders wichtig ist. Dies nennen wir im Folgenden eine <u>fundamentale</u> Aussage einer bestimmten Religion. Andere Aussagen sehen das, was einer bestimmten Religion besonders wichtig ist, als allein gültig an und suchen es überall durchzusetzen. Dies nennen wir eine <u>fundamentalistische</u> Aussage.

Welche Aussagen sind für den Islam fundamental?
Kreuze die <u>richtigen</u> Antworten an!

A ☐ Es gibt nur einen Gott.

B ☐ Die Dreifaltigkeit Gottes muss von allen Menschen geglaubt werden.

C ☐ Die Beschneidung ist Ausdruck des Bundes Gottes.

D ☐ Nur wenn sich alle Menschen zu Gott bekennen, lassen sich die politischen, wirtschaftlichen und moralischen Probleme unserer Zeit lösen.

E ☐ Mohammed ist unser Prophet und ihr müsst ihn als euren Propheten anerkennen.

F ☐ Der eine Gott zeigt sich in drei Personen.

G ☐ Mohammed ist unser Prophet und ihr sollt dies anerkennen.

H ☐ Wir sind das auserwählte Volk Gottes und haben heute den Anspruch das Land zu regieren, das Gott uns zugewiesen hat.

LITERATURVERZEICHNIS

Arendt, Hannah (1958): Die Krise der Erziehung. In: Dies. (1994): Zwischen Vergangenheit und Zukunft. München, S. 255-276.
Arnold, Karl-Heinz (2001): Qualitätskriterien für die standardisierte Schulleistungsmessung. Kann eine (vergleichende) Messung von Schulleistungen objektiv, repräsentativ und fair sein? In: Franz E. Weinert (Hrsg.): Leistungsmessungen in der Schule. Weinheim, S. 117-130.
Asbrand, Barbara (2007): Grundlegende Kompetenzen religiöser Bildung. Ein Kommentar aus der Perspektive der Bildungsforschung. In: Volker Elsenbast/Dietlind Fischer (Hrsg.): Stellungnahmen und Kommentare zu „Grundlegende Kompetenzen religiöser Bildung". Comenius-Institut Münster, S. 40-50.
Barth, Karl (1922): Der Römerbrief. 2. Aufl. in neuer Bearbeitung. München.
Baumann, Ulrike/Wermke, Michael (Hrsg.) (2001): Religionsbuch 5/6. Berlin: Cornelsen.
Baumann, Ulrike/Wermke, Michael (Hrsg.) (2001): Religionsbuch 7/8. Berlin: Cornelsen.
Baumann, Ulrike/Wermke, Michael (Hrsg.) (2001): Religionsbuch 9/10. Berlin: Cornelsen.
Baumert, Jürgen (2006): Was wissen wir über die Entwicklung von Schulleistungen? In: Pädagogik 58 (4), S. 40-46.
Baumert, Jürgen et al. (Hrsg.) (2001): PISA 2000: Basiskompetenzen von Schülerinnen und Schülern im internationalen Vergleich. Opladen.
Baumert, Jürgen/Artelt, Cordula/Klieme, Eckhard/Stanat, Petra (2001): PISA – Programme for International Student Assement. Zielsetzung, theoretische Konzeption und Entwicklung von Messverfahren. In: Leistungsmessungen in der Sc-hule. Hrsg. von Franz E. Weinert. Weinheim/Basel, S. 285-310.
Baumert, Jürgen/Stanat, Petra/Demmrich, Anke (2001): PISA 2000: Untersuchungsgegenstand, theoretische Grundlagen und Durchführung der Studie. In PISA-Konsortium PISA 2000, Opladen 2001, S. 15-68.
Benner, Dietrich (1987/2010): Allgemeine Pädagogik. 1. und 6. Auflage Weinheim und München.
Benner, Dietrich (1999): „Der Andere" und „Das Andere" als Problem und Aufgabe der Bildung. In: Zeitschrift für Pädagogik 45, S. 315-327.
Benner, Dietrich (2002a): Allgemeinbildung im Kerncurriculum moderner Bildungssysteme. Ein Vorschlag zur bildungstheoretischen Rahmung von PISA. In: Zeitschrift für Pädagogik 48, S. 68-90.
Benner, Dietrich (2002b): Bildung und Religion. Überlegungen zu ihrem problematischen Verhältnis und zu den Aufgaben eines öffentlichen Religionsunterrichts heute. In: Achim Battke/Thilo Fitzner/Rainer Isak/Ullrich Lochmann (Hrsg.): Schulentwicklung – Religion – Religionsunterricht. Profil und Chance von Religion in der Schule der Zukunft. Freiburg/Basel/Wien, S. 51-70.
Benner, Dietrich (2004): Bildungsstandards und Qualitätssicherung im Religionsunterricht. In: Theo-Web. Zeitschrift für Religionspädagogik, 3. Jg., Heft 2, S. 22-36. http://www.theo-web.de/zeitschrift/ausgabe-2004-02/benner_endred.pdf

Benner, Dietrich (2007): Unterricht – Wissen – Kompetenz. Zur Differenz zwischen didaktischen Aufgaben und Testaufgaben. In: Dietrich Benner (Hrsg.): Bildungsstandards. Chancen und Grenzen. Beispiele und Perspektiven. Paderborn, S. 123-138.

Benner, Dietrich (2008): Bildung – Wissenschaft – Kompetenz. Alte und neue Zusammenhänge zwischen Lehrern und Lernen in der Oberstufe. In: Josef Keuffer/Maria Kublitz-Kramer (Hrsg.): Was braucht die Oberstufe? Weinheim und Basel, S. 47-64.

Benner, Dietrich (2009a): Auf der Suche nach einer Didaktik der Urteilsformen und einer auf ausdifferenzierte Handlungsfelder bezogenen partizipatorischen Erziehung. In: Pädagogische Korrespondenz. Heft 39, S. 5-20.

Benner, Dietrich (2009b): Erziehung – Unterricht – Bildung. Für eine bildungstheoretisch ausgewiesene Kooperation von Allgemeiner Didaktik, Fachdidaktik und Bildungsforschung. Podiumsbeitrag zum Symposion "Allgemeine Didaktik vs. Lehr-Lern-Forschung" der Sektion Schulpädagogik/Didaktik an der Universität Hildesheim. In: Karl-Heinz Arnold et al.: Allgemeine Didaktik und Lehr-Lernforschung. Bad Heibrunn, S. 47-53.

Benner, Dietrich (2009c): Schule im Spannungsfeld von Input- und Outputsteuerung. In: Sigrid Blömeke u. a (Hrsg.): Handbuch Unterricht. Bad Heibrunn, S. 51-63.

Benner, Dietrich (2010): Religionsunterricht als Ort der Pädagogik und Ort der Theologie. In: Zeitschrift für Pädagogik und Theologie, Heft 3, S. 183-193.

Benner, Dietrich (2011): Wissensformen der Wissensgesellschaft. In: Edwin Keiner et al. (Hrsg.): Metamorphosen der Bildung (Festschrift für Heinz-Elmar Tenorth). Bad Heilbrunn. S. 29-42.

Benner, Dietrich (Hrsg.) (2007): Bildungstandards – Chancen und Grenzen – Beispiele und Perspektiven. Paderborn.

Benner, Dietrich/Fischer, Gundel/Gatzemann, Thomas/Göstemeyer, Karl-Franz/Sladek, Horst (1998): Von der Unvereinbarkeit von Bildungsidee und Bildungsideal. In: Pädagogische Rundschau. 52, S. 303-322.

Benner, Dietrich/Krause, Sabine/Nikolova, Roumiana/Pilger, Tanja/Schluß, Henning/Schieder, Rolf/Weiß, Thomas/Willems, Joachim (2007): Ein Modell domänenspezifischer religiöser Kompetenz. Erste Ergebnisse aus dem DFG-Projekt RU-Bi-Qua. In: Benner, Dietrich (Hrsg.): Bildungsstandards. Instrumente zur Qualitätssicherung im Bildungswesen. Chancen und Grenzen – Beispiele und Perspektiven. Paderborn, S. 141-156.

Benner, Dietrich/Schieder, Rolf/Schluss, Henning/Willems, Joachim (2004): Qualitätssicherung und Bildungsstandards für den Religionsunterricht an öffentlichen Schulen, am Beispiel des Evangelischen Religionsunterrichts (RU-Bi-Qua), DFG-Antrag.

Benner, Dietrich/Schieder,Rolf/Schluss, Henning/Willems, Joachim (2007): Konstruktion und Erhebung von Religiösen Kompetenzniveaus im Religionsunterricht am Beispiel des Evangelischen Religionsunterrichts (KERK), DFG-Antrag.

Bildungsplan von Baden-Württemberg (2004ff.): www.bildung-staerkt-menschen.de/service/downloads/Bildungsplaene

Birnbaum, Allan (1968): Some latent trait models and their use in inferring an examinee's ability. In: Frederic M. Lord/Melvin R. Novick (Eds.): Statistical theories of mental test scores. Reading, MA, pp. 395-479.

Bonhoeffer, Dietrich (1982): Widerstand und Ergebung. 5. Aufl., Berlin.

Borck, Karin/Schluß, Henning (2009): Religion unterrichten in Brandenburg. In: Martin Rothgangel/Bernd Schröder (Hrsg.): Religionsunterricht in den Ländern der

Bundesrepublik Deutschland. Empirische Daten – Kontexte – Entwicklungen. Leipzig, S. 95-109.
Bortz, Jürgen/Döring, Nicola (2006): Forschungsmethoden und Evaluation für Human- und Sozialwissenschaftler. 4. überarb. Aufl., Heidelberg.
Buber, Martin (1957/1995): Ich und Du. Stuttgart.
Bucher, Anton (1996): Religionsunterricht: Besser als sein Ruf? Empirische Einblicke in ein umstrittenes Fach, Innsbruck-Wien.
Büttner, Gerhard (Hrsg.) (2006): Lernwege im Religionsunterricht. Konstruktivistische Perspektiven. Stuttgart.
Bunzmann, Konrad (2007): Hintergründe – Zur Genese des gültigen Lehrplans im Fach Evangelische Religionslehre. In: Michael Wermke (Hrsg): Bildungsstandards und Religionsunterricht. Perspektiven aus Thüringen. 2., überarbeitete Aufl., Jena, 15-17.
Cohen, Jacob (1988): Statistical power analysis for the behavioral science. 2nd edition, Hillsdale, NJ.
Deutsche Gesellschaft für Geographie (2007): Bildungsstandards im Fach Geographie für den Mittleren Schulabschluss mit Aufgabenbeispielen. Berlin.
Di Loreto, Ornella/Oser, Fritz (1996): Entwicklung des religiösen Urteils und religiöse Selbstwirksamkeitsüberzeugung – eine Längsschnittstudie. In: Fritz Oser/Karl Helmut Reich (Hrsg.): Eingebettet ins Menschsein: Beispiel Religion. Aktuelle psychologische Studien zur Entwicklung von Religiosität. Lengerich, S. 69-87.
Ditton, Hartmut (1998): Mehrebenenanalysen. Grundlagen und Anwendungen des Hierarchischen Linearen Modells. Weinheim/München.
Dressler, Bernhard (2003): Darstellung und Mitteilung. Religionsdidaktik nach dem Traditionsabbruch. In: Thomas Klie/Silke Leonhard: Schauplatz Religion. Grundzüge einer Performativen Religionspädagogik. Leipzig, S. 153-165.
Dressler, Bernhard (2006): Unterscheidungen. Religion und Bildung. Leipzig.
Dressler, Bernhard (2007): Wie bildet sich „Wahrheitskompetenz" in religiösen Lernprozessen? In: Volker Elsenbast/Dietlind Fischer (Hrsg.): Stellungnahmen und Kommentare zu „Grundlegende Kompetenzen religiöser Bildung". Comenius-Institut Münster, S. 73-77.
Dressler, Bernhard (2008): Performanz und Kompetenz. Überlegungen zu einer Didaktik des Perspektivwechsels. In: Zeitschrift für Pädagogik und Theologie, Heft 1, S. 74-88.
Dressler, Bernhard (2009): Religionsunterricht – mehr als Kompetenzorientierung? In: Andreas Feindt/Volker Elsenbast/Peter Schreiner/Albrecht Schöll (Hrsg.): Kompetenzorientierung im Religionsunterricht. Befunde und Perspektiven. Münster u. a., S. 23-37.
Dressler, Bernhard (2010): Man kann nicht nicht inszenieren. Performanz und Kompetenz im Fokus der Unterrichtsbeobachtung. Unveröffentlichtes Manuskript.
EKBO (2007): Rahmenplan für den Evangelischen Religionsunterricht in den Jahrgangsstufen 1 bis 10. Evangelische Kirche Berlin-Brandenburg-schlesische Oberlausitz. http://www.ekbo.de/Webdesk/documents/premiere_ekbo-internet/Broschüren+ (Pressestelle)/Rahmenplan+Ev.+Religionsunterricht.pdf
EKBO (2009): Vorläufiges Kerncurriculum für den Evangelischen Religionsunterricht in der Qualifikationsphase. Berlin. http://www.ekbo.de/Webdesk/documents/premiere_ekbo-internet/Schule+%2F+Bildung/Kerncurriculum-EKBO-SekII-2010.pdf.pdf

EKD (1994): Identität und Verständigung. Standort und Perspektiven des Religionsunterrichts in der Pluralität. Eine Denkschrift der Evangelischen Kirche in Deutschland. Gütersloh.

EKD (2008): Theologisch-Religionspädagogische Kompetenz. Professionelle Kompetenzen und Standards für die Religionslehrerausbildung. Empfehlungen der Gemischten Kommission zur Reform des Theologiestudiums. EKD-Texte 96. http://www.ekd.de/download/ekd_texte_96.pdf

EKD (2009): Kerncurriculum für das Fach Evangelische Religionslehre in der gymnasialen Oberstufe. EKD-Texte 109. http://www.ekd.de/download/ekd_texte_109.pdf

EKD (2010a): Kerncurriculum für das Fach Evangelische Religionslehre in der gymnasialen Oberstufe. Themen und Inhalte für die Entwicklung von Kompetenzen religiöser Bildung. Gütersloh.

EKD (2010b): Kirche und Bildung – Herausforderungen, Grundsätze und Perspektiven evangelischer Bildungsverantwortung und kirchlichen Bildungshandelns. Eine Orientierungshilfe des Rates der Evangelischen Kirche in Deutschland (EKD). Gütersloh. http://www.ekd.de/download/kirche_und_bildung.pdf

EKD (2010c): Kompetenzen und Standards für den Evangelischen Religionsunterricht in der Sekundarstufe I. Ein Orientierungsrahmen.

Elsenbast, Volker/Fischer, Dietlind (Hrsg.) (2007): Stellungnahmen und Kommentare zu „Grundlegende Kompetenzen religiöser Bildung". Comenius-Institut Münster.

Embretson, Susan E./Reise, Steven Paul (2000): Item response theory for psychologists. Mahwah, NJ.

Feige, Andreas (1992): Zwischen universaler Religionstheorie und theologisch bestimmter Kirchlichkeitsforschung. In: Sociologia Internationalis 2, S. 143-157.

Feige, Andreas (2009): Latente und manifeste Elemente des Christlichen bei Wertbegründungen in Politik und Gesellschaft. Unveröffentlichtes Manuskript.

Feige, Andreas/Dressler, Bernhard/Tzscheetzsch, Werner (2006): Religionslehrer oder Religionslehrerin werden. Zwölf Analysen berufsbiografischer Selbstwahrnehmungen. Ostfildern.

Feige, Andreas/Friedrichs, Nils/Köllmann, Michael (2007): Religionsunterricht von morgen? Studienmotivationen und Vorstellungen über die zukünftige Berufspraxis bei Studierenden der ev. und kath. Theologie/Religionspädagogik. Eine empirische Studie an Baden-Württembergs Hochschulen. Ostfildern.

Feige, Andreas/Gennerich, Carsten (2008): Lebensorientierungen Jugendlicher. Münster.

Feindt, Andreas/Elsenbast, Volker/Schreiner, Peter/Schöll, Albrecht (Hg.) (2009): Kompetenzorientierung im Religionsunterricht. Befunde und Perspektiven. Münster u. a.

Fink, Eugen (1979): Grundphänomene des menschlichen Daseins. Freiburg und München.

Fischer, Dietlind/Elsenbast, Volker (2007): Einleitung. In: Volker Elsenbast/Dietlind Fischer (Hrsg.): Stellungnahmen und Kommentare zu „Grundlegende Kompetenzen religiöser Bildung". Comenius-Institut Münster, S. 5-8.

Fischer, Dietlind/Elsenbast, Volker (Redaktion) (2006): Grundlegende Kompetenzen religiöser Bildung. Zur Entwicklung des evangelischen Religionsunterrichts durch Bildungsstandards für den Abschluss der Sekundarstufe I. Comenius-Institut Münster.

Fischer, Dietlind/Elsenbast, Volker/Schöll, Albrecht (Hg.) (2003): Religionsunterricht erforschen. Beiträge zur empirischen Erkundung von religionsunterrichtlicher Praxis. Münster u. a.

Foucault, Michel. (1973): Archäologie des Wissens. Frankfurt/M.
Fowler, James W. (1991): Stufen des Glaubens. Die Psychologie der menschlichen Entwicklung und die Suche nach Sinn. Gütersloh.
Frederking, Volker (Hrsg.) (2008): Schwer messbare Kompetenzen. Herausforderungen für die empirische Fachdidaktik. Baltmannsweiler.
Fuchs, Monika E. (2010): Bioethische Urteilsbildung im Religionsunterricht. Theoretische Reflexion – Empirische Rekonstruktion. Göttingen.
Gadamer, Hans-Georg (1990): Wahrheit und Methode – Grundzüge einer philosophischen Hermeneutik. Tübingen.
Häcker, Hartmut/Leutner, Detlev/Amelang, Manfred (Hrsg.) (1989): Standards für pädagogisches und psychologisches Testen. Göttingen.
Häusler, Ulrike (2009): Religion unterrichten in Berlin. In: Martin Rothgangel/Bernd Schröder (Hrsg.): Religionsunterricht in den Ländern der Bundesrepublik Deutschland. Empirische Daten – Kontexte – Entwicklungen. Leipzig, S. 65-94.
Hanisch, Helmut (2002): Religiöse Begriffsbildung als Aufgabe des Religionsunterrichts. Vortrag in Leipzig am 08. 11. 2002. http://www.uni-leipzig.de/~rp/rlt/rlt01/hanisch.pdf
Hanisch, Helmut/Pollack, Detlef (1997): Religion – ein neues Schulfach. Eine empirische Untersuchung zum religiösen Umfeld und zur Akzeptanz des Religionsunterrichts aus der Sicht von Schülerinnen und Schülern in den neuen Bundesländern, Stuttgart.
Hegel, Georg Wilhelm Friedrich (1811): Gymnasialrede vom 2. September. In: Ders.: Sämtliche Werke. Band 3. Stuttgart-Bad Cannstatt 1971, S. 264-280.
Heller, Kurt A./Hany, Ernst A. (2001): Standardisierte Schulleistungsmessung. In: Franz E. Weinert (Hrsg.):. Leistungsmessungen in der Schule. Weinheim/Basel, S. 87-101.
Hemel, Ullrich (1988): Ziele religiöser Erziehung. Beiträge zu einer integrativen Theorie. Frankfurt am Main.
Heynitz, Martina von/Krause, Sabine/Remus/Claudia/Swiderski, Jana/Weiß, Thomas (2009): Die Entwicklung von Testaufgaben zur Erfassung moralischer Kompetenz im Projekt ETiK. In: Vierteljahrsschrift für wissenschaftliche Pädagogik 85, S. 516-530.
Jakobs, Monika (2002): Religion und Religiosität als diskursive Begriffe in der Religionspädagogik. In: Theo-Web. Zeitschrift für Religionspädagogik, 1. Jg., Heft 1, S. 70-82. http://www.theo-web.de/zeitschrift/ausgabe-2002-01/jakobs02-1.pdf
Klauer, Karl Josef (1987): Kriterienorientierte Tests. Göttingen.
Klauer, Karl Josef (2002): Wie misst man Schulleistungen? In: Franz E. Weinert (Hrsg.): Leistungsmessungen in der Schule. Weinheim/Basel, S. 103-115.
Klie, Thomas/Leonhard, Silke (2008): Performative Religionspädagogik. Stuttgart.
Klieme, Eckhard/Stanat, Petra/Artelt, Cordula (2001): Fächerübergreifende Kompetenz: Konzepte und Indikatoren. In: Weinert, Franz, E. (Hrsg.): Leistungsmessung in Schulen. Weinheim/Basel, S. 203-218.
Klieme, Eckhard/Funke, Joachim/Leutner, Detlev/Reimann, Peter/Wirth, Joachim (2001): Problemlösen als fächerübergreifende Kompetenz. Konzeption und erste Resultate aus einer Schulleistungsstudie. In: Zeitschrift für Pädagogik 47, S. 179-200.
Klieme, Eckhart et al. (2003): Zur Entwicklung nationaler Bildungsstandards. Eine Expertise, hrsg. vom Bundesministerium für Bildung und Forschung. Bonn.
KMK (2005): Bildungsstandards der Kultusministerkonferenz. Erläuterungen zur Konzeption und Entwicklung, hrsg. vom Sekretariat der Ständigen Konferenz der Kultusminister der Länder in der Bundesrepublik Deutschland. München/Neuwied.

KMK (2006): Einheitliche Prüfungsanforderungen in der Abiturprüfung Evangelische Religionslehre. Beschluss der Kultusministerkonferenz vom 01.12.1989 i.d.F. vom 16.11.2006. Online unter: http://www.kmk.org/fileadmin/veroeffentlichungen_beschluesse/1989/1989_12_01-EPA-Ev-Religion.pdf

Koerrenz, Ralf (2003): Evangelium und Schule. Studien zur strukturellen Religionspädagogik. Leipzig.

Köller, Olaf (2008): Bildungsstandards – Verfahren und Kriterien bei der Entwicklung von Messinstrumenten. In: Zeitschrift für Pädagogik 54, S. 163-173.

Köller, Olaf (2009): Bildungsstandards. In: Rudolf Tippelt/Bernhard Schmidt: Handbuch Bildungsforschung. 2., überarbeitete und erweiterte Auflage. Wiesbaden, S. 529-548.

Körber, Andreas/Schreiber, Waltraud/Schöner, Alexander (Hrsg.) (2007): Kompetenzen historischen Denkens. Ein Strukturmodell als Beitrag zur Kompetenzorientierung in der Geschichtsdidaktik. Neuried.

Krause, Sabine/Nikolova, Roumiana/Schluss, Henning/Weiß, Thomas/Willems, Joachim (2008): Kompetenzerwerb im evangelischen Religionsunterricht. Ergebnisse der Konstruktvalidierungsstudie der DFG-Projekte RU-Bi-Qua und KERK. In: Zeitschrift für Pädagogik 54, S. 174-188.

Kuld, Lothar (2003): Compassion – Raus aus der Ego-Falle. Münsterschwarzach.

Kuld, Lothar/Bolle, Rainer/Knauth, Thorsten (2005): Pädagogik ohne Religion? Münster.

Lenhard, Hartmut (2007): Kompetenzorientierung – Neuer Wein in alten Schläuchen? In: Loccumer Pelikan H. 3, S. 103-111. http://www.rpi-loccum.de/lenhard.html

Lessing, Gotthold Ephraim (2000): Nathan der Weise. Stuttgart.

Leutner, Detlev (2008): Metamorphose eines Forschungsprojektes. Ein Kommentar zum Beitrag von Krause et al. über den „Kompetenzerwerb im evangelischen Religionsunterricht – Ergebnisse der Konstruktvalidierungsstudie der DFG-Projekte RU-Bi-Qua / KERK". In: Zeitschrift für Pädagogik 54 Heft, S. 189-193.

Lévinas, Emmanuel (1998): Jenseits des Seins oder anders als Sein geschieht. 2. Aufl., Freiburg/München.

Liebold, Heide (2004): Religions- und Ethiklehrkräfte in Ostdeutschland. Eine empirische Studie zum beruflichen Selbstverständnis. Münster.

Litt, Theodor (1959): Naturwissenschaft und Menschenbildung. 5. Aufl., Heidelberg

Luhmann, Niklas (1977): Funktion der Religion. Frankfurt a. M.

Luhmann, Niklas (2000): Die Religion der Gesellschaft. Frankfurt a. M.

Matthes, Joachim (1992): Auf der Suche nach dem Religiösen. Reflexion zu Theorie und Empirie religionssoziologischer Forschung. In: Sociologia Internationalis 30, S. 129-142.

Mensching, Gustav (1961): Religion. In: RGG V, 3. Aufl. Tübingen 1961, Sp. 961 ff.

Meyer-Blanck, Michael (2002): Vom Symbol zum Zeichen. Symboldidaktik und Semiotik. 2., überarb. und erw. Aufl., Rheinbach.

Michalke-Leicht, Wolfgang (2011): Kompetenzorientiert unterrichten. Das Praxisbuch für den Religionsunterricht. München.

Müller-Ruckwitt, Anne (2008): „Kompetenz" – Bildungstheoretische Untersuchungen zu einem aktuellen Begriff. Bibiotheca Academica – Pädagogik. Band 6, Würzburg.

Naumann, Johannes/Artelt, Cordula/Schneider, Wolfgang/Stanat, Petra (2010): Lesekompetenz von PISA 2000 bis 2009. In: Eckhard Klieme et al. (Hrsg.): PISA 2009. Bilanz nach einem Jahrzehnt. Münster, S. 23-71.

Nikolova, Roumiana/Schluß, Henning/Weiß, Thomas/Willems, Joachim (2007): Das Berliner Modell religiöser Kompetenzen. In: Theo-Web. Zeitschrift für Religionspädagogik, 6. Jg., Heft 2, S. 67-87. http://www.theo-web.de/zeitschrift/ausgabe-2007-02/12.pdf

Nipkow, Karl Ernst (2005): Pädagogik und Religionspädagogik zum neuen Jahrhundert. Bd. 1: Bildungsverständnis im Umbruch, Religionspädagogik im Lebenslauf, Elementarisierung. Band. 2: Christliche Pädagogik und Interreligiöses Lernen Friedenserziehung Religionsunterricht und Ethikunterricht. Gütersloh.

Obst, Gabriele (2009): Kompetenzorientiertes Lehren und Lernen im Religionsunterricht. 2. Aufl. Göttingen.

OECD (Hrsg.) (2001): Lernen für das Leben. Erste Ergebnisse der internationalen Schulleistungsstudie PISA 2000. o.O.

Oser, Fritz/Gmünder, Paul (1984): Der Mensch – Stufen seiner religiösen Entwicklung. Ein strukturgenetischer Ansatz. Zürich/Köln.

Peek, Rainer/Dobbelstein, Peter (2006): Zielsetzung: Ergebnisorientierte Schul- und Unterrichtsentwicklung. In: Wolfgang Böttcher et al. (Hrsg.): Evaluation im Bildungswesen. Eine Einführung in Grundlagen und Praxisbeispiele, Weinheim/München, S. 177-193.

Peukert, Helmut (1998): Zur Neubestimmung des Bildungsbegriffs. In: Meinert A. Meyer/Andrea Reinartz (Hrsg.): Bildungsgangdidaktik. Denkanstöße für pädagogische Forschung und schulische Praxis. Opladen, S. 17-29.

Pirner, Manfred (2006): Inwieweit lassen sich religiöse Bildungsprozesse standardisieren und evaluieren? Die Post-PISA-Diskussion und ihre Relevanz für den Religionsunterricht. In: Christoph Bizer et al. (Hrsg.): Jahrbuch Religionspädagogik Band 22. Neukirchen-Vluyn, S. 93-109.

Prange, Klaus (2000): Über das Zeigen als operative Basis der pädagogischen Kompetenz. In: Ders.: Plädoyer für Erziehung. Baltmannsweiler, S. 215-234.

Rasch, Georg (1960): Probabilistic models for some intelligence and attainment tests. Copenhagen.

Raudenbush, Stephen W./Bryk, Anthony/Cheong, Yuk Fai/Congdon, Richard/du Toit, Mathilda (2004): HLM 6. Hierarchical linear and nonlinear modeling. Lincolnwood, IL.

Richter, Jutta (1985): Himmel, Hölle, Fegefeuer. Versuch einer Befreiung, Reinbek.

Ritter, Werner H. (2007): Alles Bildungsstandards – oder was? In: Volker Elsenbast/Dietlind Fischer (Hrsg.): Stellungnahmen und Kommentare zu „Grundlegende Kompetenzen religiöser Bildung". Comenius-Institut Münster, S. 29-36.

Ritzer, Georg (2010): Interesse – Wissen – Toleranz – Sinn. Ausgewählte Kompetenzbereiche und deren Vermittlung im Religionsunterricht. Eine Längsschnittstudie. Wien/Berlin.

Rodegro, Meike (2010): Urknall oder Schöpfung? Eine empirische Untersuchung im Religionsunterricht der Sekundarstufe II. Kassel.

Roose, Hanna (2006): Performativer Religionsunterricht zwischen Performance und Performativität. In: Loccumer Pelikan Heft 3, S. 110–115.

Rost, Jürgen (2004): Lehrbuch Testtheorie – Testkonstruktion. 2. Aufl., Bern/Göttingen.

Rothgangel, Martin (1999): Naturwissenschaft und Theologie. Ein umstrittenes Verhältnis im Horizont religionspädagogischer Überlegungen. Göttingen.

Rothgangel, Martin (2002) (Hrsg.): Theo-Web. Zeitschrift für Religionspädagogik, 1. Jg., Heft 1. Religiosität als religionspädagogischer Grundbegriff. http://theo-web.de/zeitschrift/ausgabe-2002.01/

Rothgangel, Martin (2006): Theologie und Naturwissenschaft: Didaktische Impulse. In: Michael Wermke/Gottfried Adam/Martin Rothgangel (Hrsg.): Religion in der Sekundarstufe II. Ein Kompendium. Göttingen, S. 253-262.

Rothgangel, Martin (2008): Bildungsstandards für den Religionsunterricht. Zur fachdidaktischen Konsistenz des Berliner Forschungsprojekts. In: Zeitschrift für Pädagogik 54, S. 194-197.

Rothgangel, Martin (2009): Bildungsstandards Religion. Eine Kritik auf verbreitete Kritikpunkte. In: Andreas Feindt/Volker Elsenbast/Peter Schreiner/Albrecht Schöll (Hrsg.): Kompetenzorientierung im Religionsunterricht. Befunde und Perspektiven. Münster u. a., S. 87-97.

Rothgangel, Martin (2010a): Kompetenzmodelle und Bildungsstandards für den Religionsunterricht. In: Glaube und Lernen 25. Jg., Heft 2, S. 129-145.

Rothgangel, Martin (2010b): Kompetenzorientierter Religionsunterricht in Deutschland. Bildungswissenschaftliche und religionspädagogische Aspekte. In: Rainer Lachmann/Martin Rothgangel/Bernd Martin/Schröder (Hrsg.): Lebensweltlich – theologisch – didaktisch. Theologie für Lehrerinnen und Lehrer, Band 5, Göttingen, S. 41-48.

Rothgangel, Martin/Fischer, Dietlind (Hrsg.) (2004): Standards für religiöse Bildung. Zur Reformdiskussion in Schule und Lehrerbildung. Münster.

Sajak, Clauß Peter (Hrsg.) (2007): Bildungsstandards für den Religionsunterricht – und nun? Perspektiven für ein neues Instrument im Religionsunterricht. Berlin.

Scheunpflug, Annette (2006): Diskurs zwischen Erziehungswissenschaft und Religionspädagogik: Weltbürgerliche Erziehung, evolutionäre Pädagogik und Religion. In: Hans-Georg Ziebertz/Günter R Schmidt (Hrsg.): Religion in der Allgemeinen Pädagogik – Von der Religion als Grundlegung bis zu ihrer Bestreitung. Freiburg-Basel-Wien, S. 76-87.

Schieder, Rolf (2002a): Die Zivilisierung der Religion als Programm und Problem des Protestantismus. In: Friedrich Schweitzer (Hrsg.): Der Bildungsauftrag des Protestantismus. Gütersloh, S. 36-53.

Schieder, Rolf (2002b): Kommunikationskultur und Diskursanalyse. In: Wilhelm Gräb/Birgit Weyel (Hrsg.): Praktische Theologie und protestantische Kultur. Gütersloh, S. 271-279.

Schieder, Rolf (2004): Von der leeren Transzendenz des Willens zur Qualität zur Deutungs- und Partizipationskompetenz. In: Theo-Web. Zeitschrift für Religionspädagogik, 3. Jg., Heft 2, S. 14-21. http://wwwuser.gwdg.de/~theo-web/Theo-Web/Wissenschaft 04-2 Texte/Microsoft Word - Schieder - Vortrag-Endred.pdf

Schieder, Rolf (2007): Modell 3: Verordnete, gefühlte oder messbare Bildungsstandards? Konzeption und Forschungsstand eines interdisziplinären Berliner Projekts. In: Clauß Peter Sajak (Hrsg.): Bildungsstandards für den Religionsunterricht – und nun? Perspektiven für ein neues Instrument im Religionsunterricht. Berlin, S. 67-86.

Schieder, Rolf (2008): Was ist religious literacy? In: Martin Schreiner (Hrsg): Religious literacy und die evangelische Schule. Münster u. a., S. 11-23.

Schleiermacher, Friedrich Daniel Ernst (1826): Vorlesungen aus dem Jahre 1826. In: Ders.: Pädagogische Schriften I. Frankfurt/M. u. a. 1983.

Schleiermacher, Friedrich Daniel Ernst (1960): Der christliche Glaube. Nach den Grundsätzen der Evangelischen Kirche im Zusammenhange dargestellt. Auf Grund der 2. Aufl. und kritischer Prüfung des Textes neu hrsg. von Martin Redeker. 7. Aufl., Berlin.

Schluß, Henning (2003): Lehrplanentwicklung in den neuen Ländern. Nachholende Modernisierung oder reflexive Transformation? Schwalbach/Ts.

Schluß, Henning (2008): Religiöse Kompetenz in der religionslosen Welt? – Eine neue Zielbeschreibung des Religionsunterrichts vs. Bonhoeffers Analyse der mündig gewordenen Welt. In: Zeitschrift für Pädagogik und Theologie 60, S. 134-146.
Schluß Henning (2009): Education and Religion in Times of Secularization: Problems and Possibilities within the German Situation. In: Religious Education, Volume 104, Issue 1, pages 64-83.
Schluß, Henning (2009): Empirisch fundierte Niveaus religiöser Kompetenz – Deutung, Partizipation und interreligiöse Kompetenz. In: Volker Elsenbast/Andreas Feindt/Albrecht Schöll/Peter Schreiner (Hrsg.): Kompetenzorientierung im Religionsunterricht – Befunde und Perspektiven (Festschrift für Dietlind Fischer). Münster, S. 57-72.
Schluß, Henning (2010a): Religiöse Bildung im öffentlichen Interesse – Analysen zum Verhältnis von Pädagogik und Theologie.Wiesbaden.
Schluß, Henning (2010b): Die Kontroverse um ProReli – ein Rück- und Ausblick. In: Zeitschrift für Pädagogik und Theologie 62, S. 99-111.
Schluß, Henning (2011): Kompetenzorientierung im Religionsunterricht – Herausforderungen eines religionspädagogischen Paradoxons. In: Theo-Web. Zeitschrift für Religionspädagogik, 10. Jg., Heft 1, S. 172-179. http://www.theo-web.de/zeitschrift/ausgabe-2011-01/12.pdf
Schmitt, Eric-Emmanuel (2005): Oskar und die Dame in Rosa. 9. Auflage, Frankfurt am Main.
Schmitz, Hermann (2010): Kurze Einführung in die Neue Phänomenologie. 2. Aufl., Freiburg im Breisgau.
Schröder, Bernd (2009): Fachdidaktik zwischen Gütekriterien und Kompetenzorientierung. In: Andreas Feindt/Volker Elsenbast/Peter Schreiner/Albrecht Schöll (Hrsg.): Kompetenzorientierung im Religionsunterricht. Befunde und Perspektiven. Münster u. a., S. 39-56.
Schweitzer, Friedrich (2004): Bildungsstandards auch für die Evangelische Religion? In: Zeitschrift für Pädagogik und Theologie 58, S. 236-241.
Schweitzer, Friedrich (2007): Außen- statt Innenperspektive? In: Volker Elsenbast/Dietlind Fischer (Hrsg.): Stellungnahmen und Kommentare zu „Grundlegende Kompetenzen religiöser Bildung". Comenius-Institut Münster, S. 9-16.
Schweitzer, Friedrich (2008): Elementarisierung und Kompetenz. Wie Schülerinnen und Schüler von"Gutem Religionsunterricht" profitieren. Neukirchen-Vluyn.
Seel, Norbert M. (2003): Psychologie des Lernens. Lehrbuch für Pädagogen und Psychologen. 2. Aufl., Stuttgart.
Stetter, Christian (1996): Strukturale Sprachwissenschaft (20. Jahrhundert). In: Tilman Borsche (Hrsg.): Klassiker der Sprachphilosophie. München, S. 421-445.
Thissen, Frank (1997): Das Lernen neu erfinden – konstruktivistische Grundlagen einer Multimedia-Didaktik. In: Uwe Beck/Winfried Sommer (Hrsg): LEARNTEC 97. Europäischer Kongress für Bildungstechnologie und betriebliche Bildung. Tagungsband. Karlsruhe, S. 69-79.
Tillich, Paul (1955/1958): Systematische Theologie. Band I/II. 8. Aufl., Berlin/New York.
Tillich, Paul (1961a): Philosophie und Schicksal. Gesammelte Werke Band IV, hrsg. von Renate Albrecht, Stuttgart.
Tillich, Paul (1961b): Trennung und Einigung im Erkenntnisakt. In: Gesammelte Werke Band IV, hrsg. von Renate Albrecht, Stuttgart, S. 107-118.

Torney-Purta, Judith/Lehmann, Rainer/Oswald, Hans/Schulz, Wolfram (2001): Citizenship and Education in Twenty-Eight Countries. Civic Knowledge and Engagement at Age Fourteen. Amsterdam.

Wegenast, Klaus (1968): Die empirische Wendung in der Religionspädagogik, in: Der Evangelische Erzieher 20, S. 111-124.

Weinert, Franz E. (Hrsg.) (2001): Leistungsmessungen in Schulen. Weinheim und Basel.

Weißeno, Georg (Hrsg.) (2008): Politikkompetenz. Was Unterricht zu leisten hat. Wiesbaden.

Wermke, Michael (2006): Religion unterrichten in Thüringen, in: Theo-Web. Zeitschrift für Religionspädagogik, 5. Jg., Heft 2, S. 147-161. http://www.theo-web.de/zeitschrift/ausgabe-2006-02/16-Wermke-END.pdf

Willems, Joachim (2005): Lutheraner und lutherische Gemeinden in Russland. Eine empirische Studie über Religion im postsowjetischen Kontext. Erlangen.

Willems, Joachim (2006): Religiöse Bildung in Russlands Schulen. Orthodoxie, nationale Identität und die Positionalität des Faches „Grundlagen orthodoxer Kultur" (OPK). Münster.

Willems, Joachim (2007): Indoktrination aus evangelisch-religionspädagogischer Sicht. In: Henning Schluß (Hrsg.): Indoktrination und Erziehung – Aspekte der Rückseite der Pädagogik. Wiesbaden, S. 79-92.

Willems, Joachim (2008): Interkulturalität und Interreligiosität. Eine konstruktivistische Perspektive. Nordhausen.

Willems, Joachim (2009): Die Verschränkung von Binnen- und Außenperspektive in Theologie und Religionswissenschaft sowie in Religionsunterricht und Religionskunde. In: Zeitschrift für Pädagogik und Theologie 61, S. 276-290.

Willems, Joachim (2011): Interreligiöse Kompetenz. Theoretische Grundlagen – Konzeptualisierungen – Unterrichtsmethoden. Wiesbaden.

Wohlrab-Sahr et al. (2009): Forcierte Säkularität. Religiöser Wandel und Generationendynamik im Osten Deutschlands. Frankfurt/New York.

Wu, Margaret L./Adams, Raymond J./Wilson, Mark/Haldane, Sam (2007): ACER ConQuest Version 2.0 - Generalized Item Response Modelling Software. Melbourne.

Ziebertz, Hans-Georg/Kalbheim, Boris/Riegel, Ulrich (Hrsg.) (2003): Religiöse Signaturen heute. Ein religionspädagogischer Beitrag zur empirischen Jugendforschung. Freiburg/Gütersloh.

Ziebertz, Hans-Georg/Kay, William K./Riegel, Ulrich (Hrsg.) (2009): Youth in Europe III. An International Empirical Study about the Impact of Religion on Life Orientation. Münster.

Ziener, Gerhard (2009): Kompetenzorientierten Unterricht vorbereiten: „Kompetenzexegese" als Kern der didaktischen Reflexion. In: Andreas Feindt/Volker Elsenbast/Peter Schreiner/Albrecht Schöll (Hrsg.): Kompetenzorientierung im Religionsunterricht. Befunde und Perspektiven. Münster u. a., S. 165-179.